高等学校应用技术型经济管理系列教材（会计系列）
高等学校应用型经济管理规划教材
总主编／李　雪　主审／徐国君

非营利组织会计

Accounting of Nonprofit Entities

孙美杰◎主　编
蔡素兰　韩真真◎副主编

立信会计出版社
LIXIN ACCOUNTING PUBLISHING HOUSE

图书在版编目(CIP)数据

非营利组织会计 / 孙美杰主编. —上海：立信会计出版社，2021.1

高等学校应用技术型经济管理系列教材. 会计系列

ISBN 978-7-5429-6379-6

Ⅰ. ①非… Ⅱ. ①孙… Ⅲ. ①非营利组织—会计—高等学校—教材 Ⅳ. ①F235

中国版本图书馆 CIP 数据核字(2021)第 045939 号

策划编辑　方士华

责任编辑　方士华　孙　勇

封面设计　南房间

非营利组织会计

Feiyingli Zuzhi Kuaiji

出版发行	立信会计出版社		
地　　址	上海市中山西路 2230 号	邮政编码	200235
电　　话	(021)64411389	传　　真	(021)64411325
网　　址	www.lixinaph.com	电子邮箱	lixinaph2019@126.com
网上书店	http://lixin.jd.com		http://lxkjcbs.tmall.com
经　　销	各地新华书店		

印　　刷	上海万卷印刷股份有限公司	
开　　本	787 毫米×1092 毫米	1/16
印　　张	14.5	
字　　数	370 千字	
版　　次	2021 年 1 月第 1 版	
印　　次	2021 年 1 月第 1 次	
印　　数	1—2 100	
书　　号	ISBN 978-7-5429-6379-6/F	
定　　价	36.00 元	

总序

教材是高校实现人才培养目标的重要载体，教材及教材建设对高校发展具有举足轻重的作用。与培养模式相对应的教材是培养合格人才的基本保证，是实现培养目标的重要工具。由于历史的原因，在财经类教材的出版方面，相关出版社出版的研究型本科或者高职高专、中等职业等层次的教材较多，应用技术型本科教材较少，虽然近年来也出版了一些这方面的教材，但总体而言，这些教材还是缺乏权威性、普适性、实用性和创新性。造成这种状况的原因主要在于：出版社对财经类应用技术型大学本科教材的出版还不够重视，没有进行有效的组织；财经类应用技术型本科院校多为新建院校，教材建设相对滞后，主观上也较愿意使用研究型大学本科教材；财经类应用技术型本科院校在教材使用中存在比较严重的混用现象，教材的目标读者群不明确，如不少教材既适用于研究型大学又适用于应用技术型大学，或者既适用于大学本科学生又适用于高职高专学生。

由于目前应用技术型教材种类和数量匮乏或质量欠佳，应用技术型本科不得不沿用传统研究型教材，比如，东北财经大学会计系列教材（包括《基础会计》《中级财务会计》《管理会计》《高级财务会计》《审计》等），中国人民大学会计系列教材（如《成本会计》），教育部统编教材（如《财务管理》）等国家级规划教材。这些教材本身的质量很好、级别很高，但是并不适用于应用技术型本科的教学，教师和学生普遍反映不好用。即使从全国范围看，市场上也还没有相对成套、成熟的适合应用技术型高校使用的教材。现有教材存在的主要问题包括：①教材的定位和要求较高；②教材的内容多、难度大；③教材着重于理论解释，相关案例、实训等内容较少，缺乏普适性、实用性。所以，需要编写适应学生水平、便于学生接受的应用技术型教材。

我们组织具有多年应用技术型人才培养经验的优秀教师和实务界专家编写了本系列教材。本系列教材由《会计基本技能》《基础会计》《中级财务会计》《成本会计》《管理会计》《财务管理》《会计信息系统》《审计学原理》《审计实务》《税法》《经济法》《金融学》等构成。为了保证教材的质量，我们聘请了著名高校的专家、教授对本系列教材的编写进行专门指导和审核。每本教材至少有一名本学科的知名专家或学科带头人提出审核指导意见，有一名高等院校教学一线的高级职称教师参与编写，有一名行业协会、实务界专家和教学研究机构人员提出编写建议。

本系列教材的特色如下。

1. 应用性

应用技术型本科教材应坚持培养应用技术型本科人才的定位，充分吸收和借鉴传统的普通本科教材与高职高专类教材建设的优点和经验，以就业为导向，做到理论上优于高职高专类教材、动手能力的培养上优于传统的本科院校教材。

本系列教材体现了应用技术型本科的定位,体现了素质教育和“以学生发展为本”的教育理念,遵循了高等教育教学基本规律,重视知识、能力和素质的协调发展,根据应用技术型人才培养模式对学生的创新精神、实践能力和适应能力的要求,在内容选材、教学方法、学习方法、实验和实训配套等方面突出了应用性特征。

2. 针对性

本系列教材符合会计学、财务管理和审计学专业的培养目标、培养需求、业务规格(知识结构和能力结构)和教学大纲的基本要求,与各专业的课程结构和课程设置相对应,与课程平台和课程模块相对应。本系列教材在结构的布局、内容重点的选取、示例习题的设计等方面符合教改目标和教学大纲的要求,把教师的备课、试讲、授课、辅导答疑等教学环节有机地结合起来。

3. 先进性

本系列教材反映了应用技术型会计人才教育教学改革的内容,能够反映学科领域的新发展。本系列教材的整体规划、每一种教材构造等均体现了实用性和创新性。本系列教材还强调了系列配套,包括了教材、学习指导书、教学课件等。

4. 基础性

本系列教材打破传统教材自身知识框架的封闭性,尝试多方面知识的融会贯通,注重知识层次的递进,体现每一门科目的基本内容,同时,在具体内容上突出知识的实际运用能力,使本系列教材做到“教师易教,学生乐学,技能实用”。

5. 易于自学性

自学能力的培养是高等教育应该教授给学生的一项基本能力。只有具备了自主学习的能力,才能最终建立起终身学习的保障体系,这也是应用技术型本科人才培养的客观要求。应用技术型高校的生源素质与其他高校相比存在较大差距,除一部分在高考发挥失误的学生外,有相当一部分学生在学习习惯、基础知识等方面存在一定的欠缺,这就要求本系列教材要能调动这部分学生的学习积极性,在理论方面,尽量做到通俗易懂,在实践方面,尽量采用案例式教学。为了有利于学生课后自主学习,本系列教材配套了学习指导书和教学课件。

因此,本系列教材的定位把握准确,教材的特色明显,适用于应用技术型高等学校教学,容易得到学生和市场的认可,便于学生的自学和教师的教学。

高等学校应用技术型经济管理系列教材(会计系列)凝聚了众多领导、教授和专家多年来的经验和心血。当然,由于我们的经验和人力有限,教材中难免存在不足,我们期待着各位同行、专家和读者的批评指正。我们将随着经济发展和会计环境的变迁不断地修订教材,以便及时反映学科的最新发展和人才培养的最新变化。

李　雪

2020 年 12 月

前 言

本书为高等学校应用技术型经济管理系列教材(会计系列)之一,具有应用性、针对性、先进性、基础性、易于自学性的特点,在充分吸收和借鉴传统的本科教材与高职高专类教材的优点和编写经验的基础上,以就业为导向,力图做到在理论上高于高职高专类教材、在动手能力的培养上高于传统的本科教材。

随着我国经济体制改革的不断深化,各类非营利组织的业务活动不断多元化,这对其会计核算活动提出了更高要求。本书以我国财政部颁布的《民间非营利组织会计制度》为依据,对非营利组织相应的资产、负债、净资产、收入、费用、特殊交易或事项等相应会计业务的核算规范进行了系统介绍,并对非营利组织财务报告的编制进行了详细说明。本书列举了大量会计事项示例,力求通俗易懂;并加入“特别提示”“知识拓展”“相关思考”“延伸阅读”等内容,以培养学生的分析能力和创新能力,同时提高其对相关知识的理解和掌握能力。我们组织了多位优秀教师和实务界专家共同编写,人员中包括教授、高级会计师、注册会计师及会计师等。因此,本书在内容的编写上,会与实务工作紧密结合,以增强学生理论与实务相结合的能力,提高学生的实践技能,为就业打下坚实基础。

另外,非营利组织会计人员、相关政府监管部门人员等可以通过本书,高效率地学习非营利组织经济业务的会计处理方法,掌握非营利组织会计制度,为职业发展助一臂之力。

本书具有以下编写特点。

(1) 在编写过程中,对于复杂的知识,尽量用图、表等工具表达,并加入“相关思考”“特别提示”“知识拓展”“延伸阅读”等方式进行讲解,图文并茂,易于理解。

(2) 每一章均配有相应的练习题,并提供了参考答案,有利于教材使用者了解自己对本章相关知识的掌握程度。本书最后提供了两套模拟试题和参考答案,便于使用者在学完全部知识后自测之用,授课教师也可用于期末考试。

(3) 重点突出会计实务,本书尽量完美地将理论知识与实务相结合,并穿插实务典型案例。重视知识、能力和素质的协调发展,以培养应用型人才为目的,并提高学生的创新精神、实践能力和适应能力。

(4) 配套资料丰富,本书配有多媒体课件等辅助资料。

本书由孙美杰担任主编,蔡素兰、韩真真为副主编。本书共分8章,具体分工如下:第1章概述(赵珍珍),第2章资产的核算(孙美杰),第3章负债的核算(韩真真),第4章净资产的核算(杨阳、赵竹明),第5章收入的核算(孙美杰),第6章费用的核算(韩真真、陈丽娜),第7章年终清理结算和财务报告(蔡素兰),第8章特殊交易或事项的会计处理(蔡素兰、闫婷婷)。

本书在编写的过程中参考了相关教材和论著，在此向有关作者致以深深的谢意！

在本书的编写过程中，我们经过多次讨论研究，力求内容编排合理、避免错误，但难免仍存在考虑不周，表达不妥当的地方，书中疏漏不足之处，敬请读者批评指正。

编　　者

2020 年 12 月

目　录

第1章　概述

内容提要

本章主要讲解非营利组织的概念、组织形式与基本特征；非营利组织的一般会计规范及会计核算的基本原则；非营利组织会计科目的设置。本章重点为非营利组织会计科目的设置；难点为非营利组织的一般会计规范。

重点难点

本章重点为非营利组织会计科目设置，包括资产类、负债类、净资产类和收入费用类科目的设置；难点为非营利组织的一般会计规范及特殊交易或事项的会计规范。

学习目标

通过本章学习，学生应掌握非营利组织各类会计科目及其核算内容；明确非营利组织的会计核算规范和会计核算的基本原则；了解非营利组织的概念、特征及组织形式。

知识框架

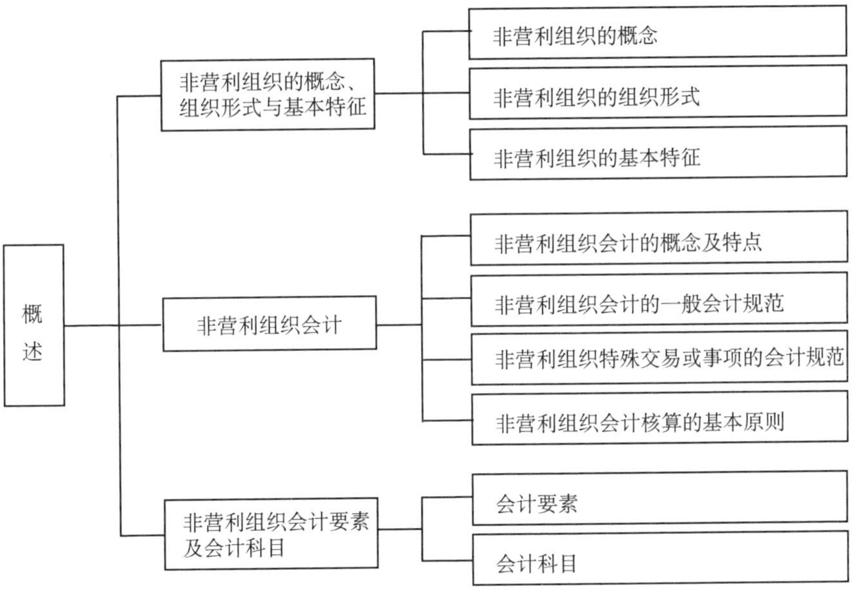

引入案例

《民间非营利组织会计制度》在存货盘盈、固定资产盘盈等业务的处理中与《企业会计准则》有何不同

《企业会计准则》对存货盘盈、固定资产盘盈等业务的会计处理有如下规定：

(1) 存货的盘盈，经批准冲减“管理费用”科目；

(2) 固定资产的盘盈，贷记“以前年度损益调整”科目；

(3) 固定资产及无形资产，根据是否有继续使用的价值，其处置净损益分别记入“营业外收入”及“资产处置损益”科目。

(4) 无法支付的应付款项，贷记“营业外收入”科目；

(5) 资产减值损失，应借记“资产减值损失”科目；

(6) 应支付给职工的职工薪酬，贷记“应付工资”科目；

(7) 按照国家税法规定应当缴纳的各种税费，应贷记“应交税费”科目。

《民间非营利组织会计制度》对存货盘盈、固定资产盘盈等业务的会计处理，有何不同呢？

希望学习完本章，大家能够给出正确答案。

1.1 非营利组织的概念、组织形式与基本特征

1.1.1 非营利组织的概念

非营利组织这一概念是从组织目标上加以界定的，强调这些组织的宗旨不是为所有者营利，但并不是说它们就不盈利。实际上，许多非营利组织的收入往往大于支出。而从概念的角度来看，这一术语并不是非常准确，因为政府组织也是不以营利为目的的组织，容易造成人们的误解。尽管如此，这一称谓由于反映了这些组织的主要特点，并且主要是相对于营利性组织而言，因此在我国被越来越多的人使用。

非营利组织是指以服务大众为宗旨，不以营利为目的，从事教育、科技、文化、卫生、宗教等各种志愿性的公益或互益性活动的非政府的社会服务组织。一般意义上的非营利组织是指以公共利益为目的，在法律所规范的权利义务下，运用大众捐款、政府补助、自我生产所得等独立运作，向社会提供组织成立宗旨所表明的服务的组织。

1.1.2 非营利组织的组织形式

非营利组织包括依照国家法律、行政法规登记的社会团体、基金会、民办非企业单位和寺院、宫观、清真寺和教堂等宗教活动场所。

1. 社会团体

社会团体是指由中国公民自愿组成，为实现会员共同意愿，按照其章程开展活动的非营利性社会组织，如中国会计学会、机动车驾驶员协会等。会费收入是其主要业务活动收入。

但是，以下团体除外：

(1) 参加中国人民政治协商会议的人民团体。

(2) 由国务院机关编制管理机关核定，并经国务院批准免于登记的团体。

(3) 机关、团体、企业事业内部经本单位批准成立,在本单位内部活动的团体。

《社会团体登记管理条例》明确规定了社会团体作为非营利组织的性质,它“不得从事营利性经营活动”,“社会团体的经费,以及开展章程规定的活动按照国家有关规定所取得的合法收入,必须用于章程规定的业务活动,不得在会员中分配”等。

2. 基金会

根据我国《基金会管理条例》规定,基金会是指利用自然人、法人或者其他组织捐赠的财产,以从事公益事业为目的,按照本条例的规定成立的非营利性法人。基金会的性质属于非营利性法人,应当为特定的公益目的而设立。基金会的章程必须明确基金会的公益性质,不得规定使特定自然人、法人或者其他组织受益的内容。基金会的财产及其他收入受法律保护,任何单位和个人不得私分、侵占、挪用。基金会注销后的剩余财产应当按照章程的规定用于公益目的;无法按照章程规定处理的,由登记管理机关组织捐赠给与基金会性质、宗旨相同的社会公益组织,如宋庆龄基金会等。

3. 民办非企业单位

根据我国《民办非企业单位登记管理暂行条例》规定,民办非企业单位是指企业事业单位、社会团体和其他社会力量以及公民个人利用非国有资产举办的,从事非营利性社会服务活动的社会组织。民办非企业单位按照国家规定取得的合法收入,必须用于章程规定的业务活动,任何单位和个人不得侵占、私分或者挪用民办非企业单位的资产。民办非企业单位的盈余和清算后的剩余财产也只能用于社会公益事业,不得在成员中分配等。

民办非企业单位主要包括:

(1) 从事科学、教育、文艺、卫生、体育等科学文化类的非企业单位,如民办医院诊所、民办学校、民办剧团、各类体育俱乐部、民办各类学科研究所等。

(2) 从事各种社会救济的非企业单位,如民办孤儿院、民办养老院等。

(3) 从事民间公证鉴定、法律服务、咨询服务等社会性服务的中介组织,如商务咨询所、法律服务所。

4. 宗教活动场所

寺院、宫观、教堂是由有宗教信仰和热心宗教事务的人在国家支持下兴办的开展宗教活动的场所,主要包括佛教的寺院、道教的宫观、伊斯兰教的清真寺和基督教的教堂等。

1.1.3 非营利组织的基本特征

非营利组织具有以下基本特征。

1. 不以营利为目的和宗旨

该特征强调非营利组织的非营利性,以与企业的营利性相区别。但是强调非营利组织目的的非营利性,并不能限制其因提供商品或者社会服务而获取相应收入或者收取合理费用,只要这些营利活动的所得最终用于组织的非营利事业。非营利组织的设立和业务活动的最终目标在于按照资金提供者的期望和要求,为社会带来更多的服务或产品,而不以营利为目的。

2. 资源提供者不以取得经济回报为目的

该特征强调非营利组织的资金或者其他资源提供者不能从非营利组织中获取回报。如果出资者等可以从组织中获取回报,应当将该组织视为企业,该组织适用企业会计准则和企业会计制度。非营利组织的资金提供者如捐赠人、会员等，出资的目的不是期望得到同等或呈比例的出资回报，他们不指望获取对非营利组织净资产的分享权利。

3. 资源提供者不享有该组织的所有权

该特征强调资金或者其他资源提供者在将资源投入非营利组织后不再享有相关所有者权益，这一特征将非营利组织与企业区分开来。非营利组织的净资产既不属于组织，也不属于出资者。任何组织或个人不会因为出资而拥有非营利组织的所有权，也不拥有与所有者权益相关的资源出售、转让、处置权，在组织清算时也没有对剩余财产的分配权。非营利组织一旦进行清算，清算后的剩余财产只能交给政府或其他非营利组织。

1.2 非营利组织会计

1.2.1 非营利组织会计的概念及特点

非营利组织会计是核算、反映非营利组织经济活动的专业会计，其特点如下。

1. 不进行利润核算

非营利组织是不以营利为目的和宗旨的团体，在会计制度设计上，没有利润类会计科目。

2. 不进行所有权核算

在非营利组织中，资源提供者不享有该组织的所有权，因此，非营利组织净资产的核算只强调净资产的限定用途和非限定用途问题，而不进行所有权的确定。

1.2.2 非营利组织会计的一般会计规范

我国《民间非营利组织会计制度》对非营利组织会计在以下方面进行了规范。

1. 会计目标

《民间非营利组织会计制度》根据非营利组织的资金来源、会计信息使用者的特点及其需要等，将满足会计信息使用者的信息需要作为非营利组织的会计目标。会计信息的使用者包括非营利组织的捐赠人、非营利组织的会员、非营利组织的服务对象、非营利组织的债权人、管理层、政府监管部门和社会公众等。会计核算应当以非营利组织的交易或者事项为对象，记录和反映该组织本身的各项经济业务活动，以保证会计信息质量的真实、准确和完整。

特别提示 1-1

会计信息使用者的信息需求

通常，非营利组织的捐赠人、会员、服务对象、债权人、管理层、政府监管部门和社会公众等，出于不同的目的和关注角度，可能对会计信息有不同的需求。但是，一般而言，这些信息使用者都有对非营利组织财务状况、经营绩效和现金流量信息的共同需要，为此，非营利组织至少需要编制资产负债表、业务活动表和现金流量表三张基本报表，以满足信息使用者的信息需要。

2. 会计基本假设

《民间非营利组织会计制度》规定，非营利组织的会计基本假设包括会计主体、持续经营、会计分期和货币计量四个假设。

关于货币计量假设,《民间非营利组织会计制度》规定,会计核算应当以人民币作为记账本位币,业务收支以人民币以外的货币为主的非营利组织,可以选定其中一种货币作为记账本位币,但是编制的财务会计报告应当折算为用人民币反映的财务会计报告。

非营利组织在核算外币业务时,应当设置相应的外币账户。外币账户包括外币现金、外币银行存款、以外币结算的债权和债务账户等,这些账户应当与非外币的各对应相同账户分别设置,并分别核算。

非营利组织发生外币业务时,应当将有关外币金额折算为记账本位币金额记账。除另有规定外,所有与外币业务有关的账户,应当采用业务发生时的汇率;当汇率波动较小时,也可以采用业务发生当期期初的汇率进行折算。

各种外币账户的外币余额,期末时应当按照期末汇率折合为记账本位币金额。按照期末汇率折合的记账本位币金额与账面记账本位币金额之间的差额,作为汇兑损益计入当期费用。但是,属于在借款费用应予资本化的期间内发生的与购建固定资产有关的外币专门借款本金及其利息所产生的汇兑差额,应当予以资本化,计入固定资产成本。

3. 会计核算基础

《民间非营利组织会计制度》规定,会计核算应当以权责发生制为基础。采用权责发生制核算基础有助于反映组织的资产、负债和其他业务活动全貌,实现其会计目标,满足会计信息使用者的信息需要。

4. 会计要素

非营利组织的会计要素可划分为资产、负债、净资产、收入和费用五项。

相关思考 1-1

非营利组织的会计要素与财政总预算会计、行政单位会计、事业单位会计的会计要素一样吗

民间非营利组织的会计要素与财政总预算会计、行政单位会计、事业单位会计的会计要素是一样的。但是,《企业会计准则》规定的会计要素包括资产、负债、所有者权益、收入、费用和利润六项。

5. 会计计量基础

由于非营利组织许多资产的取得没有实际成本,比如受赠资产及政府补助资产等,因此《民间非营利组织会计制度》规定,在取得资产时应当按照实际成本计量,但有特别规定的,按照特别规定的计量基础进行计量,对于一些特殊的交易或事项引入了公允价值等计量基础,以弥补实际成本的不足。

6. 会计核算的基本原则

非营利组织会计核算的基本原则包括客观性、相关性、实质重于形式、一贯性、可比性、及时性、可理解性、配比性、历史成本、谨慎性、划分费用性支出与资本性支出以及重要性原则等。

1.2.3 非营利组织特殊交易或事项的会计规范

1. 捐赠的会计处理

捐赠(包括政府补助)是非营利组织能够维持正常运行的一项重要的经济来源。非营利组织取得的捐赠应当确认为收入,在业务活动表中予以反映,以完整地反映其收入来源和业务活动开展的情况。

2. 受托代理交易的会计处理

受托代理交易是指非营利组织,尤其是一些基金会、慈善组织等,从委托方收到受托资产,并按照委托人的意愿将资产转赠给其他组织或者个人,或者按照有关规定将资产转交给指定的其他组织或者个人的交易行为。非营利组织本身只是在交易过程中起中介作用。

《民间非营利组织会计制度》规定,非营利组织应当对受托代理资产进行确认和计量,且在确认一项受托代理资产时,应当同时确认一项受托代理负债,并在资产负债表中单列项目予以反映。

相关思考 1-2

非营利组织的受托代理交易主要涉及哪些科目

非营利组织的受托代理交易主要涉及"受托代理资产"和"受托代理负债"科目。

3. 净资产的分类与列报

由于非营利组织既没有所有权属于出资者的资本,也没有针对出资者的分配,因此,其净资产基本上都为收入扣减相应的费用后的余额。非营利组织的净资产按照使用是否受到限制分为限定性净资产和非限定性净资产,并按此分类进行核算和列报。分类与列报有利于会计信息的使用者判断净资产中属于使用受到资产提供者限制的有多少;属于使用不受资产使用者限制的有多少,即多少是非营利组织可以自由支配和使用的。

4. 收入的确认

非营利组织的收入一般包括交换性交易收入和非交换性交易收入。交换性交易是指按照等价交换原则所从事的交易,即当某一主体取得资产、获得服务或者解除债务时,需要向交易对方支付等值或者大致等值的现金,或者提供等值或者大致等值的货物、服务等的交易;非交换性交易是指除交换性交易之外的交易,如捐赠、政府补助等。

对于交换性交易而形成的收入,按照《企业会计准则——收入》规定的原则进行确认。

对于非交换性交易而形成的收入,在满足下列条件时予以确认:

(1) 与交易相关的、含有经济利益或者服务潜力的资源能够流入组织并为组织所控制,或者相关的债务能够得到解除。

(2) 交易能够引起净资产的增加。

(3) 收入的金额能够可靠地计量。

5. 费用的确认和列报

非营利组织的会计核算基础为权责发生制,业务活动表的主要功能是反映非营利组织的经营绩效,因此在对费用的会计核算中应当严格区分业务活动的成本和期间费用,并将两者分别列报,其中期间费用分为管理费用、筹资费用和其他费用。

6. 财务会计报告的组成和内容

我国非营利组织的财务会计报告应当包括资产负债表、业务活动表、现金流量表三个基本报表和会计报表附注等内容,财务会计报告应当向其使用者提供与其决策有用的信息,真实、完整地反映非营利组织的财务状况、经营成果和现金流量。

1.2.4 非营利组织会计核算的基本原则

非营利组织会计核算的基本原则包括客观性、相关性、实质重于形式、一贯性、可比性、及时性、可理解性、配比性、历史成本、谨慎性、划分费用性支出与资本性支出以及重要性原则等。

1. 客观性原则

客观性原则是指非营利组织会计核算应当以实际发生的交易或事项为依据,如实反映组织的财务状况、业务活动情况和现金流量等信息。这一原则要求在会计核算时,要做到内容真实、数字准确、资料可靠;应当客观地反映其财务状况、运营绩效和现金流量,保证会计信息的真实性;会计核算应当正确运用会计原则和政策,如实反映非营利组织的实际情况;会计信息应当真实、可靠,能够经受反复验证。

2. 相关性原则

相关性原则是指非营利组织会计核算所提供的信息应当能够满足会计信息使用者(如捐赠人、会员、政府监管部门等)的需要。这一原则要求在收集、加工、处理和提供会计信息的过程中,充分考虑会计信息使用者的信息需求,以满足会计信息使用者的决策需要。

3. 实质重于形式原则

实质重于形式原则是指非营利组织会计核算应当按照交易或事项的实质进行,而不仅仅将它们的法律形式作为会计核算的依据。例如,以融资租赁方式租入的资产应视为非营利组织的资产。

4. 一贯性原则

一贯性原则是指非营利组织在进行会计核算时,前后各期会计政策应当保持一致,不得随意变更。如有必要变更,须在会计报表附注中披露变更的内容和理由、变更的累积影响数额以及累积影响数额不能合理确定的理由等。

5. 可比性原则

可比性原则是指非营利组织在进行会计核算时,应当按照规定的会计处理方法进行、会计信息应当口径一致、相互可比。它要求非营利组织的会计核算按照国家统一的会计制度的规定进行。

6. 及时性原则

及时性原则是指会计核算应当及时进行,不得提前或延后。及时性原则要求及时收集、处理和传递会计信息。

7. 可理解性原则

可理解性原则是指非营利组织的会计核算和编制的财务会计报告应当清晰明了,便于理解和使用。

8. 配比性原则

配比性原则是指非营利组织在会计核算中所发生的费用应当与其相关的收入配比,同一会计期间内的各项收入和与其相关的费用,应当在同一会计期间内确认,即要求因果配比和时间配比。

9. 历史成本原则

历史成本原则是指非营利组织的资产在取得时应当按照实际成本计量,记入资产账户。如遇特殊情况资产的账面价值需要调整的,须符合法律、行政法规和国家统一的会计制度规定。此外，非营利组织一律不得自行调整资产账面价值。

由于非营利组织的大部分资产是通过接受捐赠获得的，或是受托资产、政府补助等，而这些资产取得时没有实际成本发生，是无偿取得的，如果严格按照实际成本原则，将难以确认和计量。因此《民间非营利组织会计制度》规定，对于一些特殊的交易或事项，应引入公允价值等计量基础，以弥补历史成本的不足。

在采用公允价值计量的情况下，如果公允价值确实无法可靠地计量的，则非营利组织应当设置辅助账，单独登记所取得资产的名称、数量、来源、用途等情况，并在会计报表附注中作相关披露。

如果资产已经发生了减值，应当按照规定计提相应的减值准备，以反映资产的实际价值。

10. 谨慎性原则

谨慎性原则是指会计核算应当谨慎，避免高估资产或收入、少计负债或费用，以真实反映非营利组织的财务状况和运营绩效。

11. 划分费用性支出与资本性支出原则

划分费用性支出与资本性支出原则是指会计核算要合理划分应当计入当期费用的支出和应当予以资本化的支出。

在确认支出时，资本性支出应列于资产负债表中，作为资产反映，以真实反映其财务状况；将费用性支出列于业务活动表中，反映当期净资产的减少，以正确计算其当期的运营绩效。

12. 重要性原则

会计核算应当遵循重要性原则的要求，对资产、负债、净资产、收入、费用等有较大影响，并会影响财务会计报告使用者据以作出合理判断的重要会计事项，必须按照规定的会计方法和程序进行处理，并在财务会计报告中予以充分披露；对于非重要的会计事项，在不影响会计信息真实性和不至于误导会计信息使用者作出正确判断的前提下，可适当简化处理。

1.3 非营利组织会计要素及会计科目

1.3.1 会计要素

1. 会计要素的含义

会计要素是对会计核算对象的基本分类，是设定会计报表结构和内容的依据，也是进行确认和计量的依据。作为反映非营利组织财务状况和业务活动情况的基本单位，会计要素又是会计报表的基本构件。

2. 会计要素的分类

非营利组织的会计要素可以分为反映财务状况的会计要素和反映业务活动情况的会计要素。

(1) 反映财务状况的会计要素包括资产、负债和净资产，其会计等式为：

资产 − 负债 = 净资产

(2) 反映业务活动情况的会计要素包括收入和费用，其会计等式为：

收入 − 费用 = 净资产变动额

1.3.2 会计科目

1. 会计科目的含义

会计科目是指对会计要素的具体内容进行分类核算的项目。它是将各项经济业务的具体内容，按其特征和经济管理要求进行归集、分类的类别名称。设置会计科目便于正确、系统和分门别类地核算和监督各项经济业务活动所引起的资金运动，为经济管理者提供有用的会计信息。

2. 会计科目设置的基本原则

会计科目是在会计要素的基础上设置的，非营利组织的会计科目设置应遵循如下原则。

（1）依照会计法，充分体现非营利组织资金的运动规律和特点。

（2）统一准确，简明扼要，特别是一级科目宜简不宜繁。

（3）有利于向有关方面及时提供会计信息。

3. 会计科目的内容

《民间非营利组织会计制度》规定设置的会计科目分为资产、负债、净资产、收入费用四大类，其具体内容如表 1-1 所示。

表 1-1　　非营利组织会计科目表

编号	会计科目	核算内容
		一、资产类
1001	1. 现金	核算非营利组织的库存现金
1002	2. 银行存款	核算非营利组织存入银行或其他金融机构的存款
1009	3. 其他货币资金	核算非营利组织的外埠存款、银行汇票存款、银行本票存款、信用卡存款、信用证保证金存款、存出投资款（或者存入其他金融机构）等各种其他货币资金
1101	4. 短期投资	核算非营利组织持有的能够随时变现并且打算持有不超过 1 年（含 1 年）的投资，包括股票、债券投资等
1102	5. 短期投资跌价准备	核算非营利组织提取的短期投资跌价准备
1111	6. 应收票据	核算非营利组织因销售商品、提供劳务等而收到的商业汇票，包括银行承兑汇票和商业承兑汇票
1121	7. 应收账款	核算非营利组织因销售商品、提供劳务等主要业务活动，应当向会员、购买单位或接受服务单位等收取的，但尚未实际收到的款项
1122	8. 其他应收款	核算非营利组织除应收票据、应收账款以外的其他各项应收、暂付的款项，包括应收股利、应收利息、应向职工收取的各种垫付款项、职工借款、应收保险公司赔款等
1131	9. 坏账准备	核算非营利组织提取的坏账准备
1141	10. 预付账款	核算非营利组织预付给商品供应单位或者服务提供单位的款项
1201	11. 存货	核算非营利组织在日常业务活动中持有以备出售或捐赠的，或者为了出售或捐赠仍处在生产过程中的，或者将在生产、提供服务或日常管理过程中耗用的材料、物资、商品等，包括材料、库存商品、委托加工材料，以及达不到固定资产标准的工具、器具等
1202	12. 存货跌价准备	核算非营利组织提取的存货跌价准备

（续表）

编号	会计科目	核算内容
1301	13. 待摊费用	核算非营利组织已经支出，但应当由本期和以后各期分别负担的分摊期在1年以内（含1年）的各项费用，如预付保险费、预付租金等
1401	14. 长期股权投资	核算非营利组织准备持有超过1年（不含1年）的各种股权性质的投资，包括长期股票投资和其他长期股权投资
1402	15. 长期债权投资	核算非营利组织购入的在1年内（不含1年）不能变现或不准备随时变现的债券和其他债权投资
1421	16. 长期投资减值准备	核算非营利组织提取的长期投资减值准备
1501	17. 固定资产	核算非营利组织固定资产的原价
1502	18. 累计折旧	核算非营利组织固定资产的累计折旧
1505	19. 在建工程	核算非营利组织进行在建工程（包括施工前期准备以及正在施工中的建筑工程、安装工程、技术改造工程等）所发生的实际支出
1506	20. 文物文化资产	核算非营利组织文物文化资产的价值。文物文化资产是指用于展览、教育或研究等目的的历史文物、艺术品以及其他具有文化或者历史价值并作长期或者永久保存的典藏等
1509	21. 固定资产清理	核算非营利组织因出售、报废和毁损或其他处置等原因转入清理的固定资产价值及其清理过程中所发生的清理费用和清理收入等
1601	22. 无形资产	核算非营利组织为开展业务活动、出租给他人或为管理目的而持有的且没有实物形态的非货币性长期资产，包括专利权、非专利技术、商标权、著作权、土地使用权等
1701	23. 受托代理资产	核算非营利组织接受委托方委托从事受托代理业务而收到的资产
		二、负债类
2101	24. 短期借款	核算非营利组织向银行或其他金融机构等借入的期限在1年以下（含1年）的各种借款
2201	25. 应付票据	核算非营利组织购买材料、商品和接受服务供应等而开出、承兑的商业汇票，包括银行承兑汇票和商业承兑汇票
2202	26. 应付账款	核算非营利组织因购买材料、商品和接受服务供应等而应付给供应单位的款项
2203	27. 预收账款	核算非营利组织向服务和商品购买单位预收的各种款项
2204	28. 应付工资	核算非营利组织应付给职工的工资总额，包括在工资总额内的各种工资、奖金、津贴等，不论是否在当月支付，都应当通过本科目核算
2206	29. 应交税金	核算非营利组织按照有关国家税法规定应当缴纳的各种税费，如增值税、所得税、房产税、个人所得税等
2209	30. 其他应付款	核算非营利组织应付、暂收其他单位或个人的款项，如应付经营租入固定资产的租金等
2301	31. 预提费用	核算非营利组织按照规定预先提取的已经发生但尚未支付的费用，如预提的租金、保险费、借款利息等
2401	32. 预计负债	核算非营利组织对因或有事项所产生的现时义务而确认的负债，包括因对外提供担保、商业承兑票据贴现、未决诉讼等确认的负债
2501	33. 长期借款	核算非营利组织向银行或其他金融机构借入的期限在1年以上（不含1年）的各项借款
2502	34. 长期应付款	核算非营利组织的各项长期应付款项，如融资租入固定资产的租赁费等

（续表）

编号	会计科目	核算内容
2601	35. 受托代理负债	核算非营利组织因从事受托代理业务、接受受托代理资产而产生的负债
		三、净资产类
3101	36. 非限定性净资产	核算非营利组织的非限定性净资产，即非营利组织净资产中除限定性净资产之外的其他净资产
3102	37. 限定性净资产	核算非营利组织的限定性净资产。如果资产或者资产产生的经济利益（如资产的投资收益和利息等）的使用和处置受到资源提供者或者国家有关法律、行政法规所设置的时间限制或（和）用途限制，由此形成的净资产即为限定性净资产
		四、收入费用类
4101	38. 捐赠收入	核算非营利组织接受其他单位或者个人捐赠所取得的收入
4201	39. 会费收入	核算非营利组织根据章程等的规定向会员收取的会费收入
4301	40. 提供服务收入	核算非营利组织根据章程等的规定向其服务对象提供服务取得的收入，包括学杂费收入、医疗费收入、培训收入等
4401	41. 政府补助收入	核算非营利组织因为政府拨款或者政府机构给予的补助而取得的收入
4501	42. 商品销售收入	核算非营利组织销售商品（如出版物、药品）等所形成的收入
4601	43. 投资收益	核算非营利组织因对外投资取得的投资净损益
4901	44. 其他收入	核算非营利组织除捐赠收入、会费收入、提供服务收入、商品销售收入、政府补助收入、投资收益等主要业务活动收入以外的其他收入，如确实无法支付的应付款项、存货盘盈、固定资产盘盈、固定资产处置净收入、无形资产处置净收入等
5101	45. 业务活动成本	核算非营利组织为了实现其业务活动目标、开展项目活动或者提供服务所发生的费用
5201	46. 管理费用	核算非营利组织为组织和管理其业务活动所发生的各项费用，包括非营利组织董事会（或者理事会或者类似权力机构）经费和行政管理人员的工资、奖金、津贴、福利费、住房公积金、住房补贴、社会保障费、离退休人员工资与补助，以及办公费、水电费、邮电费、物业管理费、差旅费、折旧费、修理费、无形资产摊销费、存货盘亏损失、资产减值损失、因预计负债所产生的损失、聘请中介机构费和应偿还的受赠资产等
5301	47. 筹资费用	核算非营利组织为筹集业务活动所需资金而发生的费用，包括非营利组织获得捐赠资产而发生的费用以及应当计入当期费用的借款费用、汇兑损失（减汇兑收益）等
5401	48. 其他费用	核算非营利组织发生的、无法归属到上述业务活动成本、管理费用或者筹资费用中的费用，包括固定资产处置净损失、无形资产处置净损失等

引例解析

《民间非营利组织会计制度》中存货盘盈、固定资产盘盈等业务的处理与《企业会计准则》有何不同

《民间非营利组织会计制度》对业务的会计处理规定如下。

（1）存货的盘盈，贷记“其他收入”科目。

（2）固定资产的盘盈，贷记“其他收入”科目。

（3）固定资产及无形资产处置的净收益，记入“其他收入”科目，固定资产及无形资产处置的净损失，记入“其他费用”科目。

(4) 无法支付的应付款项,贷记"其他收入"科目。

(5) 资产减值损失,应借记"管理费用"科目。

(6) 应支付给职工的工资等,应贷记"应付工资"科目。

(7) 按照国家税法规定应当缴纳的各种税费,应贷记"应交税金"科目。

除了以上业务涉及的会计处理不同外,还有很多业务的处理存在差异。需认真巩固掌握。

重要概念

非营利组织　非营利组织的特征　非营利组织会计　非营利组织一般会计规范　会计核算的基本原则　会计要素　会计科目

本章练习

单选题

1. 非营利组织的应收利息,应记入(　　)科目。

A. "应收利息"　　B. "应收账款"

C. "其他应收款"　　D. "应计利息"

2. 非营利组织因销售商品,收到一张银行承兑汇票,应记入(　　)科目。

A. "应收账款"　　B. "应收票据"

C. "其他应收款"　　D. "银行存款"

3. 以融资租赁方式租入设备一台,应按自有资产进行管理,符合(　　)原则。

A. 配比性原则　　B. 谨慎性原则

C. 实质重于形式原则　　D. 历史成本原则

4.非营利组织应当缴纳的各种税费,应贷记(　　)科目。

A. "应交税金"　　B. "应交税费"

C. "其他应付款"　　D. "应付账款"

5. 非营利组织应付给职工的工资总额,不论是否当月支付,都应贷记(　　)科目。

A. "应付职工薪酬"　　B. "应付工资"

C. "应付账款"　　D. "其他应付款"

多选题

1. 以下属于非营利组织其他收入的有(　　)。

A. 无法支付的应付款项　　B. 固定资产盘盈

C. 存货盘盈　　D. 固定资产处置净收入

E. 无形资产处置净收入

2. 以下属于非营利组织管理费用的有(　　)。

A. 董事会经费　　B. 无形资产摊销费

C. 资产减值损失　　D. 存货盘亏损失

E. 预计负债所产生的损失

3. 以下属于非营利组织的筹资费用的有(　　)。

A. 获得捐赠资产而发生的费用　　B. 定额内自然损耗

C. 计入当期费用的借款费用
D. 汇兑损益
E. 聘请中介机构费

4. 以下属于非营利组织其他费用的有(　　)。

A. 固定资产处置净损失
B. 无形资产处置净损失
C. 借款利息
D. 行政管理人员的工资
E. 应偿还的受赠资产

5. 以下属于非营利组织会计核算的基本原则的有(　　)原则。

A. 相关性
B. 谨慎性
C. 实质重于形式
D. 重要性
E. 配比性

判断题

1. 非营利组织在日常活动中持有以备出售的商品等,应记入“存货”科目。(　　)
2. 非营利组织应付经营租入固定资产的租金等,应贷记“其他应付款”科目。(　　)
3. 非营利组织的净资产包括限定性净资产和非限定性净资产。(　　)
4. 非营利组织以营利为宗旨和目的。(　　)
5. 非营利组织的资源提供者享有非营利组织的所有权。(　　)

第 2 章　资产的核算

内容提要

本章主要讲解非营利组织资产的核算。本章重点为非营利组织货币资金、应收及预付款项、存货、固定资产、无形资产等资产的核算；难点为对外投资的核算，包括长期股权投资、长期债权投资的核算。

重点难点

本章重点为非营利组织资产核算中货币资金、应收及预付款项、存货、固定资产、无形资产等资产的核算；难点为非营利组织长期股权投资、长期债权投资的核算。

学习目标

通过本章学习，学生应掌握非营利组织各类资产的核算内容及核算方法；明确非营利组织对各类资产进行会计核算的基本原则。

知识框架

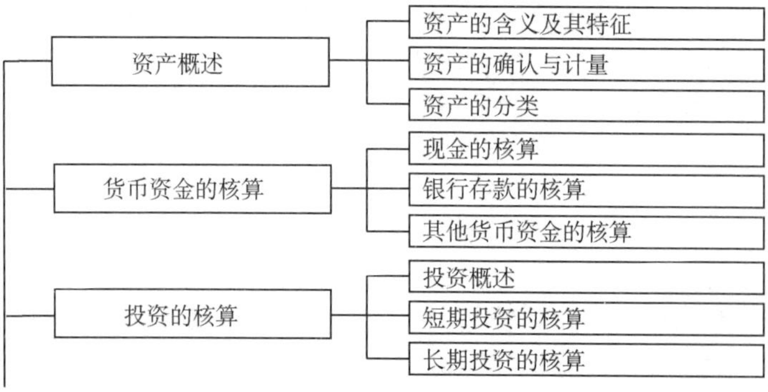

- 资产的核算
  - 应收及预付款项的核算
    - 应收票据的核算
    - 应收账款的核算
    - 其他应收款的核算
    - 坏账准备的核算
    - 预付账款的核算
  - 存货的核算
    - 存货概述
    - 存货的入账价值
    - 存货发出的计价方法
    - 存货的主要账务处理
    - 存货跌价准备的核算
  - 固定资产的核算
    - 固定资产概述
    - 固定资产的初始计量
    - 固定资产累计折旧的计提
    - 固定资产的后续支出
    - 固定资产的处置
    - 固定资产的盘盈盘亏
    - 文物文化资产的核算
  - 无形资产的核算
    - 无形资产概述
    - 无形资产的计价
    - 无形资产核算的科目设置
    - 无形资产核算的初始计量
    - 无形资产的摊销
    - 无形资产的期末计价及其账务处理
    - 无形资产的处置
  - 受托代理资产的核算
    - 受托代理资产
    - 科目设置
    - 受托代理资产的主要账务处理
  - 待摊费用的核算
    - 待摊费用
    - 科目设置
    - 待摊费用的主要账务处理

引入案例

非营利组织的资产包括哪些

营利性企业的资产包括货币资金、对外投资、应收及预付款项、存货、固定资产、无形资产等。非营利组织的资产包括哪些？非营利组织在资产的账务处理上与营利性企业有什么区别？

2.1 资产概述

2.1.1 资产的含义及其特征

资产是非营利组织会计核算中一项重要的会计要素，几乎所有的会计要素都与其直接或间接相关。资产与收入的确定密切相关,通常收入的增加伴随着资产的增加;净资产是资产减去负债后的余额,资产增加有可能会导致净资产的增加。

1. 资产的概念

资产是指过去的交易或者事项形成的并由非营利组织拥有或者控制的资源。该资源预期会给非营利组织带来经济利益或者服务潜力。资产按其流动性分为流动资产、长期投资、固定资产、无形资产和受托代理资产等。

2. 资产的特征

根据资产的概念,资产应当同时具备以下特征:

(1) 资产预期能够给非营利组织带来经济利益或者服务潜力。经济利益是指直接或间接地流入非营利组织的现金或现金等价物。资产导致经济利益流入非营利组织的方式多种多样。

例如,单独或与其他资产组合一起为非营利组织带来经济利益,以资产交换其他资产,以资产偿还债务等。在非营利组织中,对外投资是为了获得增值或者回报,应当作为资产予以确认;持有一些存货是为了对外出售换取现金,存货应当作为资产予以确认等。与企业不同的是,非营利组织持有许多资产并非是为了获取经济利益,而是为了向服务对象提供服务。

又如,学校购入教学用计算机是为了向学生提供上机、上网服务;基金会接受捐赠的食品是为了向灾民提供食品;社会团体接受捐赠科研用设备是为了向学者提供资助,用于科学研究等。因此,对于非营利组织而言,是否具备服务潜力是衡量一项经济资源是否符合资产概念、是否应当作为资产予以确认和计量的重要标志。

(2) 资产是非营利组织拥有或控制的。非营利组织拥有资产,就能够排他性地从资产中获取经济利益或服务潜力。有些资产虽然不为非营利组织拥有,但是非营利组织能够支配这些资产,因此非营利组织同样能够排他性地从资产中获取经济利益或者服务潜力。如果非营利组织不能拥有或控制资源所能带来的经济利益或者服务潜力,那么该资源就不能作为非营利组织的资产。

相关思考 2-1

以融资租赁方式租入的固定资产属于非营利组织的资产吗

对于以融资租赁方式租入的固定资产,虽然非营利组织并不拥有其所有权,但是由于租赁合同规定的租赁期长,接近于该资产的使用寿命;租赁期满时,承租人非营利组织一般有优先购买该资产的选择权;在租赁期内,承租人非营利组织有权支配资产并从中受益或者可以向服务对象提供服务。所以,以融资租赁方式租入的固定资产应视为非营利组织的资产。

对于以经营租赁方式租入的固定资产来说,由于非营利组织对其不拥有控制权,所以,以经营租赁方式租入的固定资产不应视为非营利组织的资产。

(3) 资产是由过去的交易或事项形成的。资产必须是现实的资产,而不能是预期的资产。只有过去发生的交易或事项才能增加或减少非营利组织的资产,非营利组织不能根据谈判中的交易或计划中的经济业务来确认资产。

例如,已经发生的固定资产购买交易会形成非营利组织的资产,而计划中的固定资产购买交易则不会形成非营利组织的资产。

2.1.2 资产的确认与计量

1. 资产的初始确认和计量

(1) 非营利组织在确认资产时,原则上应当按照取得资产时所发生的实际成本进行计量,但也有一些应用历史成本对资产进行初始计量的特殊情况。

(2) 接受捐赠的现金资产应当按照实际收到的金额入账。对于非营利组织接受捐赠的非现金资产,如接受捐赠的短期投资、存货、长期投资、固定资产和无形资产等,非营利组织应当按照以下方法确定其入账价值:①捐赠方提供了有关凭据(如发票、报关单、有关协议等)的,应当将凭据上标明的金额,作为入账价值。凭据上标明的金额与受赠资产公允价值相差较大的,应当以受赠资产的公允价值作为其实际成本。②捐赠方没有提供有关凭据的,应当以受赠资产的公允价值作为入账价值。③对于非营利组织接受的劳务捐赠,不予确认,但应当在会计报表附注中作相关披露。

(3) 公允价值是指在公平交易中,熟悉情况的交易双方,自愿进行资产交换或者债务清偿的金额。公允价值的确定顺序如下:①同类或者类似资产存在活跃市场的,应当按照同类或者类似资产的市场价格确定公允价值;②同类或类似资产不存在活跃市场,或者无法找到同类或者类似资产的,应当采用合理的计价方法确定资产的公允价值。

在应当采用公允价值的情况下,如果有确凿证据表明资产的公允价值确实无法可靠地计量,则非营利组织应当设置辅助账,单独登记所取得资产的名称、数量、来源、用途等情况,并在会计报表附注中作相关披露。在以后会计期间,如果该资产的公允价值能够可靠地计量,则非营利组织应当在该资产能够可靠地计量的会计期间确认,并按照公允价值予以计量。

(4) 非营利组织如发生非货币性交易,应当按照以下原则处理:以换出资产的账面价值,加上应支付的相关税费,作为换入资产的入账价值。非货币性交易中如果发生补价,应区别不同情况处理:①支付补价的非营利组织,应以换出资产的账面价值加上补价和应支付的相关税费,作为换入资产的入账价值。②收到补价的非营利组织,应按以下公式确定换入资产的入账价值和应确认的收入或费用:

$$\text{换入资产入账价值} = \text{换出资产账面价值} - (\text{补价} \div \text{换出资产公允价值}) \times \text{换出资产账面价值} - (\text{补价} \div \text{换出资产公允价值}) \times \text{应交税金} + \text{应支付的相关税费}$$

$$\text{应确认的收入或费用} = \text{补价} \times [1 - (\text{换出资产账面价值} + \text{应交税金}) \div \text{换出资产公允价值}]$$

在非货币性交易中,如果同时换入多项资产,应按换入各项资产的公允价值占换入资产公允价值总额的比例,对换出资产的账面价值总额和应支付的相关税费进行分配,以确定各项换入资产的入账价值。

非货币性交易是指交易双方以非货币性资产进行的交换。这种交换不涉及或只涉及少量的货币性资产(即补价)。其中,货币性资产是指持有的现金及将以固定或可确定金额的货币收取的资产;非货币性资产是指货币性资产以外的资产。

对于通过接受捐赠、政府补助和受托代理等所取得的资产,非营利组织应当按照制度规定的计量基础进行初始计量,原则上应当按照公允价值对这些资产进行初始计量。

2. 资产的后续计量

资产的后续计量主要解决的是在会计期末资产应当按照什么计量基础或者价值进行列

报、反映在资产负债表上的问题。尤其是在资产价值变动比较大或者资产的账面价值与其实际价值差异较大的情况下，为了向会计信息使用者提供有用的信息，资产在其存续期间究竟应当按照什么计量基础进行后续计量，便显得十分重要。

出于对会计信息有用性和会计谨慎性原则的考虑，非营利组织会计引入了资产减值会计。根据规定，非营利组织应当定期或者至少于每年年度终了，对短期投资、应收款项、存货、长期投资等资产是否发生了减值进行检查，如果这些资产发生了减值，应当计提减值准备，确认减值损失，并计入当期费用。对于固定资产、无形资产等其他资产，如果发生了重大减值，也应当计提减值准备，确认减值损失，并计入当期费用。如果已计提减值准备的资产价值在以后会计期间得以恢复，则应当在该资产已计提减值准备的范围内部分或全部转回已确认的减值损失，冲减当期费用。

2.1.3　资产的分类

资产可以按照不同的标准进行分类，比较常见的是按照流动性和有无实物形态进行分类。按照流动性对资产进行分类，资产可以分为流动资产和非流动资产。流动资产是指可以在1年内变现或耗用的资产，主要包括现金、银行存款、短期投资、应收款项和存货等。除流动资产以外的其他资产，都属于非流动资产，如长期资产、固定资产、无形资产等。

按照有无实物形态对资产进行分类，资产可以分为有形资产和无形资产。有形资产通常具有物质实体，如存货、固定资产等。无形资产通常表现为某种法定权利或技术，如专利权、商标权等。

2.2　货币资金的核算

非营利组织的货币资金是以货币形态存在的资产，包括现金、银行存款和其他货币资金。在非营利组织的所有资产中，货币资金是流动性最强的一种资产。就会计核算而言，货币资金的管理并不复杂，但因货币资金具有高度流动性，对其管理和控制显得十分重要。非营利组织应当按照有关法律法规的规定，做好货币资金的管理和会计核算工作。

2.2.1　现金的核算

1. 现金的管理

现金是货币资金的重要组成部分，是通用的支付手段，也是对其他资产进行计量的一般尺度和会计处理的基础。它可以随时被用于购买其他资产、清偿债务或支付有关费用。由于现金是流动性最强的一种货币资金，非营利组织必须对现金进行严格的管理和控制，使现金能在经营过程中合理、通畅地流转，进而提高现金的使用效率，保护现金的安全。现金是交换和流通的手段，又可当作财富来储藏，最容易被挪用和侵吞，因此，非营利组织必须建立一套完善而严密的现金管理制度，以确保现金的安全与完整。

(1) 非营利组织应当设置“现金日记账”，以加强对现金的管理和核算，以便系统地了解现金收付的动态和库存余额。所发生的现金收支业务必须通过出纳人员，由出纳人员根据审核无误后的收款凭证、付款凭证，按照经济业务发生的先后顺序，逐日逐笔登记“现金日记账”。每日终了，应当结算当天的现金收入合计数、现金支出合计数和余额，做到日清月结，账款相符，严禁以“白条”抵充库存现金。每月月终，“现金日记账”的月末余额必须与“现金”科目的余额相等。

(2) 根据业务需要正确核定库存现金限额。库存现金限额一经核定，非营利组织就必须按规定的限额控制库存现金，超过库存限额部分的现金必须在当天或次日上午由非营利组织解交银行，以保证现金的安全。

(3) 除零星开支外，一切付款均应用支票。

(4) 非营利组织不得“坐支”现金，即以本单位的现金收入直接支付现金支出。因特殊情况需要“坐支”现金的，必须报经有关部门批准并在核定的范围和限额内进行，同时，收支的现金必须入账。

(5) 库存现金要定期或不定期地由内部审计人员对其进行核查。

非营利组织应当严格按照国家有关现金管理的规定收支现金，并严格按照《民间非营利组织会计制度》的规定核算现金的各项收支业务。

2. 现金的核算

1) 账户设置

为了总括地反映和监督企业库存现金的收支结存情况，需要设置“现金”账户。本账户属于资产类。其借方反映库存现金的增加，贷方反映库存现金的减少，期末余额在借方，反映企业实际持有的库存现金。

2) 主要账务处理

(1)提取现金。从银行提取现金，按照支票存根所记载的提取金额，借记“现金”科目，贷记“银行存款”科目；将现金存入银行，根据银行退回的进账单第一联，借记“银行存款”科目，贷记“现金”科目。

【例 2-1】 2×19 年 3 月 1 日，某慈善机构开出现金支票，从银行提取现金 10 000 元。

借：现金	10 000	
贷：银行存款		10 000

(2) 支用现金。因支付内部职工出差等所需的现金，按照支出凭证所记载的金额，借记“其他应收款”等科目，贷记本科目；收到出差人员交回的差旅费剩余款并结算时，按实际收回的现金，借记本科目，按应报销的金额，借记有关科目，按实际借出的现金，贷记“其他应收款”科目。

【例 2-2】 2×19 年 3 月 8 日，红十字会的王平出差回来，报销差旅费 3 000 元，原借款 2 500 元，出纳另以现金支付 500 元。

借：业务活动成本	3 000	
贷：其他应收款——王平		2 500
现金		500

特别提示 2-1

“业务活动成本”账户核算的内容

“业务活动成本”账户核算非营利组织为了实现其业务活动目标、开展其项目活动或者提供服务所发生的费用。

(3) 其他原因收到或支出现金。因其他原因收到现金，借记“业务活动成本”科目，贷记有关科目；支出现金，借记有关科目，贷记“业务活动成本”科目。

【例 2-3】 2×19 年 4 月 5 日，某寺院修缮庙宇，支出现金 2 000 元。

借：管理费用　　2 000
　　贷：现金　　2 000

【例 2-4】 2×19 年 4 月 11 日，某社会团体收到某个会员以现金缴纳的当年会费 500 元，会员对于会费的使用没有限定专门的用途和使用时间。

借：现金　　500
　　贷：会费收入——非限定性收入　　500

【例 2-5】 2×19 年 4 月 15 日，某基金会收到一笔无条件的现金捐赠 10 000 元。

借：现金　　10 000
　　贷：捐赠收入——非限定性收入　　10 000

(4) 现金的清查。每日终了结算现金收支、财产清查等发现现金短缺或溢余，应当及时查明原因，并根据管理权限，报经批准后，在期末结账前处理完毕：

第一，如为现金短缺，属于应由责任人或保险公司赔偿的部分，借记“其他应收款”科目，贷记“现金”科目；属于无法查明的其他原因的部分，借记“管理费用”科目，贷记“现金”科目。

第二，如为现金溢余，属于应支付给有关人员或单位的部分，借记“现金”科目，贷记“其他应付款”科目；属于无法查明的其他原因的部分，借记“现金”科目，贷记“其他收入”科目。

【例 2-6】 2×19 年 4 月 17 日，某红十会发生现金溢余 300 元，无法查明原因，经批准进行相应会计处理。

借：现金　　300
　　贷：其他收入　　300

相关思考 2-2

企业会计准则规定对无法查明原因的现金溢余，应如何进行会计处理？

企业会计准则规定如下。

(1) 发生现金溢余时：

借：库存现金
　　贷：待处理财务损溢——待处理流动资产损溢

(2) 无法查明原因，经批准，转入“营业外收入”科目：

借：待处理财务损溢——待处理流动资产损溢
　　贷：营业外收入

2.2.2 银行存款的核算

1. 银行存款账户的管理

银行存款是指非营利组织存放在本地银行或其他金融机构的那部分货币资金。非营利组织根据业务需要，应该在其机构所在地的银行开设账户，进行存取款和各种收支转账业务的结算。

银行是全国的结算中心，各单位必须在银行开设账户，以办理存款、取款和转账等业务。为了维护金融秩序，规范全国银行账户的开立与使用，中国人民银行制定的《银行账户管理办法》规定，一个单位可以根据需要在银行开立四种账户，包括基本存款账户、一般存款账户、临时存款账户和专用存款账户。四种账户开立与使用的比较，如表2-1所示。

表2-1 四种账户开立与使用对比表

账户种类	概念	作用及使用范围	相关规定
1. 基本存款账户	办理日常转账结算和现金收付业务	单位工资、奖金等现金支取只能通过本账户	一个单位只能在一家银行开立一个基本存款账户，即一个单位只有一个基本存款账户
2. 一般存款账户	基本存款账户以外的用以办理转账结算等的账户	办理转账结算和现金缴存，但不能支取现金	不得在同一家银行的几个分支机构开立一般存款账户，如在华夏银行山东路支行开了一般账户，就不能在华夏银行南京路支行再开一个一般账户
3. 临时存款账户	因临时经营活动需要而开立的账户	如异地商品展销、临时性采购等，可以支取和缴存现金	
4. 专用存款账户	因特殊用途需要而开立的账户	如专项基金等	

为了加强对基本存款账户的管理，单位开立基本存款账户，要遵守开户许可证制度，必须凭中国人民银行当地分支机构核发的开户许可证办理，不得为还贷、还债和套取现金而多头开立基本存款账户；不得出租、出借账户；不得违反规定因在异地存款和贷款而开立账户。任何单位和个人不得以个人名义开立账户存储单位的资金。

2. 银行结算方式

在我国，非营利组织日常大量的与其他组织或个人的经济业务往来，都是通过银行结算的。银行是社会经济活动中各项资金流转清算的中心，为了保证银行结算业务的正常开展，使社会经济活动中各项资金得以通畅流转，根据中国人民银行颁发的《支付结算办法》规定，非营利组织目前可以选择使用的票据结算工具主要包括银行汇票、商业汇票、银行本票和支票等票据，可以选择使用的结算方式主要包括汇兑和委托收款两种结算方式，还包括信用卡。非营利组织采用的支付结算方式不同，其业务处理手续及有关会计核算也有所不同。

非营利组织应当严格按照国家有关支付结算办法，正确地进行银行存款收支业务的结算，并按照制度规定核算银行存款的各项收支业务。

1）银行汇票方式

银行汇票是由单位或个人将款项交存开户银行，由银行签发给单位或个人持往异地采购商品时办理结算或支取现金的票据。

非营利组织使用银行汇票，应向银行提交银行汇票申请书，详细填明申请人名称、申请人账号或住址、用途、汇票金额、收款人名称、申请人账号或住址、代理付款行等项内容，并将款项交存银行。非营利组织收到银行签发的银行汇票和解讫通知后，根据“银行汇票申请书(存根)”联编制付款凭证。如有多余款项，应根据多余款项收账通知，编制收款凭证；申请人由于汇票超过付款期限或其他原因要求退款时，应交回汇票和解讫通知，并按照支付结算办法的规定提交证明或身份证件，根据银行退回并加盖了转讫章的多余款收账通知，编制收款凭证。

收款单位应将汇票、解讫通知和进账单交付银行，根据银行退回并加盖了转讫章的进账单和有关原始凭证，编制收款凭证。

2）商业汇票方式

商业汇票是由出票人签发的，委托付款人在指定日期无条件支付确定的金额给收款人或者持票人的票据。采用商业汇票方式时，除了注意《支付结算办法》对商业汇票出票人、承兑人的资格、背书转让等作出的有关规定外，还应注意以下方面。

（1）商业汇票的适用范围。商业汇票不仅限于“在银行开立账户的法人之间根据购销合同进行的商品交易”，还可以用于所有“在银行开立存款账户的法人以及其他组织之间，但是需具有真实的交易关系或债权债务关系”。

（2）商业汇票的当事人。根据《中华人民共和国票据法》的规定，汇票具有出票人、付款人和收款人三个基本当事人。商业汇票是委付证券，出票人必须与付款人具有真实的委托付款关系，并且具有支付汇票金额的可靠资金来源。因此，对银行承兑汇票，《支付结算办法》规定只能是由在承兑银行开立存款账户的单位作为出票人。

（3）商业汇票的付款期限。根据《中华人民共和国票据法》的规定，商业汇票的付款期限，最长不得超过 6 个月。

（4）商业汇票的付款日期。《中华人民共和国票据法》规定，商业汇票的付款期限有定日付款、出票后定期付款和见票后定期付款三种。《支付结算办法》也对付款期限作出了相应规定，即定日付款的汇票付款期限自出票日起计算，并在汇票上记载具体的到期日；出票后定期付款的汇票付款期限自出票日起按月计算，并在汇票上记载；见票后定期付款的汇票付款期限自承兑或拒绝承兑日起按月计算，并在汇票上记载。

（5）商业汇票的贴现。《支付结算办法》严格规定了办理贴现、转贴现及再贴现的条件。持票人必须提供与其直接前手之间的增值税发票和商品发运单据复印件才能向银行申请贴现。贴现银行办理转贴现、再贴现时，也必须提供贴现申请人与其直接前手之间的增值税发票和商品发运单据复印件。鉴于银行承兑汇票的付款办法的现实情况，因贴现银行收取票款归还贴现资金需要收款时间，致使贴现逾期才能收回，会导致利息损失。为了不影响贴现银行的经营效益和办理贴现的积极性，《支付结算办法》除规定可匡算邮程提前委托收款外，还规定承兑人在异地的，贴现、转贴现和再贴现的期限以及贴现利息的计算另加 3 天的划款日期。

（6）商业汇票的付款方法。由于过去银行承兑汇票采取划付的方法，容易产生承兑银行和代理付款银行的结算纠纷；同时受通汇行的限制，未参加全国或省辖通汇的银行机构不能办理商业汇票的承兑、贴现，不利于商业汇票的推行。因此，《支付结算办法》将银行承兑汇票划付定为委托收款方式，并规定对于商业承兑汇票的付款，由银行将汇票留存并通知付款人，付款人在收到通知的当日再通知银行付款；如付款人不及时通知银行付款的，即付款人在接到通知日的次日起 3 日内未通知银行付款的，视同付款人承诺付款，银行应于自付款人接到通知日的次日起第 4 日上午开始营业时，将票款划给持票人。银行在办理划款时，因付款人不能支付，应将商业承兑汇票和未付款通知书退给持票人。

(7) 会计凭证的编制。采用商业承兑汇票方式的,收款单位应将到期的商业承兑汇票连同填制的邮划或电划委托收款凭证,一并送交银行办理收款,在收到银行的收账通知时,编制收款凭证;付款单位在收到银行的付款通知时,编制付款凭证。

采用银行承兑汇票方式的,收款单位将要到期的银行承兑汇票连同填制的邮划或电划委托收款凭证,一并送交银行办理收款,在收到银行的收账通知时,编制收款凭证;付款单位在收到银行的付款通知时,编制付款凭证。

收款单位持未到期的商业汇票向银行申请贴现时,应根据汇票填制贴现凭证,在贴现凭证第一联上按照规定签章后,将贴现凭证连同汇票一并送交银行,根据银行退回并加盖转讫章的贴现凭证第四联(收贴通知),编制收款凭证。

3) 银行本票方式

银行本票是由银行签发的,承诺自己在见票时无条件支付确定金额给收款人或者持票人的票据。

采用银行本票方式时,应注意《支付结算办法》规定的如下相关要求。

(1) 银行本票出票人的资格。银行本票的出票人为经中国人民银行当地分支行批准办理银行本票业务的银行机构。银行本票的出票人为票据的主债务人,负有无条件支付票款的责任。

(2) 申请办理现金银行本票的条件。申请人和收款人均应为个人才可申请办理现金银行本票,注明"现金"字样的银行本票只能向出票银行支取现金,并且可以做成"委托收款"背书,委托他人向出票银行提示付款。

(3) 定额银行本票的面额。定额银行本票面额分为 1 000 元、5 000 元、10 000 元和 50 000 元。

(4) 银行本票的提示付款期限。根据《支付结算办法》的规定,银行本票的提示付款期限为自出票日起最长不得超过 2 个月。

(5) 银行本票的挂失止付。填明"现金"字样的银行本票可以挂失止付,未填明"现金"字样的银行本票不得挂失止付;银行本票丢失,失票人可以凭人民法院出具的其享有票据权利的证明,向出票银行请求付款或退款。

(6) 银行本票的贴息。为了既保持银行本票见票即付的优点,又避免跨系统银行本票的兑付导致兑付银行因垫付资金而造成的利息损失,对于跨系统银行本票的兑付,持票人开户银行可根据中国人民银行规定的同业往来利率向出票银行收取利息。

(7) 会计凭证的编制。采用银行本票方式的,收款单位应将收到的银行本票连同进账单送交银行办理转账,根据银行盖章退回的进账单第一联和有关原始凭证,编制收款凭证。付款单位在填送"银行本票申请书"并将款项交存银行,收到银行签发的银行本票后,根据申请书存根联编制付款凭证。

申请人因本票超过提示付款期限或其他原因要求退款时,应填制一式两联进账单连同本票交给出票行,并按照支付结算办法的规定提交证明或身份证件,将银行审核盖章后退回的进账单第一联作为收账通知,编制收款凭证。

4) 支票方式

支票是出票人签发的,委托办理支票存款业务的银行在见票时无条件支付确定的金额给收款人或持票人的票据。采用支票方式时,应注意《支付结算办法》规定的以下几点。

(1) 银行审核支付支票票款的依据。支票出票人预留的银行签章是银行审核支票票款的依据,银行也可以与出票人约定使用支付密码作为银行审核支付支票票款的条件。

(2) 支票的当事人之间的责任。持票人通过其开户银行收款的,应做“委托收款”背书;直接向出票人开户银行提示付款的,应在支票的背面签章;持票人为个人的,还须交验本人身份证,并在支票背面注明证件名称、号码及发证机关。

(3) 支票的提示付款期限。根据有关规定,支票的提示付款期限为自出票日起 10 天。

(4) 支票的形式。普通支票左上角画两条平行线的为转账支票,不画线的为现金支票。

(5) 支票的退票和处罚。对出票人签发空头支票、签章与预留银行签章不符或者支付密码错误的支票,银行予以退票,并由银行按票面金额对出票人处以 5%但不低于 1 000 元的罚款外,持票人有权要求出票人赔偿支票金额 2%的赔偿金。采用支票方式的,收款单位应将收到的支票,连同填制好的两联进账单一并送银行,根据银行盖章退回的进账单第一联和有关的原始凭证,编制收款凭证;付款单位向银行提交支票时,要同时填制 3 联进账单,并根据银行盖章退回的进账单(回单)第一联和有关原始凭证,编制付款凭证。

5) 汇兑结算方式

汇兑是汇款人委托银行将其款项支付给收款人的结算方式。

采用汇兑结算方式时,应注意《支付结算办法》规定的以下几点。

(1) 汇款人对汇出行已经汇出的款项退汇的规定。收款人在汇入行开立存款账户的,由汇款人与收款人自行联系;收款人未在汇入行开立存款账户的,汇款人应出具正式函件或出示本人身份证件以及原信、电汇回单,由汇出行通知汇入行,经汇入行核实汇款确未支付,方可退汇。

(2) 对汇款撤销的规定。汇款人对汇出银行尚未汇出的款项可以申请撤销,转汇银行不得受理汇款人或汇出行对汇款的撤销。

(3) 汇兑的委托日期。汇兑的委托日期是指汇款人向汇出银行提交汇兑凭证的当日。

(4) 办理汇兑的现金管理。汇款人和收款人为个人,需要在汇入行支取现金的,才可以办理现金汇兑;未在银行开立账户的收款人,其转账汇兑款严禁转入储蓄和信用卡账户。

(5) 会计凭证的规定。采用汇兑结算方式的,付款单位委托银行办理信汇时,应向银行填制一式四联信汇凭证:第一联回单,第二联借方凭证,第三联贷方凭证,第四联收账通知或代取款凭证。根据银行盖章退回的第一联信汇凭证,编制付款凭证。收款单位对通过信汇的方式汇入的款项,应在收到银行的收账通知时,编制收款凭证。

付款单位委托银行办理电汇时,应向银行填制一式三联电汇凭证:第一联回单,第二联借方凭证,第三联发电依据。根据银行盖章退回的第一联电汇凭证,编制付款凭证。收款单位对于通过电汇方式汇入的款项,应在收到银行的收账通知时,编制收款凭证。

6) 委托收款结算方式

委托收款是收款人委托银行向付款人收取款项的结算方式。

采用委托收款结算方式时,应注意《支付结算办法》规定的以下几点。

(1) 委托收款的使用范围。委托收款方式只适用于单位和个人凭已承兑商业汇票、债券和存单等付款人债务证明办理款项的结算。

(2) 委托收款的拒付。根据相关规定,委托收款结算方式下只允许全额付款或全部拒绝付款,取消了部分拒绝付款的规定和银行对付款人无款支付情况下的制裁。

（3）会计凭证的规定。采用委托收款结算方式的，收款人办理委托收款时，采取邮寄划款的，应填制邮划委托收款凭证。邮划委托收款凭证一式5联：第一联回单，第二联贷方凭证，第三联借方凭证，第四联收账通知，第五联付款通知。采取电报划款的，应填制电划委托收款凭证。电划委托收款凭证一式5联：第一联回单，第二联贷方凭证，第三联借方凭证，第四联发电依据，第五联付款通知。收款人在第二联委托收款凭证上签章后，将有关委托收款凭证和债务证明提交开户银行。在收到银行转来的收账通知时，编制收款凭证。付款单位根据收到的委托收款凭证和有关债务证明，编制付款凭证。

7）托收承付结算方式

托收承付是根据购销合同由收款人发货后委托银行向异地付款人收取款项，由付款人向银行承认付款的结算方式。目前这种结算方式的使用范围不大。使用该凭证的规定有：收款单位对于托收的款项，根据银行的收账通知和有关的原始凭证，编制收款凭证；付款单位对于承付的款项，应于承付时根据托收承付结算凭证的承付支款通知和有关发票账单等原始凭证，编制付款凭证。如拒绝付款属于全部拒付的，不作账务处理；属于部分拒付的，付款部分按上述规定处理，拒付部分不作账务处理。

3. 银行存款余额调节表的编制

为了正确掌握银行存款的实有数，需要定期将银行存款日记账与来自银行的银行对账单进行核对，每月至少要核对一次，并编制“银行存款余额调节表”。

在银行存款日记账和银行对账单的业务和数字都一致的项目后打“√”，最后未打“√”的业务便是造成两者不相符的原因，归纳起来造成两者不符的原因有两个方面。

（1）非营利组织和银行存在一方或双方同时记账错误，如银行将收款串户记账或银行、非营利组织记账时发生数字错误，如非营利组织将“支付水费969元”记为“支付水费996元”等。

（2）存在未达账项，未达账项是指由于结算凭证在非营利组织和银行之间的传递存在时间差，造成一方已收到凭证并已入账，而另一方尚未收到凭证仍未入账的款项。例如，2×18年12月30日非营利组织开出一张转账支票支付货款，金额5 000元，非营利组织已依据支票存根及发票或收据等凭证记账，贷记“银行存款”科目，而收款方却在2×19年1月2日向其开户行存入该款项，那么这一笔业务就出现了12月份非营利组织已支付，而银行未支付的未达账项情况。未达账项多数是由月末业务产生的单据传递存在时间差而造成的。

未达账项一般有如下四种情况：

非营利组织已收款记账，而银行尚未收款记账，即“非营利组织已收，银行未收”。

非营利组织已付款记账，而银行尚未付款记账，即“非营利组织已付，银行未付”。

银行已收款记账，而非营利组织尚未收款记账，即“银行已收，非营利组织未收”。

银行已付款记账，而非营利组织尚未付款记账，即“银行已付，非营利组织未付”。

当记账错误和未达账项存在时，银行存款日记账的余额与银行对账单的余额是不相等的。在这种情况下，银行存款日记账余额与银行对账单余额都不能代表非营利组织银行存款的实有数，这时通过编制“银行存款余额调节表”得到的“调整后的余额”才是非营利组织银行存款的实有数。

需要说明的是，在实务中，如果首次核对，只需将银行存款日记账和银行对账单进行核对，据以编制“银行存款余额调节表”，但之后月份核对时，还应将上一个月编制的“银行存款余额调节表"同本月的银行存款日记账和本月的银行对账单一起进行核对。如前述例子中所涉及的非营利组织已付款记账，而对方却在2×19年1月2日才向其开户行存入该5 000元款项的业务，在编制2×18年12月30日的"银行存款余额调节表"时，会出现在"非营利组织已付，银行未付"的未达账项上，等到非营利组织编制2×19年1月31日的"银行存款余额调节表"时，这笔业务会出现在1月份的银行对账单款项减少项目中，但在1月份的银行存款日记账中却不会出现（因登记在2×18年12月），这一笔实际上是与2×18年12月30日的"银行存款余额调节表"中"非营利组织已付，银行未付"未达账项的5 000是相对应的，因此应将这对应的两笔同时打"√"，否则会误认为还是未达账项，所以在实务中，非首次核对时，一定要将上一个月编制的"银行存款余额调节表"拿出来一同核对。"银行存款余额调节表"格式如表2-2所示。

表2-2　　银行存款余额调节表

2×18年12月31日

公司名称：××协会　　开户行：　　账号：　　单位：元

项目	金额	项目	金额
银行对账单余额		企业银行存款日记账余额	
加：企业已收，银行未收		加：银行已收，企业未收	
1.		1.	
2.		2.	
3.		3.	
4.		4.	
银行误记、串记（少记）		企业误记（少记）	
减：企业已付，银行未付		减：银行已付，企业未付	
1.		1.	
2.		2.	
3.		3.	
4.		4.	
银行误记、串记（多记）		企业误记（多记）	
调整后余额		调整后余额	

4. 银行存款的核算

1）科目设置

为核算非营利组织存入银行或其他金融机构的存款，设置"银行存款"账户。

非营利组织的外埠存款、银行本票存款、银行汇票存款、信用卡存款等在"其他货币资金"账户核算，不在本账户核算。

2）主要账务处理

非营利组织银行存款收支的主要业务有存款、提取和支用、利息收入和外币四类业务。

（1）存款业务。将款项存入银行和其他金融机构时，借记“银行存款”科目，贷记“现金”“应收账款”“捐赠收入”“会费收入”等有关科目。

【例2-7】 2×19年4月17日，某救灾志愿者协会收到华忠公司的抗震捐款100 000元，存入银行。

借：银行存款	100 000	
贷：捐赠收入		100 000

（2）提取和支用业务。提取和支出存款时，借记“现金”“应付账款”“业务活动成本”“管理费用”等有关科目，贷记“银行存款”科目

【例2-8】 2×19年4月19日，某非营利组织提取现金15 000元。

借：现金	15 000	
贷：银行存款		15 000

【例2-9】 2×19年4月23日，某救灾志愿者协会以银行存款购买20 000元的抗震帐篷，送往灾区。

借：业务活动成本	20 000	
贷：银行存款		20 000

【例2-10】 2×19年4月30日，某非营利组织以银行存款支付当月物业管理费1 300元。

借：管理费用	1 300	
贷：银行存款		1 300

（3）利息收入业务。收到存款利息时，借记“银行存款”科目，贷记“其他应收款”“筹资费用”等科目。但是，收到属于在借款费用应予资本化的期间内发生的与购建固定资产专门借款有关的存款利息，借记“银行存款”科目，贷记“其他应收款”“在建工程”科目。

【例2-11】 2×19年5月20日，某红十字会银行存款利息收入300元。

借：银行存款	300	
贷：筹资费用		300

相关思考2-3

企业会计准则对银行存款利息会计处理的规定

企业会计准则规定，收到银行存款的利息时，应贷记“财务费用”科目：

借：银行存款
　贷：财务费用

（4）外币业务。

① 以外币购入商品、设备、服务等，按照购入当日（或当期期初）的市场汇率将支付的外币或应支付的外币折算为人民币金额，借记“固定资产”“存货”等科目，贷记“现金”“银行存款”“应付账款”等科目的外币账户。

【例2-12】 2×19年3月10日，某红十字会购入1 000美元的材料一批，材料已验收入库。该红十字会以当期期初的市场汇率作为记账汇率。3月1日美元的市场汇率为1∶6.8。

借：存货　　6 800
　　贷：银行存款——美元户（＄1 000×6.8）　　6 800

② 取得外币。以外币销售商品、提供服务或者获得外币捐赠等，按照收入确认当日（或当期期初）的市场汇率将收取的外币或应收取的外币折算为人民币金额，借记“银行存款”“应收账款”等科目的外币账户，贷记“捐赠收入”“提供服务收入”“商品销售收入”等科目。

【例 2-13】 2×19 年 3 月 13 日，某教会收到捐赠款 5 000 美元，并存入银行。该教会以当期期初的市场汇率作为记账汇率。3 月 1 日美元的市场汇率为 1∶6.8。

借：银行存款——美元户（＄5 000×6.8）　　34 000
　　贷：捐赠收入　　34 000

③ 借入外币。借入外币借款时，按照借入当日（或当期期初）的市场汇率将借入款项折算为人民币金额，借记“银行存款”科目的外币账户，贷记“短期借款”“长期借款”等科目的外币账户；偿还外币借款时，按照偿还当日（或当期期初）的市场汇率将偿还款项折算为人民币金额，借记“短期借款”“长期借款”等科目的外币账户，贷记“银行存款”科目的外币账户。

【例 2-14】 2×19 年 3 月 21 日，某非营利组织向银行借入短期借款 10 000 美元。该非营利组织以当期期初的市场汇率作为记账汇率。3 月 1 日美元的市场汇率为 1∶6.8。

借：银行存款——美元户（＄10 000×6.8）　　68 000
　　贷：短期借款　　68 000

④ 外币兑换。发生外币兑换业务时，如为购入外币，按照购入当日（或当期期初）的市场汇率将购入的外币折算为人民币金额，借记“银行存款”科目的外币账户，按照实际支付的人民币金额，贷记“银行存款”科目的人民币账户，按照两者之间的差额，借记或贷记“筹资费用”等科目；如为卖出外币，按照实际收到的人民币金额，借记“银行存款”科目的人民币账户，按照卖出当日（或当期期初）的市场汇率将卖出的外币折算为人民币金额，贷记“银行存款”科目的外币账户，按照两者之间的差额，借记或贷记“筹资费用”等科目。

【例 2-15】 2×19 年 3 月 23 日，某红十字会将 20 000 美元兑换成人民币，存入银行，当日银行的买入价为 1∶6.6。该红十字会以当期期初的市场汇率作为记账汇率。3 月 1 日美元的市场汇率为 1∶6.8。

借：银行存款——人民币户　　132 000
　　筹资费用　　4 000
　　贷：银行存款——美元户（＄20 000×6.8）　　136 000

⑤ 期末调整。对各种外币账户的外币余额，期末时应当按照期末汇率折合为人民币。按照期末汇率折合的人民币金额与账面人民币金额之间的差额，作为汇兑损益计入当期费用，记入“筹资费用”科目。但是，属于在借款费用应予资本化的期间内发生的与购建固定资产有关的外币专门借款本金及其利息所产生的汇兑差额，应当予以资本化，记入“在建工程”科目。

【例 2-16】 2×19 年 3 月 31 日，某红十字会银行存款美元户的余额为 30 000 美元，人民币余额为 204 000 元。期末汇率为 1∶6.89。

本题汇兑损益的金额 = 30 000 × 6.89 − 204 000 = 2 700（元）

借：银行存款——美元户　　2 700
　贷：筹资费用　　2 700

（5）无法收回的银行存款。非营利组织应加强对银行存款的管理，并定期对银行存款进行检查，如果有确凿证据表明存在银行或其他金融机构的款项已经部分或者全部不能收回的，应当将不能收回的金额确认为当期损失，冲减银行存款，借记“管理费用”科目，贷记“银行存款”科目。

【例2-17】 2×19年4月10日，某宗教团体确定15 000元银行存款无法收回。

借：管理费用　　15 000
　贷：银行存款　　15 000

2.2.3 其他货币资金的核算

1. 其他货币资金核算的内容

其他货币资金是指除了现金和银行存款以外的货币资金。非营利组织的其他货币资金主要包括外埠存款、银行汇票存款、银行本票存款、信用卡存款、信用证保证金存款、存出投资款（或者存入其他金融机构）等。

2. 其他货币资金的核算

1）账户设置

非营利组织在设置“其他货币资金”账户时，应按“外埠存款”“银行汇票”“银行本票”“信用卡存款”“信用证保证金存款”“存出投资款”等设置明细账户，并按外埠存款的开户银行、银行汇票或本票的收款单位等设置明细账。

2）主要账务处理

（1）外埠存款。外埠存款是指非营利组织到外地进行临时或零星采购时，汇往采购地银行开立采购专户的款项。非营利组织将款项委托当地银行汇往采购地开立专户时，借记“其他货币资金”科目，贷记“银行存款”科目。收到采购员交来供应单位发票、账单等报销凭证时，借记“存货”等科目，贷记“其他货币资金”科目。将多余的外埠存款转回当地银行时，根据银行的收账通知，借记“银行存款”科目，贷记“其他货币资金”科目。

外埠存款的核算一般分为以下环节。

① 款项汇往采购地银行开立采购专户时：

借：其他货币资金——外埠存款——××
　贷：银行存款

② 支付材料款等，会计部门收到供应单位的货物发票、运单等凭证时：

借：存货等
　贷：其他货币资金——外埠存款——××

③ 采购完毕，采购员离开采购地时，采购专户如有余额，应将剩余的外埠存款转回企业当地银行账户：

借：银行存款
　贷：其他货币资金——外埠存款——××

具体核算如图 2-1 所示。

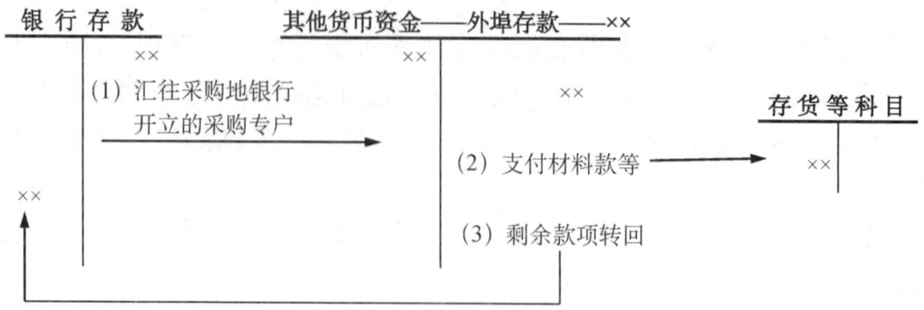

图 2-1　外埠存款核算示意图

【例 2-18】　2×19 年 4 月 13 日，某社会团体将 50 000 元汇往外地(采购地)银行开立的采购专户，备采购材料。

借：其他货币资金	50 000	
贷：银行存款		50 000

【例 2-19】　接[例 2-18]，2×19 年 4 月 16 日，某社会团体采购业务完成，共采购材料 45 000 元，依据采购员交来的供应单位发票、账单等报销凭证记账，同时将外埠采购专户中的余款转回本地银行。

借：存货	45 000	
银行存款	5 000	
贷：其他货币资金		50 000

(2) 银行汇票存款。银行汇票存款是指非营利组织为取得银行汇票，按规定存入银行的款项。非营利组织在填送“银行汇票申请书”并将款项交存银行，取得银行汇票后，根据银行盖章退回的申请书存根联，借记“其他货币资金”科目，贷记“银行存款”科目。非营利组织使用银行汇票后，根据发票账单等有关凭证，借记“存货”等科目，贷记“其他货币资金”科目；如有多余款或因汇票超过付款期等原因而收到退回款项，根据开户行转来的银行汇票第四联(多余款收账通知)，借记“银行存款”科目，贷记“其他货币资金”科目。

(3) 银行本票存款。银行本票存款是指非营利组织为取得银行本票，按规定存入银行的款项。非营利组织向银行提交“银行本票申请书”并将款项交存银行，取得银行本票后，根据银行盖章退回的申请书存根联，借记“其他货币资金”科目，贷记“银行存款”科目。非营利组织使用银行本票后，根据发票、账单等有关凭证，借记“存货”等科目，贷记“其他货币资金”科目。因本票超过付款期等原因而要求退款时，应当填制进账单一式两联，连同本票一并送交银行，根据银行盖章退回的进账单第一联，借记“银行存款”科目，贷记“其他货币资金”科目。

(4) 信用卡存款。信用卡存款是指非营利组织为取得信用卡，按照规定存入银行的款项。非营利组织应按规定填制申请表，连同支票和有关资料一并送交发卡银行，根据银行盖章退回的进账单第一联，借记“其他货币资金”科目，贷记“银行存款”科目。非营利组织用信用卡购物或支付有关费用，借记有关科目，贷记“其他货币资金”科目。非营利组织在信用卡使用过程中，需向其账户续存资金的，借记“其他货币资金”科目，贷记“银行存款”科目。

(5) 信用证保证金存款。信用证保证金存款是指非营利组织为取得信用证,按规定存入银行的保证金。非营利组织向银行缴纳保证金,根据银行退回的进账单第一联,借记“其他货币资金”科目,贷记“银行存款”科目。根据开证行交来的信用证来单通知书及有关单据列明的金额,借记“存货”等科目,贷记“其他货币资金”科目和“银行存款”科目。

2.3 投资的核算

2.3.1 投资概述

1. 投资的概念

投资有广义和狭义之分。广义的投资不仅包括对外投资,如对外长期股权投资等,还包括对内投资,如投资购买固定资产等。狭义的投资仅指对外投资,即非营利组织为增加财富或谋求其他利益,而将资产让渡给其他单位所获得的另一项资产。本书所述投资,除特殊情况外,仅指狭义的投资。

2. 投资的分类

一般而言,投资可按不同的标准分类。根据分类的角度不同,非营利组织投资的分类可以有以下一些情况。

1) 按照投资的流动性期限和投资目的分类,可分为短期投资和长期投资

短期投资是指非营利组织拥有的能够随时变现并且持有时间不准备超过1年(含1年)的投资。这种投资在很大程度上是为了暂时存放多余资金,并通过这种投资取得高于银行存款利率的利息收入或价差收入,这种投资待非营利组织需要使用现金时即可兑换成现金,如非营利组织购买的可上市交易的股票、债券、基金等。

由于季节性业务等原因,非营利组织往往有多余的、暂时闲置的货币资金等,为了获取比银行存款利息高的收益,非营利组织会购买有价证券。当然这些有价证券应有公开买卖市场,可以随时抛售变现以满足非营利组织业务周转的需要。这些投资在1年内可以收回。

长期投资是指除短期投资以外的投资,包括长期股权投资和长期债权投资,是非营利组织不能够或者不准备随时变现、持有时间在1年(不含1年)以上的投资。这种投资在很大程度上是为了积累整笔资金,以供特定用途之需,是为了获得长期资产增值,或是为了达到通过控制其他单位或对其他单位实施重大影响而获得长期回报,或是出于其他长期性质的目的。非营利组织的长期投资一般都不准备在短期内转让出去或作为短期调度资金的手段。

按照投资流动性和目的分类,是为了确定投资的会计核算方法和在资产负债表中的列示。通常情况下,短期投资由于期限较短,并且能够随时变现,在会计核算中采用较为简单的方法,在资产负债表上作为流动资产列示;而长期投资由于期限长、投资金额较大,在会计核算中用不同的方法进行核算,在资产负债表中作为长期资产列示。因此,投资按照投资流动性和目的分类,在会计核算中具有重要意义。

长短期投资的划分主要依非营利组织管理层的意图而定,管理当局准备短期持有的,作为短期投资核算;准备长期持有的,作为长期投资核算。

2）按投资性质分类，可分为债权投资和股权投资

在《民间非营利组织会计制度》中，投资是按照其目的和期限（流动性）分类的。非营利组织在进行投资核算时，首先应当将投资分为短期投资和长期投资。在涉及长期投资的核算时，则又应当按照投资的性质进行分类，将长期投资分为长期股权投资和长期债权投资。本书也采取该分类方法对相关内容进行介绍。

债权投资是指非营利组织为了增加财富而购买债务人发行的债券或通过委托银行贷款等其他形式所取得的债权。进行债权投资后，非营利组织成为被投资单位的债权人。债权投资的基本特点是收益稳定、风险较小。股权投资是指非营利组织为了增加财富，通过购买其他公司股票或与其他单位联营等形式所取得的股权。进行股权投资后，非营利组织即成为被投资单位的所有者或业主之一。股权投资的基本特点是收益高、风险大。

3）按投资形式分类，可分为债券投资、股票投资、基金投资和其他投资

（1）债券投资即非营利组织以购买债券的形式对外投资。非营利组织购入债券，所关心的是定期收取的利息以及债券到期收回的本金。

（2）股票投资即非营利组织以购买股票的形式对外投资。非营利组织可以作为投资者认购股票，并成为股份有限公司的股东。

（3）基金投资即非营利组织以购买基金的形式对外投资。非营利组织作为投资者认购基金份额，成为基金持有人。

其他投资是指除债券投资、股票投资和基金投资以外的其他投资，如有限责任公司的股权证投资、联营投资等。

4）按被投资人接受投资的方式分类，可分为直接投资、委托贷款和委托投资

直接投资是指投资人将资产直接投给被投资人，如购买被投资人的股票、债券等。委托贷款和委托投资是指投资人将资产委托给专门的投资机构，由投资机构再将资产投给被投资人，是一种间接投资的方式。

2.3.2 短期投资的核算

1. 账户设置

（1）设置“短期投资”账户。为了核算和监督短期投资的增加、处置和收益情况，非营利组织应设置“短期投资”账户。该账户属于资产类成本计算账户，借方登记短期投资的原始投资成本，贷方登记取得收益时对投资成本的抵减和短期投资处置时转销的投资成本，余额在借方，反映非营利组织持有的各种股票、债券、基金等短期投资的成本。该账户应按短期投资的种类设置明细账，进行明细核算；有委托贷款或者委托投资（包括委托理财）的非营利组织，还应在该账户下单设明细账户核算。

（2）设置“其他应收款”账户。非营利组织因股权投资和债权投资而应收取的现金股利或利息，一般在“其他应收款”账户内核算。

（3）设置“投资收益”账户。为了核算和监督非营利组织对外投资的损益情况，应设置“投资收益”账户。该账户属于收入类科目，借方登记投资的损失，贷方登记投资的收益。期末结转前，余额如在借方，反映非营利组织投资所发生的净损失；余额如在贷方，反映非营利组织投资所取得的净收益。结转后该账户应无余额。该账户应按投资收益的种类设置明细账，进行明细核算。如果存在限定性的投资收益，还应单独设置明细账户核算。

2. 短期投资的主要账务处理

1）取得短期投资

短期投资在取得时应当按照投资成本计量。

(1) 以现金购入的短期投资，按照实际支付的全部价款，包括税金、手续费等相关费用作为其投资成本，借记"短期投资"科目，贷记"银行存款"等科目。

如果实际支付的价款中包含已宣告但尚未领取的现金股利或已到付息期但尚未领取的债券利息，则按照实际支付的全部价款减去其中包含的已宣告但尚未领取的现金股利或已到付息期但尚未领取的债券利息后的金额作为短期投资成本，借记"短期投资"科目，按照应领取的现金股利或债券利息金额，借记"其他应收款"科目，按照实际支付的全部价款，贷记"银行存款"等科目。

【例2-20】 2×19年4月19日，某非营利组织购入M公司债券，共支付100 000元，其中包括已到付息期但尚未领取的债券利息5 000元。另支付交易税费3 000元，以银行存款支付。

借：短期投资——M公司债券	98 000	
其他应收款——M公司债券利息	5 000	
贷：银行存款		103 000

相关思考2-4

企业会计准则规定，售价中包括的已到付息期但尚未领取的债券利息，应记入哪个科目

企业会计准则规定，售价中包括的已到付息期但尚未领取的债券利息，应记入"应收利息"科目。

(2) 接受捐赠的短期投资，按照所确定的投资成本，借记"短期投资"科目，贷记"捐赠收入"科目。

【例2-21】 2×19年4月20日，某非营利组织接受A公司所捐赠的股票100 000股，每股市值2元。

借：短期投资——A公司股票	200 000	
贷：捐赠收入		200 000

2）收到利息或现金股利

收到被投资单位发放的利息或现金股利，按照实际收到的金额，借记"银行存款"等科目，贷记"短期投资"科目。但是，实际收到在购买时已记入"其他应收款"科目的利息或现金股利时，借记"银行存款"等科目，贷记"其他应收款"科目。

【例2-22】 接[例2-20]，2×19年5月18日，收到M公司的债券利息5 000元，存入银行。

借：银行存款	5 000	
贷：其他应收款——M公司债券利息		5 000

持有股票期间所获得的股票股利，不作账务处理，但应在辅助账簿中登记所增加的股份。

3）收回投资

对于收回的投资款按照已计提的减值准备，借记“短期投资跌价准备”科目，按照所出售或收回短期投资的账面余额，贷记“短期投资”科目，按照未领取的现金股利或利息，贷记“其他应收款”科目，按照其差额，借记或贷记“投资收益”科目。

【例 2-23】 2×19 年 5 月 19 日，某非营利组织收回 N 公司到期的债券投资共计 60 000 元，其中债券账面余额 50 000 元，已计提减值准备 5 000 元。

借：银行存款	60 000	
短期投资跌价准备	5 000	
贷：短期投资——N 公司债券		50 000
投资收益【差额】		15 000

4）计提短期投资跌价准备

非营利组织应当定期或者至少于每年年度终了，对短期投资是否发生了减值进行检查，如果发生了减值，应当计提短期投资跌价准备。

（1）如果短期投资的市价低于其账面价值，应当按照市价低于账面价值的差额计提短期投资跌价准备，借记“管理费用”科目，贷记“短期投资跌价准备”科目。

（2）如果以前期间已计提跌价准备的短期投资的价值在当期得以恢复，即短期投资的期末市价高于账面价值，按照市价高于账面价值的差额，在原已计提跌价准备的范围内，借记“短期投资跌价准备”科目，贷记“管理费用——短期投资跌价损失”科目。

【例 2-24】 2×19 年 12 月 31 日，某非营利组织所投资的 B 公司股票市价为 160 000 元，账面价值为 180 000 元，计提短期投资跌价准备。

借：管理费用——短期投资跌价准备	20 000	
贷：短期投资跌价准备		20 000

知识拓展 2-1

资产减值在会计账户设置上与一般企业的差异

企业会计准则规定，各项资产发生减值，应借记“资产减值损失”科目，而非营利组织资产减值记入“管理费用”科目。

2.3.3　长期投资的核算

1. 长期股权投资

长期股权投资核算非营利组织持有时间准备超过 1 年（不含 1 年）的各种股权性质的投资，包括长期股票投资和其他长期股权投资。

1）账户设置

（1）“长期股权投资”账户。为了核算和监督长期股权投资的投出、处置、收益等情况，非营利组织应设置“长期股权投资”账户。该账户属于资产类科目，借方登记长期股权投资成本的发生额和价值的增加额，贷方登记长期股权投资成本的转销额和价值的冲减额。余额在借方，反映非营利组织持有的长期股权投资的价值。该账户应当设置“股票投资”和“其他股权投资”两个二级账户。采用权益法核算的非营利组织，还应在此之下分别设置“投资成本”“损益调整”“股权投资准备”及“股权投资差额”等明细账户，对因权益法核算所产生的影响长期股权投资账面余额的增减变动因素分别核算和反映。

“投资成本”明细账户，核算长期股权投资的初始成本及采用权益法时与被投资单位所有者权益所占份额对应的金额。

“损益调整”明细账户，核算采用权益法的非营利组织按照被投资单位的净损益和分派的现金股利时非营利组织所占份额而增减的长期股权投资金额。

“股权投资准备”明细账户，核算采用权益法的非营利组织因被投资单位接受捐赠或增资扩股等原因而增加的所有者权益中非营利组织所占的份额。

“股权投资差额”明细账户，核算非营利组织采用权益法时，初始投资成本与应享有的被投资单位“所有者权益”中非营利组织所占份额之间的差额。

(2)“其他应收款”账户。

(3)“投资收益”账户。

(4)“其他收入——非货币性交易收益”明细账户。

非营利组织如果有委托贷款或者委托投资(包括委托理财)且作为长期股权投资核算的，应当在本账户下单设明细账户核算。

2) 长期股权投资的主要账务处理

长期股权投资应当区别不同情况，分别采用成本法或者权益法核算。如果非营利组织对被投资单位没有控制、共同控制和重大影响，应当采用成本法核算长期股权投资；如果非营利组织对被投资单位具有控制、共同控制或重大影响，应当采用权益法核算长期股权投资。

第一，在取得长期股权投资时，应当按照取得时的实际成本作为初始投资成本，具体如下。

以现金购入的长期股权投资，按照实际支付的全部价款，包括税金、手续费等相关费用作为其初始投资成本，借记“长期股权投资”科目，贷记“银行存款”等科目。

如果实际支付的价款中包含已宣告但尚未领取的现金股利，则按照实际支付的全部价款减去其中已宣告但尚未领取的现金股利后的金额作为其初始投资成本，借记“长期股权投资”科目，按照应领取的现金股利，借记“其他应收款”科目，按照实际支付的全部价款，贷记“银行存款”等科目。

【例2-25】 2×19年5月4日，某非营利组织购买C公司股票800 000元，支付手续费用等2 000元。

借：长期股权投资——C公司股票	802 000	
贷：银行存款		802 000

接受捐赠的长期股权投资。接受捐赠的长期股权投资，按照所确定的初始投资成本，借记“长期股权投资”科目，贷记“捐赠收入”科目。

【例2-26】 2×19年5月8日，某非营利组织接受H公司的股票8 000股，每股50元，另支付相关手续费1 000元，以银行存款支付。

借：长期股权投资——H公司股票	401 000	
贷：捐赠收入		400 000
银行存款		1 000

第二，长期股权投资持有期间，按照不同情况分别采用成本法或者权益法核算。

采用成本法核算时，除非追加(或收回)投资或者发生减值，长期股权投资的账面价值一般保持不变。

① 被投资单位宣告发放现金股利或利润时，按照宣告发放的现金股利或利润中属于非营利组织应享有的部分，确认当期投资收益，借记“其他应收款”科目，贷记“投资收益”科目。

【例 2-27】 某非营利组织对长期投资采用成本核算法，2×19 年 5 月 10 日，B 公司宣布发放现金股利，每股 0.4 元，某非营利组织持有股票 10 000 股。

借：其他应收款——B 公司股票投资收益　　4 000
　　贷：投资收益　　4 000

② 实际收到现金股利或利润时，按照实际收到的金额，借记“银行存款”等科目，贷记“其他应收款”科目。

【例 2-28】 接[例 2-27]，某非营利组织收到 B 公司发放的现金股利，并存入银行。

借：银行存款　　4 000
　　贷：其他应收款——B 公司股票投资收益　　4 000

采用权益法核算时，长期股权投资的账面价值应当根据被投资单位当期净损益中非营利组织应享有或分担的份额，以及被投资单位宣告分派的现金股利或利润中属于非营利组织应享有的份额进行调整。

① 期末，按照应当享有或应当分担的被投资单位当年实现的净利润或发生的净亏损的份额，调整长期股权投资账面价值，如被投资单位实现净利润，借记“长期股权投资”科目，贷记“投资收益”科目；如被投资单位发生净亏损，借记“投资收益”科目，贷记“长期股权投资”科目，但以长期股权投资账面价值减记至零为限。

【例 2-29】 某非营利组织对长期股权投资实行权益法核算，年末，依据 C 集团公司的财务报告，C 集团公司对外发行股票净增 3 元，某非营利组织所持股票可净增 90 000 元。

借：长期股权投资——C 集团公司股票　　90 000
　　贷：投资收益　　90 000

② 被投资单位宣告分派利润或现金股利时，按照宣告分派的现金股利或利润中属于非营利组织应享有的份额，调整长期股权投资账面价值，借记“其他应收款”科目，贷记“长期股权投资”科目。在实际收到现金股利或利润时，借记“银行存款”等科目，贷记“其他应收款”科目。

【例 2-30】 接[例 2-29]，C 集团公司宣布发放股利，每股 3 元，某非营利组织可得到 90 000 元。

借：其他应收款——C 集团公司股票投资收益　　90 000
　　贷：长期股权投资——C 集团公司股票　　90 000

③ 被投资单位宣告分派的股票股利，不作账务处理，但应当设置辅助账，进行数量登记。

第三，处置长期股权投资时，按照实际取得的价款，借记“银行存款”等科目，按照已计提的减值准备，借记“长期投资减值准备”科目，按照所处置长期股权投资的账面余额，贷记“长期股权投资”科目，按照尚未领取的已宣告发放的现金股利或利润金额，贷记“其他应收款”

科目，按照其差额，借记或贷记“投资收益”科目。

【例 2-31】 某非营利组织将持有的 D 集团公司的股票出售，出售时“长期股权投资”的账面余额为 60 000 元，“长期股权投资减值准备”账户余额为 2 000 元，取得收入 70 000 元，存入银行。

借：银行存款	70 000	
长期股权投资减值准备	2 000	
贷：长期股权投资——D 集团公司股票		60 000
投资收益		12 000

第四，改变投资目的，将短期股权投资划转为长期股权投资，应将短期股权投资按照成本与市价孰低结转，并将据此确定的价值作为长期股权投资的成本，借记“长期股权投资”科目，按照已计提的相关短期投资跌价准备，借记“短期投资跌价准备”科目，按照原短期股权投资的账面余额，贷记“短期投资”科目，按照其差额，借记或贷记“管理费用”科目。

【例 2-32】 某非营利组织将 N 集团公司所捐赠的股票 5 000 股转为长期投资，该笔股票当前市值为每股 10 元，账面价值为每股 12 元，已计提短期投资跌价准备 2 000 元。

借：长期股权投资——N 集团公司股票	50 000	
短期投资减值准备	2 000	
管理费用	8 000	
贷：短期投资——N 集团公司股票		60 000

第五，期末，非营利组织应当对长期股权投资是否发生了减值进行检查。如果长期股权投资的可收回金额低于其账面价值，应当按照可收回金额低于账面价值的差额计提长期投资减值准备。如果长期股权投资的可收回金额高于其账面价值，应当在该长期股权投资期初已计提减值准备的范围内转回可收回金额高于账面价值的差额。

【例 2-33】 某非营利组织持有的 D 集团公司股票市值为 300 000 元，账面价值为 340 000 元。

借：管理费用——长期投资减值损失	40 000	
贷：长期投资减值准备		40 000

2. 长期债权投资的核算

长期债权投资是指非营利组织购入的在 1 年内（不含 1 年）不能变现或不准备随时变现的债券和其他债权投资。

1）账户设置

设置“长期债权投资”账户核算长期债权投资，非营利组织可以根据具体情况设置明细账户，进行明细核算，如债券投资、可转换公司债券和其他债权投资等，其中债券投资下设明细账户：面值、溢价或折价、债券费用、应收利息等。

非营利组织如果有委托贷款或者委托投资（包括委托理财）且作为长期债权投资核算的，应当在本账户下单设明细账户核算。

2）长期债权投资的主要账务处理

(1) 取得长期债权投资。在取得长期债权投资时，应当将取得时的实际成本作为初始投资成本，具体如下：

① 以现金购入的长期债权投资，将实际支付的全部价款(包括税金、手续费等相关费用)作为其初始投资成本，借记“长期债权投资”科目，贷记“银行存款”等科目。

如果实际支付的价款中包含已到付息日但尚未领取的债券利息，则将实际支付的全部价款减去其中已到付息日但尚未领取的债券利息后的金额作为其初始投资成本，借记“长期债权投资”科目，按照应领取的利息，借记“其他应收款”科目，按照实际支付的全部价款，贷记“银行存款”等科目。

【例 2-34】 某非营利组织在债券市场以银行存款购入一笔国债，包括税费等价款合计 180 000 元，其中已到付息期但尚未领取的债券利息 5 600 元。

借：长期债权投资——债券投资	174 400	
其他应收款	5 600	
贷：银行存款		180 000

② 接受捐赠的长期债权投资，按照所确定的初始投资成本，借记“长期债权投资”科目，贷记“捐赠收入”科目。

【例 2-35】 某非营利组织接受了 W 电器生产企业捐赠的可转换公司债券，市值 100 000 元。

借：长期债权投资——可转换公司债券	100 000	
贷：捐赠收入		100 000

(2) 长期债权投资持有期间的会计核算。持有长期债权投资期间，应当按照票面价值与票面利率按期计算确认利息收入，如为到期一次还本付息的债券投资，借记“长期债权投资——债券投资(应收利息)”明细科目，贷记“投资收益”科目；如为分期付息、到期还本的债权投资，借记“其他应收款”科目，贷记“投资收益”科目。

长期债权投资的初始投资成本与债券面值之间的差额，应当在债券存续期间，按照直线法于确认相关债券利息收入时摊销，如初始投资成本高于债券面值，按照应当分摊的金额，借记“投资收益”科目，贷记“长期债权投资”科目；如初始投资成本低于债券面值，按照应当分摊的金额，借记“长期债权投资”科目，贷记“投资收益”科目。

【例 2-36】 某非营利组织所购的 D 公司一次还本付息债券，当期应得利息 3 000 元。

借：长期债权投资——债券投资(应收利息)	3 000	
贷：投资收益		3 000

【例 2-37】 某非营利组织所持 E 公司的债券，初始投资成本为 130 000 元，债券面值为 120 000 元，经计算，本期应分摊金额为 5 000 元。

借：投资收益	5 000	
贷：长期债权投资——债券投资(溢价)		5 000

(3) 可转换公司债券在转换为股份时。购入的可转换公司债券在转换为股份之前，应当按一般债权投资进行处理。可转换公司债券转换为股份时，按照所转换债券投资的账面价值减去收到的现金后的余额，借记“长期股权投资”科目，按照收到的现金等，借记“现金”“银行存款”科目，按照所转换债权投资的账面价值，贷记“长期债权投资”科目。

【例 2-38】 某非营利组织将 D 电器厂捐赠的 80 000 元可转换公司债券转换为股份，收到以前年度债券利息和债券转股时折余资金4 000元，余款76 000元为长期股权投资成本。

借：长期股权投资　　76 000
　　银行存款　　4 000
　　贷：长期债权投资——可转换公司债券　　80 000

（4）处置长期债权投资。非营利组织在处置长期债权投资时，应当将实际取得的价款与长期债权投资账面价值的差额，确认为当期投资收益。

处置长期债权投资时，按照实际取得的价款，借记“银行存款”等科目；按照已计提的减值准备，借记“长期投资减值准备——长期债权投资减值准备”科目；按照所处置长期债权投资的账面余额，贷记“长期债权投资”科目；按照未领取的债券利息，贷记“长期债权投资——债券投资（应收利息）”明细科目或“其他应收款——应收利息”科目；按照其差额，借记或贷记“投资收益”科目。

【例2-39】 某非营利组织将尚未到期的N公司的债券出售，取得款项110 000元存入银行，该债券的账面余额为90 000元，已计提的长期投资减值准备为5 000元。

借：银行存款　　110 000
　　长期投资减值准备　　5 000
　　贷：长期债权投资——债券投资　　90 000
　　　　投资收益　　25 000

（5）将短期债权投资转为长期债权投资。非营利组织改变投资目的，将短期债权投资划转为长期债权投资的，应当将短期债权投资按成本与市价孰低结转，并将按此确定的价值作为长期债权投资的成本，借记“长期债权投资”科目，按照已计提的相关短期投资跌价准备，借记“短期投资跌价准备”科目，按照原短期债权投资的账面余额，贷记“短期投资”科目，按照其差额，借记或贷记“管理费用”科目。

【例2-40】 某非营利组织将一笔账面余额为80 000元的短期债券转换为长期投资，该笔债券的市值为86 000元，已计提短期投资跌价准备2 000元。

借：长期债权投资　　**【孰低原则】**　　80 000
　　短期投资跌价准备　　2 000
　　贷：短期投资——债权投资　　**【账面余额】**　　80 000
　　　　管理费用　　2 000

（6）计提长期债权投资减值准备。期末，非营利组织应当对长期债权投资是否发生了减值进行检查。如果长期债权投资的可收回金额低于其账面价值，应当按照可收回金额低于账面价值的差额计提长期投资减值准备。如果长期债权投资的可收回金额高于其账面价值，应当在该长期债权投资期初已计提减值准备的范围内转回可收回金额高于账面价值的差额。

【例2-41】 某非营利组织持有E集团公司的债券，账面价值为130 000元，可收回金额为120 000元。

借：管理费用——长期投资减值损失　　10 000
　　贷：长期投资减值准备　　10 000

3. 长期投资减值准备

非营利组织应当定期或者至少于每年年度终了时，对长期投资是否发生了减值进行检查，如果发生了减值，应当计提长期投资减值准备。

如果已计提减值准备的长期投资价值在以后期间得以恢复，则应当在已计提减值准备的范围内部分或全部转回已确认的减值损失，冲减当期费用。

长期投资减值准备的主要账务处理如下：

(1) 如果长期投资的期末可收回金额低于账面价值，按照可收回金额低于账面价值的差额，借记"管理费用——长期投资减值损失"科目，贷记"长期投资减值准备"科目。

(2) 如果以前期间已计提减值准备的长期投资价值在当期得以恢复，即长期投资的期末可收回金额高于账面价值，按照可收回金额高于账面价值的差额，在原计提减值准备的范围内，借记"长期投资减值准备"科目，贷记"管理费用——长期投资减值损失"科目。

2.4 应收及预付款项的核算

2.4.1 应收票据的核算

1. 应收票据的概念

应收票据是非营利组织因销售商品、提供劳务等而收到的商业汇票。商业汇票是一种由出票人签发的，委托付款人在指定日期无条件支付确定金额给收款人或者持票人的票据。商业汇票的付款期限最长不得超过 6 个月。

按承兑人不同，商业汇票分为商业承兑汇票和银行承兑汇票。商业承兑汇票是指由付款人签发并承兑，或由收款人签发、交由付款人承兑的汇票；银行承兑汇票是指由在承兑银行开立存款账户的存款人签发，由承兑银行承兑的票据。两者的不同具体表现在汇票到期付款人无力付款时的处理：商业承兑汇票到期时，付款人若无足够的存款，银行不负责付款；银行承兑汇票到期时，无论付款人有无足够的存款，银行均需无条件付款。

按是否计息，商业汇票分为不带息商业汇票和带息商业汇票。带息票据到期时，持票人可以收到票面金额和自票据开出日到票据到期日的利息，即：票据到期值＝票据面值＋票据利息。不带息的票据到期时，持票人只能收到票据的面额，即：票据到期值＝票据面值。

2. 账户设置

非营利组织应设置"应收票据"账户核算应收票据，取得的商业汇票记入借方，汇票到期或贴现时记入贷方，期末借方余额，反映非营利组织持有的商业汇票的票面价值和应计利息。"应收票据"账户应按"银行承兑汇票"和"商业承兑汇票"分别设置明细账户进行核算。

3. 应收票据的主要账务处理

1) 取得商业汇票

因销售商品、提供服务等收到开出、承兑的商业汇票，按照应收票据的面值，借记"应收票据"科目，贷记"商品销售收入""提供服务收入"等科目。

收到应收票据以抵偿应收账款时，按照应收票据的面值，借记"应收票据"科目，贷记"应收账款"科目。

【例 2-42】 2×19 年 3 月 12 日，某非营利组织销售一批商品给 G 公司，取得收入

50 000 元，购货方开出一张 60 天不带息的银行承兑汇票。

借：应收票据——G 公司　　50 000
　　贷：商品销售收入　　50 000

2）商业汇票贴现

商业汇票到期前，非营利组织若急需资金，可以持未到期的商业汇票向银行申请贴现，以获取所需资金。持未到期的商业汇票向银行贴现，应按实际收到的金额（即减去贴现息后的净额），借记“银行存款”等科目，按贴现息部分，借记“筹资费用”等科目，按商业汇票的票面金额，贷记“应收票据”（适用于符合金融工具确认和计量准则有关金融资产终止确认条件的情形）科目或“短期借款”（适用于不符合金融工具确认和计量准则有关金融资产终止确认条件的情形）科目。应收票据贴现所得额的计算如下：

贴现所得额 = 票据到期值 − 贴现息
票据到期值 = 票据面值 + 票据利息
贴现息 = 票据到期值 × 贴现率 × 贴现期
票据贴现期 = 票据期限 − 持票期限

（1）持未到期的应收票据向银行贴现，应当根据银行盖章退回的贴现凭证第四联收账通知，按实际收到的金额（即减去贴现息后的净额），借记“银行存款”科目，按照应收票据的账面余额，贷记“应收票据”科目，按照差额，借记“筹资费用”科目。

【例 2-43】 2×19 年 6 月 12 日，某非营利组织将尚未到期的银行承兑汇票贴现，该商业汇票账面余额为 120 000 元，发生的贴现息 1 800 元，实收金额。

借：银行存款　　118 200
　　筹资费用　　1 800
　　贷：应收票据　　120 000

知识拓展 2-2

贴现息的账务处理

《企业会计准则》规定，贴现息记入“财务费用”科目，而《民间非营利组织会计制度》规定，贴现息记入“筹资费用”科目。

（2）贴现的商业承兑汇票到期，因承兑人的银行账户不足支付，申请贴现的非营利组织收到银行退回的应收票据、支款通知和拒绝付款理由书或付款人未付票款通知书时，按照所付本息，借记“应收账款”科目，贷记“银行存款”科目；如果申请贴现的非营利组织的银行存款账户余额不足，银行作逾期贷款处理时，按照转作贷款的本息，借记“应收账款”科目，贷记“短期借款”科目。

【例 2-44】 2×19 年 3 月 10 日，某非营利组织持有的一张 H 公司的商业承兑汇票到期，本息共计 160 000 元，对方账户余额不足。

借：应收账款——H 公司　　160 000
　　贷：应收票据——H 公司　　160 000

3）背书转让商业票据

将持有的应收票据背书转让，已取得所需物资时，按照所取得物资应确认的成本，借记“存货”等科目；按照应收票据的账面余额，贷记“应收票据”科目；按照实际收到或支付的银行存款等，借记或贷记“银行存款”等科目。

【例 2-45】 2×19 年 3 月 22 日，某非营利组织将持有的一张金额为 35 000 元的未到期的 F 公司的银行承兑汇票背书转让给海运公司，以购入其材料一批，材料价款 36 000 元，不足部分，以银行存款支付。

借：存货　　36 000
　贷：应收票据——F 公司　　35 000
　　　银行存款　　1 000

4）应收票据到期

应收票据到期时，应当分以下情况处理。

（1）收回应收票据，按照实际收到的金额，借记“银行存款”科目，按照应收票据的账面余额，贷记“应收票据”科目。

【例 2-46】 2×19 年 4 月 13 日，某非营利组织持有一张金额为 113 000 元的 G 公司的无息银行承兑汇票到期，通过银行委托收款，款已到账。

借：银行存款　　113 000
　贷：应收票据——G 公司　　113 000

（2）因付款人无力支付票款，收到银行退回的商业承兑汇票、委托收款凭证、未付票款通知书或拒绝付款证明等，按照应收票据的账面余额，借记“应收账款”科目，贷记“应收票据”科目。

【例 2-47】 2×19 年 4 月 19 日，某非营利组织持有的一张金额为 60 000 元的 H 公司的无息商业承兑汇票到期，H 公司无力支付，收到银行未付票款通知书。

借：应收账款——H 公司　　60 000
　贷：应收票据——H 公司　　60 000

5）无法兑现的应收票据

如果有确凿证据表明所持有的未到期应收票据不能够收回或收回的可能性不大时，按照应收票据账面余额，借记“应收账款”科目，贷记“应收票据”科目。

【例 2-48】 2×19 年 4 月 21 日，某非营利组织持有一张金额为 40 000 元的 J 公司未到期的无息商业承兑汇票，由于 J 公司经营不善，此未到期的应收票据款项收回的可能性不大。

借：应收账款——J 公司　　40 000
　贷：应收票据——J 公司　　40 000

6）带息票据的核算

如果应收票据为带息票据，应当在持有期间的期末、贴现、背书转让或票据到期时，按照带息应收票据的票面价值和确定的利率计提利息，计提的利息增加带息应收票据的账面余额，借记“应收票据”科目，贷记“筹资费用”科目。

【例2-49】 2×19年12月31日，某非营利组织持有一张金额为100 000元的K公司带息银行承兑汇票，经计算，该票据当期应计利息为6 000元。

借：应收票据——K公司　　6 000
　贷：筹资费用【冲减筹资费用】　　6 000

7）应收票据备查簿

非营利组织应当设置“应收票据备查簿”，逐笔登记每一应收票据的种类、号数、出票日期、票面金额、票面利率、交易合同号、付款人、承兑人、背书人的姓名或单位名称、到期日、背书转让日、贴现日期、贴现率、贴现净额、计提的利息，以及收款日期、收回金额、退票情况等资料，应收票据到期结清票款或退票后，应当在备查簿内逐笔注销。

2.4.2 应收账款的核算

1. 应收账款概述

1）应收账款的概念

应收账款是指非营利组织因销售商品、提供服务等主要业务活动，应当向会员、购买单位或接受服务单位等收取的，但尚未实际收到的款项。

2）应收账款的确认

应收账款应当按照其实际发生额入账，由于应收账款的确认往往与收入的确认相对应，因此，应收账款的确认时点及其金额应当依据相对应的收入确认时点和金额而定。

涉及应收账款的业务经常涉及商业折扣和现金折扣的情况，需要予以分别考虑。

（1）商业折扣。商业折扣是指非营利组织为促进商品销售而在商品标价上给予的价格扣除，销量越多、价格越低的促销策略，即通常所说的“薄利多销”。例如，企业为鼓励客户多买商品可能规定，购买10件以上商品给予客户10%的折扣。此外，非营利组织为了尽快出售一些残次、陈旧、冷背的商品，也可能降价（即打折）销售。商业折扣在销售时即已发生，并不构成最终成交价格的一部分，因此，非营利组织销售商品涉及商业折扣的，应当按照扣除商业折扣后的金额确定销售商品收入。

（2）现金折扣。现金折扣是指债权人为鼓励债务人在规定的期限内付款而向债务人提供的债务扣除。现金折扣一般用符号“折扣率/付款期限”表示，例如“2/10，1/20，N/30”表示销货方给予客户最长的付款期限为30天，如果客户在10天内付款，销货方可按商品售价给予客户2%的折扣；如果客户在11～20天内付款，销货方可按商品售价给予客户1%的折扣；如果客户在21～30天内付款，将不能享受现金折扣。

在存在现金折扣的情况下，对于应收账款入账金额的确认，我国会计准则要求采用总价法进行核算。总价法是将未扣除现金折扣前的金额作为应收账款的入账价值，现金折扣只有客户在折扣期内支付款项时方可确认。销售企业给予客户的现金折扣，视为销货方为提前收回款项而发生的理财费用，会计上作为期间费用记入“筹资费用”科目。

2. 账户设置

非营利组织应设置“应收账款”账户核算应收账款，发生应收账款时记入借方，应收账款减少时记入贷方，期末借方余额反映非营利组织尚未收到的应收账款。该账户应按非营利组织赊销客户的名称设置明细账户进行核算。

不设置“预收账款”账户的非营利组织，其预收的账款也在“应收账款”账户中核算。

3. 应收账款的主要账务处理

（1）发生应收账款。发生应收账款时，按照应收未收金额，借记“应收账款”科目，贷记“会费收入”“提供服务收入”“商品销售收入”等科目。

【例 2-50】 2×19 年 3 月 13 日，某非营利组织销售一批商品给 I 公司，实现收入 20 000 元，货款尚未收到。

借：应收账款——I 公司	20 000	
贷：商品销售收入		20 000

（2）收回应收账款。收回应收账款时，按照实际收到的款项金额，借记“银行存款”等科目，贷记“应收账款”科目。

【例 2-51】 接[例 2-50]，2×19 年 3 月 22 日，收到 I 公司的货款，存入银行。

借：银行存款	20 000	
贷：应收账款——I 公司		20 000

（3）应收账款改用商业汇票结算。如果应收账款改用商业汇票结算，在收到承兑的商业汇票时，按照票面价值，借记“应收票据”科目，贷记“应收账款”科目。

【例 2-52】 接[例 2-50]，2×19 年 3 月 22 日，收到 I 公司交来的金额为 20 000 元的银行承兑汇票一张，系为了结算 3 月 13 日的货款。

借：应收票据——I 公司	20 000	
贷：应收账款——I 公司		20 000

（4）计提坏账准备。非营利组织应当定期或者至少于每年年度终了，对应收账款进行全面检查，计提坏账准备。借记“管理费用”科目，贷记“坏账准备”科目。

【例 2-53】 2×19 年 12 月 31 日，某非营利组织对应收账款计提坏账准备，金额为 15 000 元。

借：管理费用	15 000	
贷：坏账准备		15 000

（5）确认坏账准备。对于确实无法收回的应收账款应当及时查明原因，并根据管理权限，报经批准后，按照无法收回的应收账款金额，借记“坏账准备”科目，贷记“应收账款”科目。

【例 2-54】 2×19 年 3 月 31 日，某非营利组织确认应收 L 公司的货款 18 000 元无法收回，报经批准后予以转销。

借：坏账准备	18 000	
贷：应收账款——L 公司		18 000

（6）已转销的应收账款，后期又收回。如果已转销的应收账款在以后期间又收回，按照实际收回的金额，借记“应收账款”科目，贷记“坏账准备”科目；同时，借记“银行存款”科目，贷记“应收账款”科目。

【例 2-55】 接[例 2-54]，2×19 年 4 月 26 日，某非营利组织应收 L 公司交来转账支票一张，用来支付3月31日的货款18 000元。

借：应收账款——L公司　　18 000
　　贷：坏账准备　　18 000

同时：

借：银行存款　　18 000
　　贷：应收账款——L公司　　18 000

（7）销售退回。如果发生销售退回时，不论是属于本年度还是属于以前年度销售的，都应冲减本期的业务收入，借记“商品销售收入”或“其他收入”科目，贷记“银行存款”或“应收账款”科目；单位为取得业务收入而发生的折扣和折让，也应当相应冲减业务收入。

【例2-56】 2×19年5月6日，因质量不符合合同要求，甲非营利组织赊销给M公司的价值3 390元的商品发生退货。

借：商品销售收入　　3 390
　　贷：应收账款　　3 390

2.4.3 其他应收款的核算

1. 其他应收款概述

其他应收款是指非营利组织除应收票据、应收账款以外的其他各项应收、暂付款项，包括应收股利、应收利息、应向职工收取的各种垫付款项、职工借款、应收保险公司赔款等。

其他应收款一般与单位的主要业务没有直接关系，而且其数额也不大。尽管如此，非营利组织对各种其他应收款仍应履行规定的手续，及时催收催报，认真进行核算，以防止类似资产发生损失。

2. 账户设置

为了核算除应收票据、应收账款以外的其他应收及暂付款项，非营利组织应当设置“其他应收款”账户。该账户属于资产类结算账户，借方登记所发生的各种应收、暂付款项，贷方登记收回和抵销的应收、暂付款项，余额一般在借方，反映非营利组织尚未收回和抵销的应收、暂付款项；如为贷方余额，则表示非营利组织的其他应付款。

在核算过程中，为便于管理，非营利组织应当将其他应收款按具体项目进行分类，并按不同的债务人设置明细账，进行明细核算，必要时按其他应收款类别设置二级科目。在实务中，对其他应收款的核算要做到：建立、健全单位内部的备用金领用和报销管理制度；反映和监督各种垫付及其他支付的合法性；对于单位发生的损失要分清经济责任，应由个人承担的必须向责任人收取，应向保险公司或其他单位索赔的要及时办理索赔及核算。

知识拓展2-3

关于“其他应收款”科目

《民间非营利组织会计制度》规定，应收股利、应收利息通过“其他应收款”账户进行核算，而《企业会计准则》规定，通过“应收股利”“应收利息”账户进行核算。

3. 其他应收款的主要账务处理

1）对外进行短期或长期股权投资应收取的现金股利

（1）购入股票时，如果实际支付的价款中包含已宣告但尚未领取的现金股利，按照实际支付的全部价款减去其中已宣告但尚未领取的现金股利后的金额，借记“短期投资”“长期股权投资”科目；按照应当领取的现金股利，借记“其他应收款”科目；按照实际支付的价款，贷记“银行存款”等科目。

【例 2-57】 2×19 年 3 月 27 日，某非营利组织以 60 000 元购入股票，其中包含已宣告但尚未发放的现金股利 3 000 元。

借：短期投资	57 000	
其他应收款	3 000	
贷：银行存款		60 000

知识拓展 2-4

《民间非营利组织会计制度》规定，已宣告但尚未发放的现金股利或已到付息期尚未领取的利息记入“其他应收款”科目，而《企业会计准则》中，专门有“应收股利”“应收利息”科目进行相关经济业务的核算。

（2）对外长期股权投资应分得的现金股利或利润，非营利组织应当于被投资单位宣告发放现金股利或分派利润时，借记“其他应收款”科目，贷记“投资收益”或“长期股权投资”等科目。

【例 2-58】 某非营利组织持有的 M 公司股票，2×19 年 3 月 29 日，M 公司宣告发放现金股利，该组织可获得现金股利 7 000 元。

借：其他应收款	7 000	
贷：长期股权投资——M 公司		7 000

（3）实际收到的现金股利或利润，按照实际收到的金额，借记“银行存款”科目，贷记“其他应收款”科目。

【例 2-59】 接[例 2-58]，某非营利组织实际收到现金股利 7 000 元，存入银行。

借：银行存款	7 000	
贷：其他应收款		7 000

2）对外进行短期或长期债权投资应收取的利息

到期一次还本付息的长期债权投资应收取的利息，在“长期债权投资”账户核算，不在“其他应收款”账户核算。

（1）购入债券，如果实际支付的价款中包含已到付息期但尚未领取的债券利息，按照实际支付的全部价款减去其中已到付息期但尚未领取的利息后的金额，借记“短期投资”“长期债权投资”科目，按照应当领取的利息，借记“其他应收款”科目，按照实际支付的价款，贷记“银行存款”等科目。

【例 2-60】 2×19 年 4 月 5 日,某非营利组织购入债券 50 000 元,其中包含已到付息期但尚未领取的债券利息 1 000 元。

借:长期债权投资 49 000
　　其他应收款 1 000
　　贷:银行存款 50 000

(2) 确认投资收益。非营利组织持有分期付息、到期还本的债券以及分期付息的其他长期债权投资期间,已到付息期而应收未收的利息,应于确认投资收益时,按照应获得的利息,借记"其他应收款"科目,贷记"投资收益"科目。

【例 2-61】 2×19 年 12 月 31 日,某非营利组织计算所持有的长期债权投资利息 5 000 元。

借:其他应收款 5 000
　　贷:投资收益 5 000

(3) 实际收到利息。实际收到的利息,按照实际收到的利息金额,借记"银行存款"科目,贷记"其他应收款"科目。

【例 2-62】 接[例 2-61],2×20 年 1 月 8 日,某非营利组织的银行存款进账 5 000 元,为收到的债券利息。

借:银行存款 5 000
　　贷:其他应收款 5 000

3) 发生的其他各项应收、暂付款项的核算

发生的其他各项应收、暂付款项等,借记"其他应收款"科目,贷记"现金""银行存款"等科目;收回上述各项款项时,借记"现金""银行存款"等科目,贷记"其他应收款"科目。

【例 2-63】 2×19 年 2 月 23 日,某非营利组织职工王晓出差预借差旅费 3 000 元,以现金支付。

借:其他应收款——王晓 3 000
　　贷:现金 3 000

2.4.4 坏账准备的核算

1. 坏账的概念及其确认

1) 坏账的概念

坏账是指非营利组织无法收回或收回的可能性极小的应收款项。由于发生坏账而产生的损失,称为坏账损失。

非营利组织应当定期或者至少于每年年度终了,对应收款项进行全面检查,分析其可收回性,对预计可能产生的坏账损失计提坏账准备,确认坏账损失并计入当期费用。

2) 坏账的确认

非营利组织在判断坏账时,应当遵循会计核算的目标和原则,具体分析各应收款项的特性、金额的大小,信用期限,债务人的信誉和当时的财务状况等因素。一般来讲,非营利组织

对有确凿证据表明确实无法收回的应收款项，如债务人已撤销、破产、资不抵债、现金流量严重不足等，应根据非营利组织管理权限，经非营利组织董事会、理事会或者类似权力机构批准后，作为坏账损失。

通常情况下，非营利组织的应收款项符合下列条件之一的，应确认为坏账：

（1）债务人死亡，以其遗产清偿后仍然无法收回；

（2）债务人破产，以其破产财产清偿后仍然无法收回；

（3）债务人较长时期内未履行其偿债义务，并有足够的证据表明无法收回或收回的可能性极小。

2. 坏账损失的核算方法

应收款项坏账损失的核算方法主要有两种：一是直接转销法；二是备抵法。

直接转销法是指只有在坏账实际发生时，才将坏账损失予以确认，并冲销应收款项的一种核算方法。而备抵法是采用一定的方法按期预计坏账损失，计提坏账准备，并计入当期费用；当某项应收款项全部或部分被确认已经成为坏账时，按确认的坏账金额冲减已计提的坏账准备，同时转销相应的应收款项的一种核算方法。

由于坏账的发生不是非营利组织在坏账发生时的管理不善造成的，而是非营利组织自债权形成之日起的一段时期内的管理和市场方面的问题造成的，因而不能把坏账损失全部确认在坏账发生的会计期间。为了贯彻“配比性”会计原则，根据《民间非营利组织会计制度》的规定，非营利组织只能采用备抵法核算坏账损失。

非营利组织应当定期或者至少于每年年末对应收款项进行全面检查，预计各项应收款项可能发生的坏账，对没有把握收回的应收款项，应当计提坏账准备。在会计实务中，只对应收账款和其他应收款坏账计提坏账准备。对于应收票据出现的坏账，将其转入应收账款后才能计提坏账准备；对于预付账款，将其转入其他应收款后才能计提坏账准备。

3. 坏账准备的计提方法及账务处理

1）坏账准备的计提方法

计算应提坏账准备金额的总思路是根据应收款项的数量和质量估算一个金额，再用这个金额减去前期已提坏账准备金额，得出当期应提坏账准备金额。

当期应补提或冲减的坏账准备按照以下公式计算：

$$\frac{\text{当期应补提或}}{\text{冲减的坏账准备}} = \frac{\text{当期按应收款项计算}}{\text{应计提的坏账准备金额}} - \frac{\text{本科目期初贷方余额}}{\text{（或＋“坏账准备”科目的借方余额）}}$$

按照上述公式：

（1）如果当期按应收款项计算出的应提坏账准备金额大于“坏账准备”科目的贷方余额，应当按差额提取坏账准备。

（2）如果当期按应收款项计算出的应提坏账准备金额小于“坏账准备”科目的贷方余额，应按差额冲减前期已提取的坏账准备。

（3）如果当期按应收款项计算应提坏账准备金额为零，应将前期提取的“坏账准备”余额全部冲回。

在确定应计提的坏账准备金额时，非营利组织应根据以往的经验和债务人的资信状况、财务状况、现金流量状况等相关信息予以合理估计。非营利组织应当根据应收款项的实际可收回情况合理计提坏账准备，不得多提或少提。非营利组织在确定坏账准备的计提比例时，也应当根据非营利组织以往的经验、债务单位的实际财务状况，以及其他相关信息合理地估计。

除有确凿证据表明该项应收款项不能收回，或收回的可能性不大外（如债务单位撤销、破产等），下列各种情况下一般不能全额计提坏账准备：

（1）当年发生的应收款项；

（2）计划对应收款项进行重组；

（3）与关联方之间发生的应收款项；

（4）除上述三种情况以外，尽管已经逾期，但无确凿证据证明不能收回的应收款项。

计算提取坏账准备的方法有应收款项余额百分比法、账龄分析法、销货百分比法和个别认定法等几种方法，非营利组织可以根据实际情况自主选择。

2）坏账准备的账务处理

（1）账户设置。

① 设置“坏账准备”账户，计提时贷记“坏账准备”科目，冲减核销时借记“记账准备”科目，本科目期末余额一般在贷方，反映非营利组织已提取的坏账准备。

② 设置“管理费用——坏账损失”账户，核算当期应提取或应冲减的坏账准备金额。

以下以应收款项余额百分比法及账龄分析法为例。

（2）应收款项余额百分比法。

步骤如下：

第一步，计算坏账准备期末余额：应收账款期末余额×计提坏账准备的百分比。

第二步，计算当期应计提或冲回的坏账：坏账准备期末余额－“坏账准备”科目原有余额，其中：“坏账准备”科目的原有余额＝“坏账准备”科目的期初余额－本期转销的坏账＋本期收回已转销的坏账。

计提坏账损失的方法如图2-2所示。

坏 账 准 备

	原有余额 本期计提的坏账损失[a]
	期末余额

说明：a为倒挤金额，也可能在借方，为坏账准备期末余额与原有余额的差额。

图2-2 计提坏账损失的方法

【例2-64】 2×18年12月31日，某非营利组织对应收甲公司的账款进行减值测试。应收账款余额合计为1 000 000元，某非营利组织根据甲公司的资信情况确定按10%计提坏账准备。

在本例中“坏账准备”科目期末余额为：1 000 000×10%＝100 000(元)。“坏账准备”科目原有余额为0。本期计提的坏账准备为100 000元，某非营利组织2×18年年末计提坏账准备的会计分录为：

借：管理费用——坏账损失　　100 000
　贷：坏账准备　　100 000

【例 2-65】 承[例 2-64]，2×19 年 12 月 31 日，某非营利组织 2×19 年对甲公司的应收账款实际发生坏账损失 30 000 元。

某非营利组织转销坏账时的会计处理为：

借：坏账准备　　30 000
　贷：应收账款　　30 000

【例 2-66】 承[例 2-64]和[例 2-65]，某非营利组织 2×19 年年末应收甲公司的账款余额为 1 200 000 元，经减值测试，某非营利组织决定仍按 10%计提坏账准备。

在本例中“坏账准备”科目期末余额为：1 200 000×10%＝120 000(元)。“坏账准备”科目原有余额为：100 000－30 000＝70 000(元)。本期计提的坏账准备为：120 000－70 000＝50 000(元)。某非营利组织 2×18 年年末计提坏账准备的会计分录为：

借：管理费用——坏账损失　　50 000
　贷：坏账准备　　50 000

【例 2-67】 某非营利组织 2×20 年 6 月 1 日收到 2×19 年已转销的坏账 20 000 元，已存入银行。某非营利组织应作会计处理为：

借：应收账款　　20 000
　贷：坏账准备　　20 000

同时：

借：银行存款　　20 000
　贷：应收账款　　20 000

或：

借：银行存款　　20 000
　贷：坏账准备　　20 000

(3) 账龄分析法。

账龄分析法是指根据应收款项账龄的长短并结合以往的经验来确定坏账百分比，估计坏账损失的方法。这种方法是以应收账款被拖欠的时间越长，坏账发生的可能性就越大为前提的。

采用账龄分析法计提坏账准备，先要对应收账款按照账龄的长短进行分类，然后分别确定各类应收账款计提坏账的百分比，据以计算各类应收账款应计提的坏账准备金额，接着将各类应收账款计提的坏账准备进行加总，以求得全部应收账款应计提的坏账准备金额。采用这种方法对应收账款计提坏账准备的会计处理方法与应收账款余额百分比法相同，但计算确定的坏账准备金额比应收款项余额百分比法更精确、更合理。

【例 2-68】 某非营利组织 2×19 年年末应收账款账龄及坏账损失情况如表 2-3 所示。

表 2-3　　应收账款账龄分析表　　单位:元

应收账款账龄		应收账款金额	估计损失百分比	估计坏账损失额
未到期		35 000.00	0.5%	175.00
到期时间	1个月	25 000.00	1.0%	250.00
	2个月	15 500.00	2.0%	310.00
	3个月	40 000.00	3.0%	1 200.00
	4个月	34 000.00	5.0%	1 700.00
	5个月以上	50 000.00	10.0%	5 000.00
合计		199 500.00	—	8 635.00

① 假设某非营利组织计提坏账准备前,“坏账准备”科目无余额。在本例中“坏账准备”科目期末余额为 8 635 元,“坏账准备”科目原有余额为 0,则本期计提的坏账准备为 8 635 元,某非营利组织 2×19 年年末计提坏账准备的会计分录为:

借:管理费用——坏账损失　　8 635
　贷:坏账准备　　8 635

② 假设某非营利组织计提坏账准备前,“坏账准备”科目有贷方余额 7 000 元。“坏账准备”科目期末余额为 8 635 元,“坏账准备”科目原有余额为 7 000 元,则本期计提的坏账准备为:8 635−7 000=1 635(元)。某非营利组织 2×19 年年末计提坏账准备的会计分录为:

借:管理费用——坏账损失　　1 635
　贷:坏账准备　　1 635

③ 假设某非营利组织计提坏账准备前,“坏账准备”科目有贷方余额 12 000 元。“坏账准备”科目期末余额为 8 635 元,“坏账准备”科目原有余额为 12 000 元,则本期计提的坏账准备为:8 635−12 000=−3 365(元)。某非营利组织 2×19 年年末冲回坏账准备的会计分录为:

借:坏账准备　　3 365
　贷:管理费用——坏账损失　　3 365

④ 假设某非营利组织计提坏账准备前,“坏账准备”科目有借方余额 5 000 元。“坏账准备”科目期末余额为 8 635 元,“坏账准备”科目原有余额为−5 000 元,则本期计提的坏账准备为:8 635+5 000=13 635(元),某非营利组织 2×19 年年末计提坏账准备的会计分录为:

借:坏账准备　　13 635
　贷:管理费用——坏账损失　　13 635

(4) 坏账准备的主要账务处理。

① 计提坏账准备。提取坏账准备时,借记“管理费用——坏账损失”科目,贷记“坏账准备”科目;冲减坏账准备时,借记“坏账准备”科目,贷记“管理费用——坏账损失”科目。

相关思考 2-5

《企业会计准则》规定各项资产发生减值,须记什么科目

《企业会计准则》规定,资产发生减值损失部分应通过“资产减值损失”“信用减值损失”账户进行核算,该账户属损益类，体现在利润表中。

《民间非营利组织会计制度》规定，提取坏账准备时，借记“管理费用”科目。

【例 2-69】 2×19 年 3 月 31 日，某非营利组织根据其他应收款、应收账款等账户余额，计提当期坏账准备 5 000 元。

借：管理费用——坏账损失　　5 000
　　贷：坏账准备　　5 000

【例 2-70】 2×19 年 4 月 30 日，某非营利组织根据其他应收款、应收账款等账户余额，冲减已计提的坏账准备 1 200 元。

借：坏账准备　　1 200
　　贷：管理费用——坏账损失　　1 200

② 确认坏账准备。对于确实无法收回的应收款项，应当及时查明原因，并根据管理权限，报经批准后，按照无法收回的应收账款金额，借记“坏账准备”科目，贷记“应收账款”“其他应收款”等科目。

【例 2-71】 2×19 年 5 月 31 日，某非营利组织确认应收 N 公司的货款 15 000 元无法收回，报经批准后予以转销。

借：坏账准备　　15 000
　　贷：应收账款——N 公司　　15 000

③ 已转销的应收账款，后期又收回。如果已确认并转销的应收款项在以后期间又收回，按照实际收回的金额，借记“应收账款”“其他应收款”科目，贷记“坏账准备”科目；同时，借记“银行存款”科目，贷记“应收账款”“其他应收款”科目。

【例 2-72】 接[例 2-71]，2×19 年 11 月 7 日，N 公司交来转账支票一张，用来支付 5 月 31 日的货款 15 000 元。

借：应收账款——N 公司　　15 000
　　贷：坏账准备　　15 000

同时：

借：银行存款　　15 000
　　贷：应收账款——N 公司　　15 000

2.4.5 预付账款的核算

1. 预付账款的概念

预付账款是指非营利组织预付给商品供应单位或者服务提供单位的款项。预付款项是单位因业务需要，根据合同约定预付给供应单位的款项。预付账款和应收账款都是单位的短期债权，但两者有显著区别：应收账款是由单位销货引起的，而预付账款则是由购货引起的；应收账款需要等待客户付款，而预付账款是因本单位主动支付款项形成的。

2. 账户设置

为了反映和监督预付款项的支出和结算情况，非营利组织应设置“预付账款”账户。该账户是一个资产类结算账户，借方登记支付的预付款项，贷方登记抵销或退回的预付账款，余额一般在借方，反映非营利组织尚未结算的预付款项。该账户有时也会出现贷方余额，反映非营利组织预付款不足抵偿货款的差额，其性质属于应付账款。

“预付账款”账户应按供应单位的名称设置明细账。在实务中，非营利组织预付账款的核算应做到：严格遵守国家的有关结算制度和订货合同，控制预付货款的范围、比例和期限，监督预付款项所订货物的入库情况，及时结算预付账款。

预付账款是非营利组织采购业务中形成的债权，如果非营利组织预付账款业务不多，可不单设“预付账款”账户，而设“应付账款”账户即可。

3. 主要账务处理

1）因购货而预付款项

因购货而预付款项时，按照实际预付的金额，借记“预付账款”科目，贷记“银行存款”等科目。

【例 2-73】 某非营利组织采用预付款的方式采购存货，2×19 年 4 月 19 日，以银行存款预付给 R 公司 30 000 元。

借：预付账款——R 公司	30 000	
贷：银行存款		30 000

2）收到所购货物

收到所购货物时，按照应确认所购货物成本的金额，借记“存货”等科目，按照“预付账款”科目账面余额，贷记“预付账款”科目，按照退回或补付的款项，借记或贷记“银行存款”等科目。

【例 2-74】 接[例 2-73]，2×19 年 4 月 22 日，某非营利组织所购存货已到，总价款 100 000 元，余款以银行存款支付。

借：存货	100 000	
贷：预付账款——R 公司		30 000
银行存款		70 000

3）其他

(1) 如果有确凿证据表明预付账款并不符合预付款项性质，或者因供货单位破产、撤销等原因收到所购货物已无望的，按照预付账款账面余额，借记“其他应收款”科目，贷记“预付账款”科目。

【例 2-75】 接[例 2-73]，2×19 年 4 月 22 日，因 R 公司单位即将破产，无望再收到所购货物。

借：其他应收款——R 公司	30 000	
贷：预付账款——R 公司		30 000

(2) 非营利组织对其预付账款，一般不计提坏账准备。如果有确凿证据表明预付账款并不符合预付款项性质，或者因供货单位破产、撤销等原因收到所购货物已无望的，应当先将其转入其他应收款，然后再按规定计提坏账准备。

2.5 存货的核算

2.5.1 存货概述

1. 存货的概念及特征

1）存货的概念

存货是指非营利组织在日常业务活动中持有以备出售或捐赠的，或者为了出售或捐赠仍处在生产过程中的，或者将在生产、提供服务或日常管理过程中耗用的材料、物资、商品等，包括材料、库存商品、委托加工材料，以及达不到固定资产标准的工具、器具、用品等。

2）存货的特征

非营利组织的存货主要有以下特征：

（1）非营利组织持有存货的目的是出售、捐赠或耗用，既不是投资增值，也不是长期持有。存货往往会在短期内被使用或者流出，这将存货与投资、固定资产和无形资产等有机地区分开来。

（2）非营利组织存货的状态可能是多样的，它有可能是产成品或者商品，可以直接对外出售、捐赠或者用于提供服务；有可能是购入的可以直接耗用的或者尚需加工的材料、物资等；也有可能是尚处于生产过程但尚未制成产成品的在产品或者半成品等。

（3）非营利组织的存货具有一定的时效性。在正常的业务活动中，存货通常能在 1 年内转换为其他资产或者被耗用，但已经过时、不能耗用或长期不能出售的存货就会失去效用，变成积压物资，造成资产的损失。

2. 存货的确认

非营利组织在判断一项资产是否应当确认为存货时，首先要看其是否符合存货的概念。其次还要看其是否同时符合以下两项条件：

（1）该存货包含的经济利益或者服务潜力很可能流入非营利组织。

（2）该存货的成本能够可靠地计量。

具体来说，存货范围确认的标准是非营利组织对货物具有法定产权或实际控制权。凡是在盘存日期，法定产权或控制权属于非营利组织的物品，不论其存放何处或处于何种状态，都应该确认为非营利组织的存货。

基于以上概念、特征和确认条件，非营利组织的存货可能在不同的单位有不同的形态。例如，在一些社会团体，存货可能主要表现为一些办公用品，如果有出版物，还包括编辑、出版和发行的出版物等；在一些基金会，存货除了一些办公用品外，还可能包括接受捐赠的各类存货，如衣服、被褥、物资等，这些存货有可能将被赠送给他人，也有可能将被出售；在一些通过捐资创办的学校，购入的将发给学生使用的教材、书籍等也属于存货；在一些民间非营利的医院，自制的或者外购的药品及材料等，也属于存货核算的范围。

2.5.2 存货的入账价值

存货入账价值的确定是否正确、科学、合理，直接影响着存货的核算基础，进而影响非营利组织损益的计算。根据实际成本原则，各种存货应当按取得时的实际成本入账。

1. 取得存货实际成本的内容

存货成本包括采购成本、加工成本和其他成本。一般而言，材料、购入即为了出售的商品等，其取得成本由采购成本构成；而产成品、在产品、半成品等需要通过进一步加工取得的存货的成本则由采购成本、加工成本以及使存货达到目前场所和状态所发生的其他成本构成。

非营利组织取得存货时，其实际成本的构成如下。

1）采购成本

采购成本一般包括实际支付的采购价款、相关税费、运输费、装卸费、保险费等购货费用以及其他可直接归属于存货采购的费用。

（1）购货价款。这是存货价值的最主要内容。一般来讲，非营利组织购入的存货，应根据发票金额确认购货价格。但由于存在购货折扣等原因，可能出现发票价格与实际付款数额不一致的情况。在发生购货折扣的情况下，商业折扣一般已从购货价格中扣除。供货者允许扣除的现金折扣，则没有从购货价格中扣除，也不抵减有关存货的成本，在允许扣除折扣的期限内取得的现金折扣，应作为理财收益，冲减当期筹资费用。

（2）购货费用。非营利组织购入的各种存货，不仅要支付买价，在购入过程中还需支付其他一些费用，如运输费、装卸费等。

（3）相关税费。非营利组织购入存货时，除了支付物资的买价和有关的费用外，还要按规定缴纳流转税。目前我国的流转税有两种：一种是价内税，即销售价格内包含了流转税，如消费税、资源税和城市维护建设税等，这些价内税应当构成存货的实际成本；另一种是价外税，即税金不包含在销售价格中，如增值税。由于非营利组织一般不是经税务机关认定的“增值税一般纳税人”，非营利组织购入存货时，不管是取得一般购货发票，还是取得增值税专用发票，都应当将增值税作为存货的实际成本。此外，还涉及进口物资的关税问题。进口物资的关税指进口物资进口报关时按照有关规定缴纳的关税，也构成进口物资的成本。

（4）其他可直接归属于存货采购的费用，即采购成本中除上述各项以外的可直接归属于存货采购的费用，如在存货采购过程中发生的仓储费、包装费、运输途中的合理损耗和入库前的挑选整理费用等。这些费用中，能分清负担对象的，应直接计入存货的采购成本；不能分清负担对象的，应选择合理的分配方法，分配计入有关存货的采购成本。此类费用的分配方法通常为按所购存货的重量或采购价格比例进行分配。

但是，对于采购过程中发生的物资毁损、短缺等，除合理的损耗应当作为存货的其他可直接归属于存货采购的费用计入采购成本外，应区别不同情况进行会计处理，即如果属于应从供应单位、外部运输机构等收回的物资短缺或其他赔款，应当冲减存货的采购成本；如果属于因遭受意外灾害而又难以得到补偿的损失等，不得增加物资的采购成本，应当及时作为损失处理。

2）加工成本

加工成本包括直接人工以及按照合理方法分配的与存货加工有关的间接费用，包括工资、职工福利费、折旧费、修理费、办公费、水电费、物料消耗和劳动保护费等。这些费用也应构成非营利组织的在产品、产成品等存货的入账价值。这里，直接人工是指非营利组织在生产产品的过程中，直接从事产品生产的人员的工资及其福利费。直接人工和间接人工的划分依据是生产人员是否与所生产的产品直接相关。

在非营利组织存货加工过程中发生的直接人工和制造费用，如果能够直接计入有关的成本核算对象，则应直接计入。否则，应按照一定方法分配计入有关成本核算对象。分配方法一经确定，不得随意变更。

3）其他成本

其他成本是指除采购成本、加工成本以外的，使存货达到目前场所和状态所发生的其他支出，如非营利组织为特定产品生产所发生的设计费等。

2. 取得存货实际成本的形式

取得存货的来源不同，其实际成本的表现形式就不同。

1）购入的存货

按买价加运输费、装卸费、保险费、包装费等费用、运输途中的合理损耗和按规定应计入成本的税金以及其他可直接归属于存货采购的费用，作为实际成本。

2）自行加工的存货

以制造过程中的各项实际支出作为实际成本。

3）委托外单位加工完成的存货

以实际耗用的材料或者物料成本加上加工费、运输费、装卸费和保险费以及按规定应当计入成本的税金，作为实际成本。

4）接受捐赠的存货

如果既没有捐赠方提供的有关凭证又暂时没有确切的证据估计出存货公允价值，则暂不入账，待日后能够估计出其公允价值时再入账。

在许多非营利组织中，资产（包括存货）的一个重要来源是接受捐赠。但是由于非营利组织在取得资产时并没有付出成本或者付出的成本较小，在这种情况下，如果要对接受捐赠的资产进行确认，就无法应用历史成本原则。因为按照历史成本原则对这些资产进行确认，这些资产的入账价值将等于零或者其入账价值将远远偏离其实际价值，从而不利于真实反映非营利组织的财务状况。为此，引入了公允价值计量基础，对于接受捐赠的资产允许用公允价值进行计量。

具体来说，又可分以下三种情况。

（1）如果捐赠方提供了有关凭证（如发票、报关单、有关协议等）的，应当按照凭证上标明的金额作为实际成本。如果凭证上标明的金额与受赠资产的公允价值相差较大，或者捐赠方没有提供有关凭据的，应当以公允价值作为存货的入账价值。

在实务中，有时捐赠方所提供的凭据标明的捐赠资产的价值往往与其实际价值不相符，凭据标明的价值有时可能远远大于资产的实际价值，有时又有可能远远低于资产的实际价值。在这种情况下，如果非营利组织直接按照凭据上标明的金额入账，就会扭曲非营利组织的资产状况和财务状况。为了向信息使用者提供对其决策有用的信息，如实反映非营利组织的资产状况和财务状况，非营利组织应当采用公允价值计量接受的捐赠资产。

（2）如果捐赠方没有提供有关凭据的，受赠资产应当以公允价值作为入账价值。

（3）如果有确凿证据表明所接受捐赠资产的公允价值确实无法可靠地计量，则非营利组织应当设置辅助账，单独登记所取得资产的名称、数量、来源和用途等情况，并在会计报表附注中作相关披露。在以后的会计期间，如果该资产的公允价值能够可靠地计量，非营利组织应当在其能够可靠地计量的会计期间予以确认，并以公允价值计量。这也就是说，当接受捐赠资产的公允价值不能够可靠地计量时，制度允许非营利组织对该资产不予确认和计量，但必须在会计报表附注中予以披露。

需要指出的是，考虑到确定资产的公允价值需要较多地依赖会计人员的职业判断，因此，必须明确公允价值的含义及如何确定资产的公允价值。

公允价值是指市场参与者在计量日发生的有序交易中，出售一项资产所能收到或者转移一项负债所需支付的价格。公允价值应当按照以下顺序确定：

第一，如果同类或者类似资产存在活跃市场的，应当按照同类或者类似资产的市场价格确定其公允价值。

第二，如果同类或者类似资产不存在活跃市场，或者无法找到同类或者类似资产的，应当采用合理的计价方法确定资产的公允价值。

5）非营利组织通过债务人以非现金资产抵偿债务方式取得的存货，或以应收债权换入的存货

对这类存货应当按照应收债权的账面价值加上应当支付的相关税费，作为实际成本。涉及补价的，分为收到补价和支付补价两种情况：

（1）收到补价的，按应收债权的账面价值减去补价、加上应支付的相关税费，作为实际成本。

（2）支付补价的，按应收债权的账面价值加上支付的补价和应支付的相关税费，作为实际成本。

6）盘盈的存货

非营利组织对存货应当定期进行清查盘点，每年至少盘点一次，对发生的盘盈、盘亏以及变质、毁损存货，应当及时查明原因，并根据非营利组织的管理权限，经理事会、董事会或类似权力机构批准后，在期末结账前处理完毕。对于盘盈的存货，应当按照其公允价值入账，并确认为当期收入；对于盘亏或者毁损的存货，应先扣除残料价值、可以收回的保险赔偿和过失人的赔偿等，再将净损失确认为当期费用。

制度规定，对于非营利组织发生的盘盈的存货，应当采用公允价值计量，公允价值计量的方法与前述接受捐赠的资产的公允价值的计量方法相一致。而对于盘亏的存货，则应当将盘亏净损失确认为当期费用，计入管理费用。

2.5.3 发出存货的计价方法

发出存货的计价方法是指对发出存货和每次发出存货后的存货价值的计算确定方法。发出存货价值是否正确，直接影响到当期的销售成本，影响当期损益和有关税金的计算，也直接影响到各期期末存货价值的确定，从而影响到资产负债表中的相关项目。

非营利组织的业务性质不同，业务规模不一，存货收发的频繁程度以及每次收发存货的数量等都有所不同。因而，存货计价方法的选用也有所不同。在发出存货时，非营利组织应当根据实际情况采用先进先出法、加权平均法或个别计价法，确定发出存货的实际成本。

1. 先进先出法

先进先出法是以先购入的存货应先发出（销售或耗用）的存货实物流动假设为前提，对发出存货进行计价的方法。采用这种方法，先购入的存货成本在后购入存货成本之前转出，即先购入存货的成本先转出，据此确定发出存货和期末存货的成本。

【例 2-76】 2×19 年 12 月份，某非营利组织商品的期初结存和本期购销情况如表 2-4 所示。

表 2-4　　存货明细账　　数量单位：件

存货名称及规格：A 商品　　金额单位：元

2×19 年		凭证编号	摘要	收入			发出			结存		
月	日			数量	单价	金额	数量	单价	金额	数量	单价	金额
12	01		期初余额							150	60	9 000
12	08	转字 03	销售				70					
12	15	银付 06	购进	100	62	6 200						
12	20	转字 08	销售				50					
12	24	转字 12	销售				90					
12	28	银付 16	购进	200	68	13 600						
12	30	银收 14	销售				60					
12	31		本月合计	300		19 800	270			180		

要求：采用先进先出法计算 A 商品本月发出和月末结存成本。

分析：先进先出法假定“先入库的存货先发出去”，根据这一前提，先入库存货的成本先转出，计入销售或耗用存货的成本应顺着收入存货批次的单位成本次序计算，如表 2-5 所示。

表 2-5　　存货明细账(先进先出法)　　数量单位：件

存货名称及规格：A 商品　　金额单位：元

2×19 年		凭证编号	摘要	收入			发出			结存		
月	日			数量	单价	金额	数量	单价	金额	数量	单价	金额
12	01		期初余额							150	60	9 000
12	08	转字 03	销售				70	60	4 200	80	60	4 800
12	15	银付 06	购进	100	62	6 200				80 100	60 62	11 000
12	20	转字 08	销售				50	60	3 000	30 100	60 62	8 000
12	24	转字 12	销售				30 60	60 62	5 520	40	62	2 480
12	28	银付 16	购进	200	68	13 600				40 200	62 68	16 080
12	30	银收 14	销售				40 20	62 68	3 840	180	68	12 240
12	31		本月合计	300		19 800	270		16 560	180	68	12 240

本月每次发出存货的成本、本月发出存货总成本和月末结存成本如下。

(1) 本月每次发出存货的成本：

12 月 8 日发出 A 商品的成本 = 70 × 60 = 4 200(元)

12 月 20 日发出 A 商品的成本 = 50 × 60 = 3 000(元)

12 月 24 日发出 A 商品的成本 = 30 × 60 + 60 × 62 = 5 520(元)
12 月 30 日发出 A 商品的成本 = 40 × 62 + 20 × 68 = 3 840(元)

(2) 本月发出存货总成本：

本月发出存货总成本=4 200+3 000+5 520+3 840=16 560(元)

(3) 月末结存成本：

月末结存成本=9 000+19 800−16 560=12 240(元)

或：

月末结存成本 = 180 × 68 = 12 240(元)

说明：为了体现发出及结存存货金额的构成，以便于理解，将表 2-4 中的"数量"按不同的单价填写，实务账簿中只填写数量总额。

根据本例题，存货的计价方法仅是为了核算发出及结存存货的成本，与物品实际入库或发出的次序并无多大关系。

2. 月末一次加权平均法

月末一次加权平均法是指以当月全部进货数量加上月初存货数量作为权数，去除当月全部进货成本加上月初存货成本，计算出存货的加权平均单位成本，以此为基础计算当月发出存货的成本和期末存货的成本的方法。

1) 核算步骤

(1) 计算出加权平均单位成本。

$$加权平均单位成本 = \frac{月初结存存货的成本 + 本月验收入库存货的成本}{月初结存存货的数量 + 本月验收入库存货的数量}$$

(2) 计算月末结存存货的成本。

由于在计算加权平均单位成本时往往不能除尽，为了保证月末结存存货的数量、单位成本与总成本相一致，在实务中，应先按加权平均单位成本计算出月末结存存货的成本，然后倒挤本月发出存货的成本，并将计算的尾差倒挤到发出存货的成本中，这种方法叫倒挤法。

月末结存存货的成本=加权平均单位成本×月末结存存货的数量

(3) 计算本月发出存货的成本。

本月发出存货的成本 = 月初结存存货的成本 + 本月验收入库存货的成本 − 月末结存存货的成本

【例 2-77】 2×19 年 12 月份，某非营利组织 A 商品的期初结存和本期购销情况如表 2-4 所示，要求采用月末一次加权平均法计算 A 商品本月发出成本及月末结存成本。

① $加权平均单位成本 = \frac{9\ 000 + 19\ 800}{150 + 300} = 64$(元 / 件)

② 月末结存存货的成本 = 180 × 64 = 11 520(元)

③ 本月发出存货的成本 = 9 000 + 19 800 − 11 520 = 17 280(元)

计算过程如表 2-6 所示。

表 2-6　　存货明细账(月末一次加权平均法)　　数量单位:件

存货名称及规格:A 商品　　金额单位:元

2×19 年		凭证编号	摘要	收入			发出			结存		
月	日			数量	单价	金额	数量	单价	金额	数量	单价	金额
12	01		期初余额							150	60	9 000
12	08	转字 03	销售				70			80		
12	15	银付 06	购进	100	62	6 200				180		
12	20	转字 08	销售				50			130		
12	24	转字 12	销售				90			40		
12	28	银付 16	购进	200	68	13 600				240		
12	30	银收 14	销售				60			180		
12	31		本月合计	300		19 800	270		17 280	180	64	11 520

3. 个别计价法

个别计价法亦称个别认定法、具体辨认法、分批实际法,其特征是注重所发出存货具体项目的实物流转与成本流转之间的联系,逐一辨认各批发出存货和期末存货所属的购进批别或生产批别,分别按购入或生产存货时所确定的单位成本计算各批发出存货和期末存货的成本。即把每一种存货的实际成本作为计算发出存货成本和期末存货成本的基础,达到了存货的成本流转与实物流转完全一致。

对于不能替代使用的存货、为特定项目专门购入或制造的存货以及提供的劳务,通常采用个别计价法确定发出存货的成本。

$$某批发出存货的成本 = 该批存货发出数量 \times 该批存货实际的单位成本$$

【例 2-78】 2×19 年 12 月份,某非营利组织 A 商品的期初结存和本期购销情况如表 2-4 所示,20 日销售的存货中有 30 件属于期初结存的商品,有 20 件属于 15 日购进的商品,要求采用个别计价法计算 20 日发出存货的成本。

$$12 月 20 日发出 A 商品的成本 = 30 \times 60 + 20 \times 62 = 3\ 040(元)$$

2.5.4 存货的主要账务处理

1. 账户设置

设置"存货"账户,取得、盘盈存货时借记"存货"科目,发出、盘亏时贷记"存货"科目,期末余额在借方,反映存货实际库存价值。本账户应当按照存货的种类和存在形式设置明细账进行明细核算。

2. 存货的主要账务处理

1) 在取得存货时,应当以其成本入账

(1) 外购的存货,按照采购成本(一般包括实际支付的采购价格、相关税费、运输费、装卸费、保险费以及其他可直接归属于存货采购的费用),借记"存货"科目,贷记"银行存款""应付账款"等科目。非营利组织可以根据需要在"存货"科目下设置"材料""库存商品"等明细科目。

【例 2-79】 2×19 年 3 月 28 日，某非营利组织购入一批材料，用银行存款支付货款 30 000 元。

借：存货　　30 000
　　贷：银行存款　　30 000

（2）自行加工或委托加工完成的存货，按照采购成本、加工成本（包括直接人工以及按照合理方法分配的与存货加工有关的间接费用）和其他成本（指除采购成本、加工成本以外的，使存货达到目前场所和状态所发生的其他支出），借记“存货”科目，贷记“银行存款”“应付账款”“应付工资”等科目。非营利组织可以根据实际情况，在本科目下设置“生产成本”等明细科目，归集相关成本。

【例 2-80】 2×19 年 4 月 3 日，某非营利组织委托某加工单位加工一批商品，开出一张转账支票，支付加工费 4 000 元。

借：存货　　4 000
　　贷：银行存款　　4 000

（3）接受捐赠的存货，按照所确定的成本，借记“存货”科目，贷记“捐赠收入”科目。

【例 2-81】 2×19 年 4 月 12 日，某非营利组织接受捐赠一批材料，价值为 17 000 元，材料已验收入库。

借：存货　　17 000
　　贷：捐赠收入　　17 000

知识拓展 2-5

接受捐赠业务入账科目的差异

《企业会计制准则》规定，接受捐赠收入应记入“营业外收入”科目。

2）发出存货的核算

在发出存货时，应当根据实际情况采用个别计价法、先进先出法或者加权平均法，确定发出存货的实际成本，具体如下。

（1）在业务活动过程中领用存货，按照确定的成本，借记“管理费用”等科目，贷记“存货”科目。

【例 2-82】 2×19 年 4 月 17 日，某非营利组织办公室领用材料一批，价值为 4 500 元。

借：管理费用　　4 500
　　贷：存货　　4 500

（2）对外出售或捐赠存货，按照确定的出售存货成本，借记“业务活动成本”等科目，贷记“存货”科目。

【例 2-83】 2×19 年 4 月 22 日，某社会团体将一批食品捐赠给医院的病人，该批食品的成本为 3 200 元。

借：业务活动成本　　3 200
　　贷：存货　　3 200

3）存货的清查

非营利组织应当定期对各种存货进行清查盘点，每年至少盘点一次。对于发生的盘盈、盘亏以及变质、毁损等存货，应当及时查明原因，并根据管理权限，报经批准后，在期末结账前处理完毕。

（1）如为存货盘盈，按照其公允价值，借记“存货”科目，贷记“其他收入”科目。

（2）如为存货盘亏或者毁损，按照存货账面价值扣除残料价值、可以收回的保险赔偿和过失人的赔偿等后的金额，借记“管理费用”科目，按照可以收回的保险赔偿和过失人赔偿等，借记“现金”“银行存款”“其他应收款”等科目，按照存货的账面余额，贷记“存货”科目。

【例 2-84】 2×19 年 12 月 31 日，某社会团体进行存货的年末盘点，盘盈原料 10 件，每件价值 50 元。

借：存货	500	
贷：其他收入		500

【例 2-85】 2×19 年 12 月 31 日，某社会团体进行存货的年末盘点，盘亏产成品 80 件，每件价值 70 元。

借：管理费用	5 600	
贷：存货		5 600

2.5.5 存货跌价准备的核算

1. 存货后续计量的基本原则

存货跌价准备是指非营利组织提取的存货跌价准备。非营利组织应当定期或者至少于每年年度终了，对存货是否发生减值进行检查，并按照成本与可变现净值孰低法进行相应的处理。如果发生了减值，应当计提存货跌价准备。

如果已计提跌价准备的存货价值在以后期间得以恢复，则应当在已计提跌价准备的范围内部分或全部转回已确认的跌价损失，冲减当期费用。

成本与可变现净值孰低法是指对期末存货按照成本与可变现净值两者之中较低者计价的方法。当成本低于可变现净值时，存货按成本计价；当可变现净值低于成本时，存货按可变现净值计价。这里所讲的“成本”是指存货的历史成本，“可变现净值”是指非营利组织在正常业务活动过程中，以存货的估计售价减去至完工将要发生的成本以及销售所必需的费用后的价值，并不是指存货的现行售价。在估计可变现净值时，还应当考虑持有存货的其他因素。例如，有合同约定的存货，通常按合同价作为计算基础。如果非营利组织持有存货的数量大于销售合同订购的数量，超出部分存货的可变现净值应以一般销售价格为计算基础。

特别提示 2-2

当存在下列情况之一时，非营利组织应当计提存货跌价准备

（1）存货陈旧过时导致市场价格下跌的。

（2）存货临近过期导致市场价格下跌的。

（3）其他足以证明存货实质上发生减值的情形。

特别提示2-3

对下列存货,应当将存货账面价值全额转入当期费用

(1) 已霉烂变质、毁损的存货。

(2) 已过期且无使用价值和转让价值的存货。

(3) 在业务活动中不再需要,且无使用价值和转让价值的存货。

(4) 其他足以证明已无使用价值和转让价值的存货。

2. 账户设置

设置"存货跌价准备"账户,计提存货跌价准备时贷记"存货跌价准备"科目,确认的跌价损失或冲转时借记"存货跌价准备"科目,本账户贷方余额,反映非营利组织已计提的存货跌价准备。

3. 账务处理

(1) 计提存货跌价准备。如果存货的期末可变现净值低于账面价值,按照可变现净值低于账面价值的差额,借记"管理费用——存货跌价损失"科目,贷记"存货跌价准备"科目。

【例2-86】 2×19年12月31日,某非营利组织的商品可变现净值为35 000元,账面价值为40 000元,计提存货跌价准备5 000元。

借:管理费用——存货跌价损失　　5 000
　　贷:存货跌价准备　　5 000

(2) 恢复已计提的存货跌价准备。如果以前期间已计提跌价准备的存货价值在当期得以恢复,即存货的期末可变现净值高于账面价值,按照可变现净值高于账面价值的差额,在原已计提跌价准备的范围内,借记"存货跌价准备"科目,贷记"管理费用——存货跌价损失"科目。

【例2-87】 接[例2-86],由于积极地开拓市场,商品的价格得到恢复,并高于原账面价值,在原计提跌价准备的范围内(5 000元)调整计提存货跌价准备。

借:存货跌价准备　　5 000
　　贷:管理费用——存货跌价损失　　5 000

2.6 固定资产的核算

2.6.1 固定资产概述

1. 固定资产的含义

固定资产是指非营利组织拥有或者控制的,为行政管理提供服务、生产商品或者出租目的而持有的,预计使用年限超过1年,单位价值较高的有形资产。

2. 固定资产的特征

(1) 固定资产的使用年限超过1年,且在使用过程中保持原来的物质形态不变。这表明,非营利组织为了获得资产并把其投入业务活动而发生的支出属于资本性支出而不是收益性支出。按照权责发生制的要求,凡支出的效益与几个会计年度相关的,应当作为资本性支出。固定资产所提供效益的时间长于一个会计年度,因此,为购置固定资产所发生的支出属于资产性支出，应将其资本化，然后再根据各期的受益程度将其价值逐步摊销转作费用。在固定资产的使用过程中，其价值虽在逐渐减少，但其物质形态基本保持不变。

(2) 固定资产的使用寿命是有限的(土地和文物文化资产除外)。这说明了计提折旧的必要性。固定资产随着不断使用、磨损会逐渐丧失服务能力，因此就必须在其有效的使用年限内计提折旧费用，这不仅是为了使非营利组织将来有能力重置资产，维持业务的持续经营，更主要的是为了把购置固定资产的支出分配于各个收益期，实现收入与费用的正确配比。

(3) 取得固定资产是用于业务活动而不是为了出售。这是区别固定资产与商品等流动资产的重要标志。非营利组织外购的某些资产也可能价值很高且非营利组织占有(或存放)时间较长，但如果其购置目的不是使用而是为了出售，就不能作为固定资产而应列为流动资产。

3. 固定资产的确认标准

(1) 固定资产的各主要组成部分是否可以单独确认。非营利组织的某些固定资产可能由多个部分组成，这些不同的组成部分是否可以单独作为固定资产加以确认，主要是看这些组成部分与固定资产整体在使用过程中为非营利组织提供服务的方式以及使用年限是否相同。如果固定资产的各组成部分以不同的方式为非营利组织提供服务，或具有不同的使用年限时，可单独确认为固定资产。

(2) 对于一些不重要的资产(如工具、模具等)，在我国的会计实务中，一般是将其作为低值易耗品核算和管理。

(3) 用于展览、教育或研究等目的的历史文物、艺术品以及其他具有文化或者历史价值并作为长期或者永久保存的典藏等，作为非营利组织的固定资产在会计上通过“文物文化资产”账户核算。

4. 固定资产的分类

非营利组织的固定资产种类繁多，规格不一，为加强管理，便于组织会计核算，非营利组织有必要对固定资产进行合理的分类。根据不同的管理需要和核算要求以及不同的分类标准，固定资产有不同的分类方法，常见的固定资产分类方法主要有按经济用途分类、按使用情况分类和综合分类。

1) 按固定资产经济用途分类

按固定资产经济用途分类，非营利组织的固定资产可分为行政管理用固定资产和非行政管理用固定资产。

(1) 行政管理用固定资产是指直接用于非营利组织行政管理的各种固定资产，如办公用房屋、建筑物，办公用车，办公用家具和办公用设备(如计算机)等。

(2) 非行政管理用固定资产是指非营利组织除行政管理用固定资产以外的其他固定资产。如用于制造存货的房屋、建筑物、机器、设备、器具和工具等。

2) 按固定资产使用情况分类

按固定资产使用情况分类，可分为使用中固定资产、未使用固定资产和不需用固定资产。

(1) 使用中固定资产是指正在使用中的各项固定资产。由于季节性或大修理等原因，暂时停止使用的固定资产仍属于非营利组织使用中的固定资产；非营利组织出租(指经营性租赁)给其他单位使用的固定资产和内部替换使用的固定资产也属于使用中的固定资产。

(2) 未使用固定资产是指已完工或已购建的尚未正式使用的新增固定资产以及因进行

改建、扩建等原因暂停使用的固定资产,如非营利组织购建的尚未正式使用的固定资产,因工作任务变更停止使用的固定资产以及主要的备用设备等。

(3) 不需用固定资产是指非营利组织多余的或不适用的固定资产。

按照固定资产使用情况分类,有利于反映非营利组织固定资产的使用情况及比例关系,便于分析固定资产的利用效率,挖掘固定资产的使用潜力,促使非营利组织合理地使用固定资产。

3) 综合分类

按固定资产的经济用途和使用情况等综合分类,可把非营利组织的固定资产分为以下几大类:

(1) 行政管理用固定资产。

(2) 非行政管理用固定资产。

(3) 租出固定资产是指非营利组织以经营租赁方式出租给外单位使用的固定资产。

(4) 不需用固定资产。

(5) 未使用固定资产。

(6) 融资租入固定资产是指非营利组织以融资租赁方式租入的固定资产,在租赁期内,应视同自有固定资产进行管理。

(7) 文物文化资产。

2.6.2 固定资产的初始计量

1. 固定资产初始计量的基本原则

《民间非营利组织会计制度》规定,固定资产初始计量的基本原则是采用实际成本原则,即固定资产在取得时,应当按取得时的实际成本入账。取得时的实际成本应当包括买价、包装费、运输费、缴纳的有关税金等相关费用,以及为使固定资产达到预定可使用状态前所必要的支出。在实务中,固定资产初始成本的确定因其取得方式的不同而有所不同,比如外购的、自行建造的、融资租入的、接受捐赠的、非货币性交易换入的、盘盈的固定资产,其成本的构成和计量均会有所不同。

2. 账户设置

1) 设置"固定资产"账户

为了核算和监督非营利组织固定资产(文物文化资产除外)的取得、处置、报废和结存情况,非营利组织应设置"固定资产"账户。该账户属于资产类账户,借方登记非营利组织取得和盘盈固定资产的原价,贷方登记非营利组织处置、报废和盘亏固定资产的原价,期末余额在借方,反映非营利组织期末固定资产的账面原价。

非营利组织应当设置"固定资产登记簿"和"固定资产卡片",按固定资产类别、使用部门和每项固定资产进行明细核算。

经营租入的固定资产,应当另设辅助簿进行登记,不在本账户核算。

2) 设置"累计折旧"账户

为了核算和监督非营利组织固定资产折旧的提取、转销和结余情况,应设置"累计折旧"账户。该账户属于资产类备抵账户,借方登记因固定资产的处置、报废和盘亏等原因而转销的金额,贷方登记非营利组织提取的或因固定资产的取得而转增的折旧金额。期末余额在贷方,反映非营利组织提取的资产折旧的累计数。该账户不进行明细分类核算。

3）设置“在建工程”账户

非营利组织为了正确地计算在建工程的成本并形成自行建造、安装、改造的固定资产的原始价值或大修理支出总额，应设置“在建工程”账户。该账户属于资产类成本核算账户，借方登记工程建造过程中发生的各种支出，贷方登记结转的完工或报废工程成本。期末余额在借方，反映非营利组织尚未完工的基建工程发生的各项实际支出。该账户应当设置的明细账户有建筑工程、安装工程、施工前期准备、技术改造工程、大修理工程及其他支出。

非营利组织应当设置“在建工程其他支出备查簿”，专门登记基建项目发生的构成项目概算内容但不通过“在建工程”账户核算的其他支出，包括按照建设项目核算内容购置的不需要安装设备、现成房屋、无形资产以及发生的递延费用等。非营利组织在发生上述支出时，应当通过“固定资产”“无形资产”和“长期待摊费用”账户核算，但同时应在“在建工程其他支出备查簿”中进行登记。

4）设置“存货——工程物资”账户

为了核算和监督非营利组织为基建工程、技术改造工程和大修理工程准备的各种物资的取得、发出、处置和结存等情况，可在“存货”总账账户下设置“存货——工程物资”二级明细账户。该账户属于资产类科目，借方登记工程物资的取得数，贷方登记工程物资的发出、处置等减少数。余额在借方，反映非营利组织为工程购入的但尚未领用的专用材料的实际成本、购入需要安装设备的实际成本以及为生产准备但尚未交付的工具及器具的实际成本。该账户应设置的三级明细账户有专用材料、专用设备、预付大型设备款、生产准备的工具及器具。

建造业务少的非营利组织可不设置“存货——工程物资”二级明细账户，而只设置“存货”总账账户。

3. 外购的固定资产的账务处理

外购的固定资产，按照实际支付的买价、相关税费以及为使固定资产达到预定可使用状态前发生的可直接归属于该固定资产的其他支出（如运输费、安装费、装卸费等），借记“固定资产”科目，贷记“银行存款”“应付账款”等科目。

如果以一笔款项购入多项没有单独标价的固定资产，按照各项固定资产公允价值的比例对总成本进行分配，分别确定各项固定资产的入账价值。

在实务中应当区分购入不需要安装的固定资产和购入需要安装的固定资产，分别进行账务处理。

（1）购入不需要安装的固定资产。购入不需要安装的固定资产是指非营利组织购入的固定资产不需要安装就可以直接交付使用。非营利组织应按购入时实际支付的买价、包装费、运杂费、保险费、专业人员服务费和相关税费等，借记“固定资产”科目，贷记“银行存款”等科目。

【例 2-88】 2×19 年 3 月 15 日，某非营利组织购入一台电脑，买入价 8 000 元，相关税费等 1 100 元，共计 9 100 元，以银行存款支付。

借：固定资产	9 100	
贷：银行存款		9 100

（2）购入需要安装的固定资产。购入需要安装的固定资产是指非营利组织购入的固定资产需要经过安装才能交付使用。非营利组织购入固定资产时实际支付的买价、包装费、运

杂费、安装费、保险费、专业人员服务费和相关税费等均应通过“在建工程”账户核算，待安装完毕达到预定可使用状态时，由“在建工程”账户转入“固定资产”账户。非营利组织购入固定资产时，按实际支付的买价、包装费、运杂费、安装费、保险费和相关税费等，借记“在建工程”科目，贷记“银行存款”科目；发生的专业人员服务费等，应借记“在建工程”科目，贷记“银行存款”等科目；安装完毕达到预定可使用状态时，按其实际成本，借记“固定资产”科目，贷记“在建工程”科目。

【例 2-89】 2×19 年 4 月 19 日，某非营利组织购入一台需要安装的设备，价款 50 000元，支付运杂费等 500 元，均以银行存款支付；4 月 20 日安装时，领用材料费 2 500 元、以银行存款支付安装费 2 000 元；4 月 21 日安装完毕。假设不考虑其他税费。

① 4 月 19 日，购入设备时：

借：在建工程　　50 500
　　贷：银行存款　　50 500

② 4 月 20 日，安装时：

借：在建工程　　4 500
　　贷：存货——工程物资　　2 500
　　　　银行存款　　2 000

③ 4 月 21 日，安装完毕：

借：在建工程　　55 000
　　贷：银行存款　　55 000

4. 自行建造的固定资产的账务处理

非营利组织自行建造的固定资产应当按照建造该项资产达到预定可使用状态前所发生的全部必要支出确定其成本。在实务中，应当区分自营工程和出包工程进行核算。

1) 自营工程

对于自营工程，非营利组织应当按照为建造工程所发生的直接材料、直接人工、直接机械使用费等确定其成本。

(1) 领用材料物资时，应当按照所领用材料物资的账面余额，借记“在建工程”科目，贷记“存货”科目。

(2) 发生应负担的职工工资时，按照实际应负担的工资金额，借记“在建工程”科目，贷记“应付工资”科目。

(3) 对于工程应当分摊的水、电等其他费用，按照实际应分摊的金额，借记“在建工程”科目，贷记“银行存款”等科目。

【例 2-90】 某非营利组织 2×19 年 4 月利用剩余生产能力自行制造一台设备。在建造过程中主要发生下列支出：

① 4 月 15 日，领用材料物资 50 000 元；

② 4 月 28 日，用银行存款支付自营工程的电费共计 3 000 元；

③ 4 月 30 日，自营工程应负担人工费 10 000 元；

④ 4 月 30 日，设备达到预定可使用状态。

会计处理如下。

① 4 月 15 日，领用材料物资 50 000 元：

借：在建工程　　50 000
　贷：存货——工程物资　　50 000

② 4 月 28 日，用银行存款支付自营工程的电费共计 3 000 元：

借：在建工程　　3 000
　贷：银行存款　　3 000

③ 4 月 30 日，自营工程应负担人工费 10 000 元：

借：在建工程　　10 000
　贷：应付工资　　10 000

④ 4 月 30 日，设备达到预定可使用状态。

设备制造成本＝50 000＋3 000＋10 000＝63 000(元)

借：固定资产　　63 000
　贷：在建工程　　63 000

2）出包工程

对于非营利组织的出包工程，应当按照应支付的工程价款等确定其成本，具体如下。

(1) 按照合同规定向承包商预付工程款、备料款时，按照实际预付的金额，借记“在建工程”科目，贷记“银行存款”科目。

(2) 与承包商办理工程价款结算时，按照补付的工程款，借记“在建工程”科目，贷记“银行存款”“应付账款”等科目。

(3) 属于在建工程发生的工程管理费、征地费、可行性研究费等，借记“在建工程”科目，贷记“银行存款”等科目。

需要说明的是，无论是自营工程还是出包工程，非营利组织发生的为购建固定资产的专门借款的借款费用，在允许资本化的期间内，应当按照实际发生的专门借款的借款金额，借记“在建工程”科目，贷记“长期借款”等科目。

当所建造的固定资产已达到预定可使用状态时，非营利组织应当将在建工程转为固定资产，按照在建工程的成本，借记“固定资产”科目，贷记“在建工程”科目。

在判断一项所购建的固定资产是否达到预定可使用状态时，需要会计人员根据实质重于形式的原则进行职业判断。具体可以从以下几个方面进行判断。

(1) 固定资产的实体建造(包括安装)工作已经全部完成或实质上已经完成，即认为固定资产的购建工作已经完成。

(2) 所购建的固定资产与设计要求或者合同要求相符或者基本相符，即使有个别与设计或者合同要求不相符的地方，也不影响其正常使用。

(3) 继续发生在所购建固定资产上的支出金额很少或者几乎不再发生。

【例 2-91】 某非营利组织将一幢厂房的建造工程出包给丙公司承建，2×19 年 3 月 3 日按合理估计的发包工程进度和合同规定向丙公司结算进度款 600 000 元，7 月 22 日工程完工后，收到丙公司有关工程结算单据，补付工程款 400 000 元，7 月 31 日工程完工并达到预定可使用状态。该企业应作如下会计处理。

① 3 月 3 日，按合理估计的发包工程进度和合同规定向丙公司结算进度款时：

借：在建工程　　600 000

　　贷：银行存款　　600 000

② 7 月 22 日，补付工程款时：

借：在建工程　　400 000

　　贷：银行存款　　400 000

③ 7 月 31 日，工程完工并达到预定可使用状态时：

借：固定资产　　1 000 000

　　贷：在建工程　　1 000 000

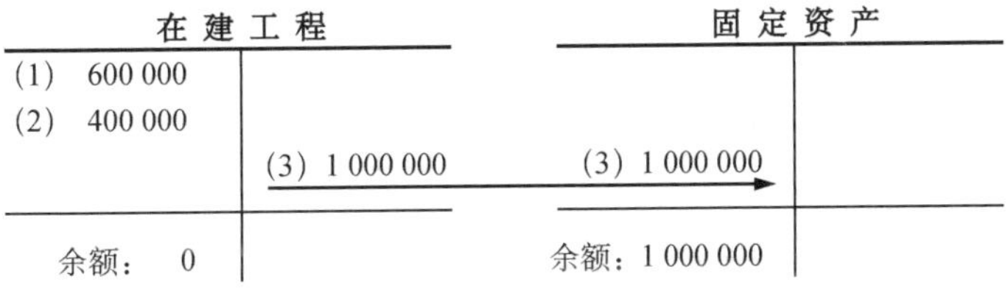

图 2-3　出包工程成本计算图

5. 融资租入的固定资产的账务处理

融资租赁与经营性租赁相比，有以下特点：

(1) 租期较长(一般占租赁资产尚可使用年限的大部分)。

(2) 租约一般不能取消。

(3) 租金的计算基础是固定资产的购价和借款利息等。

(4) 租赁期满，承租人有优先选择廉价购买租赁资产的权利。

可见，非营利组织采用融资租赁方式租入的固定资产，尽管在法律形式上资产的所有权在租赁期间仍然属于出租人，但从经济实质上讲，由于资产租赁期基本上包括了资产的有效使用年限，承租组织获得了租赁资产所提供的主要经济报酬，同时也承担了与资产有关的主要风险，如闲置损失、无形损耗等。根据实质重于形式原则的要求，非营利组织应将融资租入固定资产作为一项资产计价入账，同时确认相应的负债，并计提固定资产折旧。

融资租入的固定资产，按照租赁协议或者合同确定的价款、运输费、途中保险费、安装调试费以及融资租入固定资产达到预定可使用状态前发生的借款费用等，确认其入账价值，借记“固定资产——融资租入固定资产”明细科目，贷记“长期应付款”科目。租赁期满，如果按照约定将资产所有权转归本非营利组织，应将固定资产从“融资固定资产”明细账户转入有关固定资产明细账户。

【例 2-92】 某非营利组织于 2015 年 1 月 1 日采用融资租赁方式租入一台 A 设备，设备买价 80 000 元。根据租赁协议，租赁价值为 100 000 元。租期 5 年，每年年末应付租金 20 000 元。5 年期满，该组织可以 1 500 元的价格购买该设备的所有权(估计该日设备的公允价值 7 000 元)。另外，在 2 个月的安装期内，该非营利组织支付运杂费、途中保险费、安装调试费 20 000 元。

某非营利组织的会计处理如下。

① 2015 年 1 月 1 日租入设备时：

租赁协议确定的设备总价值 = 100 000 + 1 500 = 101 500(元)

借：在建工程——A 设备　　101 500
　贷：长期应付款——应付融资租赁款　　101 500

② 2015 年 2 月月末安装完毕时：

借：在建工程——A 设备　　20 000
　贷：银行存款　　20 000

借：固定资产——融资租入固定资产　　121 500
　贷：在建工程——A 设备　　121 500

③ 2015 年年末支付租金时：

借：长期应付款——应付融资租赁款　　20 000
　贷：银行存款　　20 000

④ 2016—2019 年年末支付租金时：

借：长期应付款——应付融资租赁款　　20 000
　贷：银行存款　　20 000

⑤ 2019 年年末购买 A 设备所有权时：

借：长期应付款——应付融资租赁款　　1 500
　贷：银行存款　　1 500

借：固定资产——业务用固定资产(A 设备)　　121 500
　贷：固定资产——融资租入固定资产(A 设备)　　121 500

6. 接受捐赠取得的固定资产的账务处理

非营利组织接受捐赠取得的固定资产，按确定的入账价值，借记“固定资产”“文物文化资产”科目，贷记“捐赠收入”科目。如果接受捐赠的属于旧固定资产(不包括文物文化资产)，应按全新固定资产的公允价值，借记“固定资产”科目，按旧固定资产的公允价值，贷记“捐赠收入”科目，按其差额，贷记“累计折旧”科目。

【例 2-93】 某非营利组织接受捐赠的设备一台，报关单上标明的金额为 20 000 元，发生的运杂费、包装费为 800 元。

借：固定资产　　20 800
　贷：捐赠收入　　20 000
　　银行存款　　800

2.6.3 固定资产累计折旧的计提

1. 固定资产折旧的概念及其性质

折旧是指在固定资产的使用寿命内，按照确定的方法对应计折旧额进行的系统分摊。

非营利组织的固定资产可以长期进行业务活动仍保持其原有的实物状态，但其价值将随着使用而逐渐转移到业务成本中，或构成非营利组织的费用。这部分随着固定资产磨损而逐渐转移的价值即为固定资产的折旧。其中，应计折旧额是指应当计提折旧的固定资产原价扣除其预计净残值后的余额。如果已对固定资产计提减值准备，还应当扣除已计提的固定资产减值准备累计金额。

按照规定，非营利组织应当对固定资产计提折旧，在固定资产的预计使用寿命内系统地分摊固定资产的成本。

《民间非营利组织会计制度》没有对固定资产的预计使用寿命和预计净残值作出具体的规定，而是要求非营利组织根据固定资产的性质和消耗方式，合理地确定固定资产的预计使用寿命和预计净残值。

实务中，非营利组织在确定一项固定资产的使用寿命时，主要应当考虑下列因素。

(1) 该资产的预计服务潜力或者生产能力。

(2) 该资产的有形损耗。有形损耗是指由于使用和自然力的影响而引起的固定资产使用价值和价值的损失。例如，由于使用而发生的机械磨损或自然因素的侵蚀(空气、水分的侵蚀等)等造成固定资产使用价值和价值的不断降低和损失。

(3) 该资产的无形损耗。无形损耗是指由于科学技术进步等引起的固定资产价值的损失。例如，随着时间的推移，原有的设备已经陈旧，生产出的产品不能满足市场的需要，或者，由于科学技术的进步，新的、性能更先进的设备产生，使相同产品的成本和价格大大降低，从而使继续使用原来的设备在经济上变得不合理，而不得不用更先进的机器设备，使原有的设备提前报废。随着科学技术的迅猛发展，固定资产的无形损耗将更为明显。

(4) 有关资产使用的法律或者类似的限制。

非营利组织在估计一项固定资产的预计使用寿命时，应当在考虑上述因素的基础上，结合不同固定资产的性质、消耗方式、所处环境等因素作出判断。在相同环境条件下，对同样的固定资产的预计使用寿命应具有相同的预期。

2. 影响固定资产折旧的因素

固定资产的应计折旧额应当在其使用年限内系统而合理地摊销。为了保证合理、正确地计提固定资产的折旧，要了解影响固定资产折旧的因素(见图 2-4)。

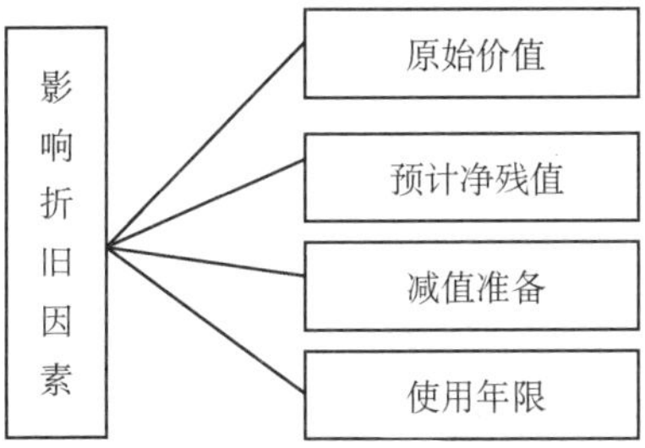

图 2-4 影响固定资产折旧的因素

(1) 原始价值(折旧的基数)。计算固定资产折旧的基数一般为取得固定资产的原始成本，即固定资产的账面价值。在西方一些国家，也有人主张以固定资产的重置完全成本(或重估价)为依据计提折旧。

(2) 预计净残值。固定资产的净残值是指固定资产报废时预计可以收回的残余价值扣除预计清理费用后的数量。由于在计算折旧时,对固定资产的残余价值和清理费用只能人为地估计,因而不可避免地会存在主观性。在计算纳税所得时,为了避免人为调整净残值的数额从而调整折旧额,固定资产的净残值比例在其原价的5%以内的,可以由非营利组织自行确定;由于情况特殊,需要调整残值比例的,应报主管税务机关备案。

(3) 使用年限。固定资产使用年限的长短直接影响各期应提的折旧额。在确定固定资产使用年限时,不仅要考虑固定资产的有形损耗,还要考虑固定资产的无形损耗。由于很难准确估计固定资产的有形损耗和无形损耗,因此,对固定资产的使用年限也只能预计,同样具有主观随意性。非营利组织应根据国家的有关规定,结合非营利组织的具体情况合理地确定固定资产的折旧年限。

(4) 减值准备。固定资产减值准备是指固定资产已计提的减值准备的累计金额。非营利组织计提固定资产减值准备后,应当在剩余使用寿命内根据调整后的固定资产账面价值(固定资产账面余额扣减累计折旧和累计减值准备后的金额)和预计净残值重新计算确定折旧率和折旧额。

3. 固定资产折旧的范围

确定固定资产折旧的范围:一是要从空间范围上确定哪些固定资产应当提取折旧,哪些固定资产不应当提取折旧;二是要从时间范围上确定固定资产计提折旧的起止时间。非营利组织的下列固定资产不计提折旧。

(1) 文物文化资产。

(2) 已提足折旧继续使用的固定资产。所谓提足折旧是指已经提足该项固定资产应提的折旧总额。应提的折旧总额为固定资产原价减去预计净残值。

(3) 提前报废的固定资产,不再计提折旧。

除上述不计提折旧的固定资产外,其他固定资产一律按规定计提折旧。

非营利组织一般应按月计提折旧。当月增加的固定资产,当月不提折旧,从下月起计提折旧;当月减少的固定资产,当月照提折旧,从下月起停止计提折旧。

非营利组织因更新改造、计提减值准备等原因而调整固定资产价值的,应当根据调整后的价值,预计尚可使用的年限和净残值,按选定的折旧方法计提折旧。

对于接受捐赠的旧的固定资产,非营利组织应当按照规定的固定资产入账价值、预计尚可使用年限、预计净残值,以及非营利组织所选用的折旧方法,计提折旧。

固定资产提足折旧后,无论能否继续使用,均不再提取折旧;提前报废的固定资产,也不再补提折旧。

融资租入的固定资产,应当采用与自有应提折旧资产相一致的折旧政策。能够合理确定租赁期届满时将会取得租赁资产所有权的,应当在租赁资产尚可使用年限内计提折旧;无法合理确定租赁期届满时是否能够取得租赁资产所有权的,应当在租赁期与租赁资产尚可使用年限两者中较短的期间内计提折旧。

4. 固定资产的折旧方法

非营利组织应当按照固定资产所含经济利益或者服务潜力的预期实现方式选择折旧方法,可选用的折旧方法包括年限平均法、工作量法、双倍余额递减法和年数总和法(见图2-5)。其中,年限平均法和工作量法属于固定资产折旧的直线法;双倍余额递减法和年数总和法属于加速折旧法。折旧方法一经确定，不得随意变更。如果由于固定资产所含经济利益或服务潜力预期实现方式发生重大改变而确实需要变更的，应当在会计报表附注中披露相关信息。

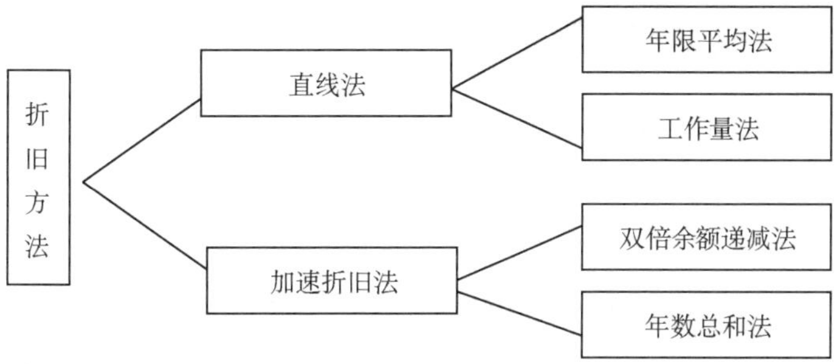

图 2-5 固定资产的折旧方法

1）年限平均法

年限平均法又称直线法，是指将固定资产的应计折旧额均衡地分摊到固定资产预计使用寿命内的一种方法。

采用这种方法计算的每期折旧额均相等。

采用年限平均法，可按以下两种思路进行计算。

(1) 第一种思路计算步骤。

第一步：

$$年折旧额=\frac{固定资产原值-预计净残值}{预计折旧年限}=\frac{固定资产原值\times(1-预计净残值率)}{预计折旧年限}$$

第二步：

$$月折旧额=年折旧额\div 12$$

(2) 第二种思路计算步骤。

第一步：

$$年折旧率=\frac{1-预计净残值率}{预计折旧年限}\times 100\%$$

$$月折旧率=年折旧率\div 12$$

第二步：

$$年折旧额=固定资产原价\times 年折旧率$$

$$月折旧额=年折旧额\div 12(或:固定资产原价\times 月折旧率)$$

【例 2-94】 某非营利组织有一幢厂房，原价为 5 000 000 元，预计可使用 20 年，预计净残值率为 4%，采用年限平均法计算月折旧额。

(1) 采用第一种思路。

第一步：

$$年折旧额 = \frac{5\ 000\ 000 \times (1 - 4\%)}{20} = 240\ 000(元)$$

第二步：

$$月折旧额 = 240\ 000 \div 12 = 20\ 000(元)$$

（2）采用第二种思路。

第一步：

$$年折旧率 = (1 - 4\%) \div 20 = 4.8\%$$

$$月折旧率 = 4.8\% \div 12 = 0.4\%$$

第二步：

$$年折旧额 = 5\ 000\ 000 \times 4.8\% = 240\ 000(元)$$

$$月折旧额 = 240\ 000 \div 12 = 20\ 000(元)$$

或：

$$月折旧额 = 5\ 000\ 000 \times 0.4\% = 20\ 000(元)$$

本例的计算过程显示，各期的折旧额相等，同时不难看出年限平均法的优缺点。

优点是计算简便、容易理解，在实务中应用较为广泛。

缺点是只注重固定资产的使用时间，忽视了使用状况。无论固定资产使用强度如何，各期都计提相同的折旧，难以实现收入与费用的正确配比。

年限平均法适用于各个时期使用程度和使用效率大致相同的固定资产。

2）工作量法

（1）工作量法的含义。工作量法是以固定资产预计可完成的工作总量为分摊标准，根据每期实际工作量计算应提折旧额的一种方法。采用这种方法，各期计提的折旧额随着当期工作量的变动而变动。

工作量法实际上是年限平均法的一种演变，即将分配折旧的标准由固定资产使用年限改为了工作量，因此工作量法也被归类为直线法。

不同的固定资产应按不同的工作量标准计算折旧，如机器设备应按工作小时计算折旧，运输工具应按行驶里程计算折旧等。

（2）工作量法的计算。工作量法的基本计算步骤如下：

$$单位工作量折旧额 = 固定资产原价 \times (1 - 预计净残值率) \div 预计总工作量$$
$$某项固定资产月折旧额 = 该项固定资产当月工作量 \times 单位工作量折旧额$$

【例 2-95】 某非营利组织的一辆运货卡车的原价为 600 000 元，预计总行驶里程为 500 000 公里，预计报废时的净残值率为 5%，本月行驶 4 000 公里。该辆汽车的当月折旧额计算如下：

$$单位里程折旧额 = 600\ 000 \times (1 - 5\%) \div 500\ 000 = 1.14(元/公里)$$

$$本月折旧额 = 4\ 000 \times 1.14 = 4\ 560(元)$$

(3) 工作量法的优缺点。优点是比较简单实用,考虑了固定资产的实际使用状况,各期折旧额与固定资产的使用程度呈正比例关系,体现了收入与费用相配比的原则。

缺点是在这种方法下不使用固定资产则固定资产不会发生折旧,即只考虑了固定资产的有形损耗,而未考虑无形损耗,由于无形损耗的客观存在,即使当期没有使用固定资产,固定资产也会发生折旧。在前后计算折旧时采用了一致的单位工作量折旧额,而实际上单位工作量折旧额是有变化的,因为在固定资产的使用过程中单位工作量所带来的经济利益是不一样的,工作量法未考虑这一点。

(4) 工作量法的适用范围。工作量法适用于使用情况很不均衡,使用中季节性较为明显的大型机器设备、大型施工机械以及运输单位或其他企业专业车队的客、货运汽车等折旧的计算。

3) 双倍余额递减法

双倍余额递减法属于加速折旧法。加速折旧法又称递减折旧费用法,是指固定资产的折旧费用在使用早期计提得较多,在使用后期计提得较少。这主要是因为固定资产的效能在使用期内呈现递减趋势,而固定资产的维修保养等费用却呈现逐期递增趋势,因而在固定资产的使用早期多计提折旧,在后期少计提折旧,以使用固定资产的大部分成本在使用早期尽快得到补偿。

不论采用直线法还是加速折旧法,在整个折旧期内,固定资产计提折旧的总额是相等的。只不过加速折旧法下每期计提的折旧呈递减的趋势。

(1) 双倍余额递减法是指在不考虑固定资产预计净残值的情况下,根据每期期初固定资产原价减去累计折旧后的金额和双倍的直线法折旧率计算固定资产折旧的一种方法。

"双倍"是指双倍的直线折旧率,即每期的折旧率不变;"余额"是指每期期初固定资产的账面净值(折余价值:原值减累计折旧),此数据是变化的,且逐年递减。因此双倍余额递减法下每期计提的折旧呈递减的趋势。

应用这种方法计算折旧额时,由于每年年初固定资产净值没有扣除预计净残值,所以在计算固定资产折旧额时,应在其折旧年限到期前 2 年内,将固定资产净值扣除预计净残值后的余额平均摊销。

(2) 双倍余额递减法的计算步骤如下。

第一步:

$$年折旧率 = 2 \div 预计使用寿命(年) \times 100\%$$
$$月折旧率 = 年折旧率 \div 12$$

第二步:

$$某年折旧额 = 该年年初固定资产净值 \times 年折旧率$$
$$月折旧额 = 每月月初固定资产账面净值 \times 月折旧率$$

第三步:最后 2 年的折旧额:

$$最后\ 2\ 年每\ 1\ 年的折旧额 = (倒数第\ 2\ 年年初固定资产账面净值 - 预计净残值) \div 2$$
$$最后\ 2\ 年每个月的折旧额 = 最后\ 2\ 年每\ 1\ 年的折旧额 \div 12$$

【例 2-96】 某非营利组织购入一项生产经营用家具,原价为 100 000 元,预计使用年限为 5 年，预计净残值为 4%，按双倍余额递减法计提折旧，每年的折旧额计算如下。

第一步：

年折旧率 = 2 ÷ 5 × 100% = 40%

预计净残值 = 100 000 × 4% = 4 000(元)

第二步：

第 1 年应计提的折旧额 = 100 000 × 40% = 40 000(元)

第 2 年应计提的折旧额 = (100 000 − 40 000) × 40% = 24 000(元)

第 3 年应计提的折旧额 = (100 000 − 40 000 − 24 000) × 40% = 14 400(元)

第三步：计算最后 2 年的折旧额：

从第 4 年起改用年限平均法(直线法)计提折旧。

第 4 年、第 5 年的年折旧额 = [(100 000 − 40 000 − 24 000 − 14 4000) − 4 000] ÷ 2 = 8 800(元)

表 2-7　　双倍余额递减法下各年折旧额计算表　　单位：元

使用年次	折旧率	年折旧额		累计折旧额	账面净值（原值－累计折旧）
		计算过程	折旧额		
购置时					100 000
1	40%	100 000×40%	40 000	40 000	60 000
2	40%	60 000×40%	24 000	64 000	36 000
3	40%	36 000×40%	14 400	78 400	21 600
4		(21600−4 000)÷2	8 800	87 200	12 800
5			8 800	96 000	4 000
合计			96 000		

4) 年数总和法

年数总和法又称年限合计法，是指将固定资产的原价减去预计净残值后的余额，乘以一个以固定资产尚可使用寿命为分子、以预计使用寿命逐年数字之和为分母的逐年递减的分数计算每年的折旧额。

年数总和法的计算公式如下：

第一步：

年折旧率 = 尚可使用年限 ÷ 预计使用寿命的年数总和

$= [(n-t)+1] \div [n(n+1) \div 2]$

(其中，n 代表预计使用年限，t 代表计提折旧的那 1 年，年折旧率通常用分数表示)

月折旧率 = 年折旧率 ÷ 12

第二步：

某年的折旧额 = 应计提折旧总额 × 年折旧率 = (固定资产原价－预计净残值) × 年折旧率

某月的折旧额 = 应计提折旧总额 × 月折旧率 = (固定资产原价－预计净残值) × 月折旧率

【例 2-97】　承[例 2-96]，假如采用年数总和法，计算各年折旧额。

第一步：

第1年的折旧率＝5÷15
第2年的折旧率＝4÷15
第3年的折旧率＝3÷15
第4年的折旧率＝2÷15
第5年的折旧率＝1÷15

第二步：

应计提折旧总额＝原价－预计净残值＝100 000×(1－4%)＝96 000(元)
第1年的折旧额＝96 000×5÷15＝32 000(元)
第2年的折旧额＝96 000×4÷15＝25 600(元)
第3年的折旧额＝96 000×3÷15＝19 200(元)
第4年的折旧额＝96 000×2÷15＝12 800(元)
第5年的折旧额＝96 000×1÷15＝6 400(元)

表2-8 **年数总和法下各年折旧额计算表** 单位：元

使用年次	尚可使用年限	应计提折旧总额(原价—净残值)	各年折旧率	年折旧额	累计折旧额
购置时		①	②	③=①×②	
1	5	96 000	5÷15	32 000	32 000
2	4		4÷15	25 600	57 600
3	3		3÷15	19 200	76 800
4	2		2÷15	12 800	89 600
5	1		1÷15	6 400	96 000
合计				96 000	

通过此例题，可知采用年数总和法计提折旧时，各年的折旧额呈现逐年递减的趋势。

5. 固定资产累计折旧的账务处理

非营利组织在实际计提固定资产折旧时，应当按月提取折旧，并根据用途进行账务处理。如果固定资产是用于行政管理的，应当将所提折旧计入管理费用，借记"管理费用"科目，贷记"累计折旧"科目；如果固定资产是用于生产存货的，应当将所提折旧计入存货制造成本，借记"存货——生产成本"科目，贷记"累计折旧"科目。

【例2-98】 某非营利组织月末计提折旧，生产部门的折旧额为4 500元，管理部门的折旧额为1 200元。

借：存货——生产成本　　4 500
　　管理费用　　1 200
　　贷：累计折旧　　5 700

2.6.4 固定资产的后续支出

与固定资产有关的后续支出，如果使可能流入非营利组织的经济利益或者其服务潜力超过了原先的估计，如延长了固定资产的使用寿命，或者使服务质量有了实质性提高，或者使商品成本实质性降低，则应当计入固定资产账面价值，但增加后的金额不应当超过该固定资产的可收回金额。其他后续支出，应当计入当期费用。

发生后续支出时，按照应当计入固定资产账面价值的金额，借记"在建工程""固定资产"科目，贷记"银行存款"等科目；按照应当计入当期费用的金额，借记"管理费用""存货——生产成本""业务活动成本"等科目，贷记"银行存款"等科目。

【例 2-99】 某非营利组织对一台设备进行改造，改造后提升了设备的生产性能。总支出为 56 000 元，以银行存款支付。

借：固定资产	56 000	
贷：银行存款		56 000

【例 2-100】 某非营利组织总部管理用电脑发生修理费 600 元，以银行存款支付。

借：管理费用	600	
贷：银行存款		600

2.6.5 固定资产的处置

1. 处置固定资产的原因

(1) 固定资产不适用或不需用。

(2) 固定资产由于使用而不断磨损直到最终报废。

(3) 固定资产由于技术进步等原因发生提前报废。

(4) 固定资产由于遭受自然灾害等非正常损失发生毁损。

《民间非营利组织会计制度》规定，非营利组织由于出售、报废或者毁损等原因而产生的固定资产清理净损益，应当计入当期收入或者费用。

2. 固定资产处置的账户设置

为了核算和监督非营利组织在固定资产清理过程中发生的成本、税费和收入情况，正确计算固定资产清理损益，应设置"固定资产清理"账户，借方登记清理过程中发生的成本和税费，贷方登记固定资产清理过程中发生的各种收入。其余额反映尚未清理完毕的固定资产的价值以及清理净收入(清理收入减去清理费用)。该账户应按被清理的固定资产设置明细账，进行明细核算。

3. 固定资产处置的处理程序

(1) 将固定资产转入清理。非营利组织处置固定资产时，应按所清理固定资产的账面价值，借记"固定资产清理"科目；按已计提的折旧，借记"累计折旧"科目；按固定资产的原价，贷记"固定资产"科目。如果属于文物文化资产项目，则应按所清理固定资产的账面价值，借记"固定资产清理"科目，贷记"文物文化资产"科目。

借：固定资产清理【账面价值】
　　累计折旧
　　固定资产减值准备
　　贷：固定资产

(2) 发生清理费用。固定资产清理过程中发生的清理费用(如领用的物料和支付的清理人员工资等)，借记“固定资产清理”科目，贷记“存货”“应付工资”“银行存款”等科目。

借：固定资产清理
　贷：银行存款/存货等

(3) 计算缴纳应交税金。非营利组织销售的固定资产，按照税法的规定，应按销售额计算缴纳增值税等，借记“固定资产清理”科目，贷记“应交税金”科目。

借：固定资产清理
　贷：应交税金

(4) 核算固定资产处置收入。非营利组织收回出售固定资产的价款、易货交易换回的资产、因抵债而减少的债务、报废固定资产的残料价值和变价收入等应作为固定资产清理收入。按实际收到的价款、资产、偿债额及残料变价收入等，借记“银行存款”“存货”等科目，贷记“固定资产清理”科目。

(5) 处理保险等赔偿事宜。非营利组织计算或收到的应由保险公司或过失人赔偿的报废、毁损固定资产的损失，应作为固定资产清理收入。按实际收到的价款或确认的债权，借记“银行存款”“其他应收款”等科目，贷记“固定资产清理”科目。

借：银行存款/其他应收款等
　贷：固定资产清理

(6) 确认固定资产清理净损益。固定资产清理后发生的净损益，应根据具体情况分别处理：发生的净收益，计入当期收入，借记“固定资产清理”科目，贷记“其他收入——处置固定资产净收益”科目；发生的净损失，计入当期费用，借记“其他费用——处置固定资产净损失”等科目，贷记“固定资产清理”科目。

借：固定资产清理
　贷：其他收入

借：其他费用
　贷：固定资产清理

【例2-101】 某非营利组织报废一台设备，原值30 000元，已计提折旧17 100元。以银行存款支付清理费用1 000元，残料变卖收入为2 600元。假设不考虑相关税费。

① 固定资产转入清理。

	借方	贷方
借：固定资产清理	12 900	
累计折旧	17 100	
贷：固定资产		30 000

② 发生清理费用。

	借方	贷方
借：固定资产清理	1 000	
贷：银行存款		1 000

③ 收到残料变卖收入。

	借方	贷方
借：银行存款	2 600	
贷：固定资产清理		2 600

④ 结转固定资产净损益。

借：其他费用——处置固定资产净损失　　11 300
　　贷：固定资产清理　　11 300

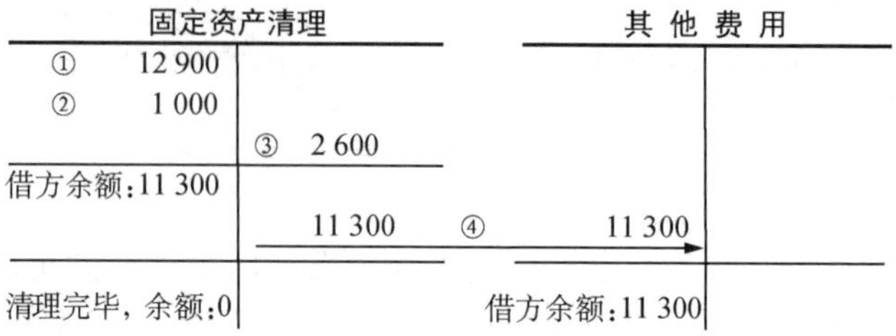

图 2-6　固定资产毁损净损失结转

【例 2-102】 某非营利组织将一台不需用的设备出售，该设备原值 100 000 元，已计提折旧 80 000 元。清理过程中以银行存款支付清理费用 2 000 元，售价为 30 000 元。假设不考虑相关税费。

① 固定资产转入清理。

借：固定资产清理　　20 000
　　累计折旧　　80 000
　　贷：固定资产　　100 000

② 发生清理费用。

借：固定资产清理　　2 000
　　贷：银行存款　　2 000

③ 收到价款。

借：银行存款　　30 000
　　贷：固定资产清理　　30 000

④ 结转固定资产净损益。

借：固定资产清理　　8 000
　　贷：其他收入——处置固定资产净收益　　8 000

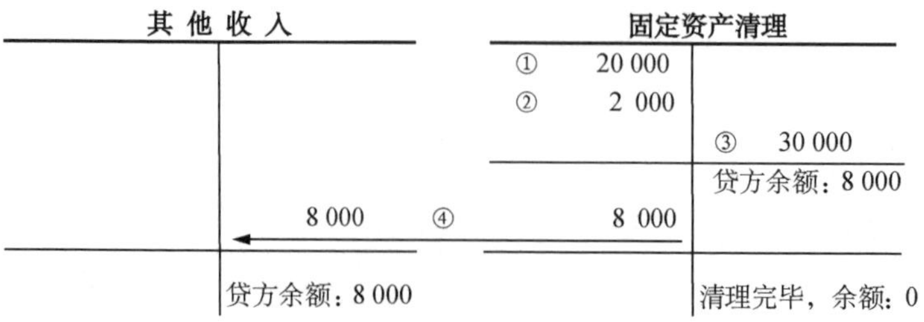

图 2-7　固定资产处置净收益结转

2.6.6 固定资产的盘盈盘亏

1. 固定资产的盘点

非营利组织对固定资产应当定期或者至少每年实地盘点一次。对盘盈、盘亏的固定资产，应当及时查明原因，并根据管理权限，报经批准后，在期末前结账处理完毕。

2. 固定资产盘盈盘亏的账务处理

（1）固定资产盘盈，按照其公允价值，借记“固定资产”科目，贷记“其他收入”科目。

【例 2-103】 2×19 年 6 月 30 日，某宗教团体对固定资产进行盘点，盘盈一台电脑，同类产品的市场价格为 2 900 元。

借：固定资产　　　　2 900
　　贷：其他收入　　　　2 900

相关思考 2-6

企业会计准则中固定资产盘盈如何入账

《企业会计准则》规定，盘盈的固定资产，应按重置成本记入“以前年度损益调整”账户。

（2）固定资产盘亏，按照固定资产账面价值扣除可以收回的保险赔偿和过失人的赔偿等后的金额，借记“管理费用”科目，按照可以收回的保险赔偿和过失人赔偿等，借记“现金”“银行存款”“其他应收款”等科目，按照已提取的累计折旧，借记“累计折旧”科目，按照固定资产的账面余额，贷记“固定资产”科目。

【例 2-104】 2×19 年 7 月 2 日，某宗教团体对固定资产进行盘点，盘亏设备一台，账面原值 9 000 元，已提折旧 5 130 元。

借：管理费用　　　　3 870
　　累计折旧　　　　5 130
　　贷：固定资产　　　　9 000

相关思考 2-7

企业会计准则中固定资产盘亏如何入账

《企业会计准则》规定，固定资产盘亏的净损失，记入“营业外支出”账户。

2.6.7 文物文化资产的核算

文物文化资产是指用于展览、教育或研究等目的的历史文物、艺术品以及其他具有文化或者历史价值并作长期或者永久保存的典藏等，应当作为固定资产核算。但考虑到在非营利组织持有文物文化资产期间，文化文物资产一般不会像其他固定资产那样发生损耗，因此不必计提折旧。在资产负债表中，应当单列“文物文化资产”项目予以反映。

1. 账户设置

设置“文物文化资产”账户，取得文化文物资产时借记“文化文物资产”科目，出售时贷记“文化文物资产”科目，期末余额在借方，反映非营利组织期末文物文化资产的价值。

非营利组织应当设置文物文化资产登记簿和文物文化资产卡片，按文物文化资产类别等设置明细账，进行明细核算。

2. 账务处理

1）取得文物文化资产

非营利组织在取得文物文化资产时，应当按照取得时的实际成本入账。取得时的实际成本包括买价、包装费、运输费、缴纳的有关税金等相关费用，以及为使文物文化资产达到预定可使用状态前所必要的支出。

（1）外购的文物文化资产，按照实际支付的买价、相关税费以及为使文物文化资产达到预定可使用状态前发生的可直接归属于该文物文化资产的其他支出（如运输费、安装费、装卸费等），借记"文物文化资产"科目，贷记"银行存款""应付账款"等科目。

如果以一笔款项购入多项没有单独标价的文物文化资产，按照各项文物文化资产公允价值的比例对总成本进行分配，分别确定各项文物文化资产的入账价值。

【例 2-105】 2×19 年 6 月 16 日，某非营利组织购入一件明代书画作品，买价及相关税费共计 280 000 元，以银行存款支付。

借：文物文化资产　　280 000
　　贷：银行存款　　280 000

（2）接受捐赠。接受捐赠取得的文物文化资产，按照所确定的成本，借记"文物文化资产"科目，贷记"捐赠收入"科目。

【例 2-106】 2×19 年 7 月 3 日，某寺院接受捐赠取得一樽清代佛像，估价 160 000 元。

借：文物文化资产　　160 000
　　贷：捐赠收入　　160 000

2）出售文物文化资产

出售文物文化资产，文物文化资产毁损或者以其他方式处置文物文化资产时，按照所处置文物文化资产的账面余额，借记"固定资产清理"科目，贷记"文物文化资产"科目。

【例 2-107】 2×19 年 6 月 22 日，某寺院一件明代书画作品受损，难以修复，账面价值 200 000 元。

借：固定资产清理　　200 000
　　贷：文物文化资产　　200 000

3）文物文化资产的盘点

非营利组织应当定期或者至少每年对文物文化资产实地盘点一次。对盘盈、盘亏的文物文化资产，应当及时查明原因，并根据管理权限，报经批准后，在期末前结账处理完毕。

（1）如为盘盈文物文化资产，按照其公允价值，借记"文物文化资产"科目，贷记"其他收入"科目。

【例 2-108】 2×19 年 12 月 31 日，某寺院对文物文化资产进行盘点，盘盈一部典藏佛经，估值 300 000 元。

借：文物文化资产　　300 000
　　贷：其他收入　　300 000

(2) 如为盘亏文物文化资产，按照固定资产账面余额扣除可以收回的保险赔偿和过失人的赔偿等后的金额，借记“管理费用”科目，按照可以收回的保险赔偿和过失人赔偿等，借记“库存现金”“银行存款”“其他应收款”等科目，按照文物文化资产的账面余额，贷记“文物文化资产”科目。

【例 2-109】 2×19 年 12 月 31 日，某寺院对文物文化资产进行盘点，盘亏一部清朝书画，账面余额 160 000 元，应收保险赔偿 120 000 元，应收过失人赔偿 5 000 元。

借：管理费用	35 000	
其他应收款——应收保险赔偿	120 000	
——应收过失人赔偿	5 000	
贷：文物文化资产		160 000

2.7 无形资产的核算

2.7.1 无形资产概述

1. 无形资产的含义

非营利组织的无形资产是指为开展业务活动、出租给他人或为管理目的而持有的且没有实物形态的非货币性长期资产，包括专利权、非专利技术、商标权、著作权和土地使用权等。

2. 无形资产的特点

(1) 没有实物形态。无形资产所体现的是一种权利或获得超额结余的能力，它没有实物形态，但却具有价值，或者能使非营利组织获得高于同行业一般水平的收益能力或服务潜力。不具有实物形态是无形资产区别于其他资产的显著标志。

需要说明的是，某些无形资产的存在需要依赖于实物载体。例如，计算机软件需要存储在磁盘中，但这并没有改变无形资产本身不具有实物形态的特征。

(2) 能在较长的时期内使非营利组织获得经济利益或服务潜力。无形资产能在多个业务期内使用，使非营利组织长期受益，因而，属于一项长期资产。非营利组织为取得无形资产所发生的支出，属于资本性支出。虽然无形资产能长期为非营利组织所使用，但其使用期限(或称有效期限)却难以确定，往往是根据法律规定或依靠人们主观判断确定其使用期限，从而在各个期间摊销其成本。

(3) 持有的主要目的是使用而不是出售。非营利组织持有无形资产的目的是将其用于本组织开展业务活动，出租给他人，或为了行政管理，而不是为了对外销售。脱离了业务活动，无形资产就失去其经济价值。

(4) 无形资产所能提供的未来经济利益或服务潜力具有不确定性。无形资产能够给非营利组织提供未来经济利益或服务潜力的大小具有高度的不确定性。这些无形资产的经济价值在很大程度上受非营利组织外部因素的影响，不能准确地确定其预期的收益能力；无形资产一般需借助有形资产才能发挥作用；无形资产的取得成本不能代表其经济价值，一项取得成本较高的无形资产可能为非营利组织带来较少的经济利益或服务潜力，而取得成本较低的无形资产则可能给非营利组织带来较大的经济利益或服务潜力。

(5) 由非营利组织有偿取得。只有发生了支出的无形资产，即有偿取得的无形资产才能作为无形资产入账。否则，不能作为无形资产入账。

3. 无形资产的内容

非营利组织的无形资产一般包括专利权、非专利技术、商标权、著作权和土地使用权等。

(1) 专利权。专利权是指权利人在法定期限内对某一发明创造所拥有的独占权和专有权。专利权的主体是享有专利权的个人或单位；专利权的客体是受专利法保护的专利范围，并不是所有的专利权都能给持有者带来经济利益或服务潜力。有的专利可能没有经济价值或具有很小的经济价值，有的专利会被另外更有经济价值的专利所淘汰。因此，非营利组织并不应将其所拥有的一切专利权都予以资本化，作为无形资产核算。只有能给非营利组织带来较大经济利益或服务潜力、非营利组织为之花费了成本、符合制定规定的无形资产确认标准的专利权才能作为无形资产核算。

(2) 非专利技术。非专利技术也称专有技术、技术秘密或技术诀窍，是指由发明人垄断的、不公开的、具有实用价值的先进技术、资料、技能、知识等。专有技术具有经济性、机密性、动态性等特点。

由于专有技术未经公开亦未申请专利权，所以不受法律保护，但事实上具有专利权的效用。

专有技术有些是单位自己开发研究获得的；有些是根据合同规定，从外部购入的。如果是单位自己开发研究，可能成功也可能失败。研究过程中发生的有关费用，会计核算上一般将其全部列作期间费用处理，不作为无形资产核算。如果从外部购入，应按实际发生的一切支出，予以资本化，作为无形资产入账核算。专有技术可以作为资产对外投资，也可以转让。

(3) 商标权。商标权是指非营利组织专门在某种指定的服务或商品上使用特定的名称、图案、标记的权利。根据《中华人民共和国商标法》(以下简称《商标法》)的规定，经商标局核准注册的商标为注册商标，商标注册人享有商标专有权，受法律保护。商标权的内容包括独占使用权和禁止使用权。商标权的价值在于它能使商标享有人获得较高的收益能力或服务潜力。我国《商标法》规定，商标权的有效期限为10年，期满前商标享有者可继续申请延长注册期。

(4) 著作权。著作权是指著作权人依法享有的出版、发行等方面的专有权利。著作权可以转让、出售或者赠与。著作权包括发表权、署名权、修改权、保护作品完整权、使用权和获得报酬权等。

(5) 土地使用权。土地使用权是指国家准许某一非营利组织在一定期间对国有土地享有的开发、利用、经营的权利。根据《中华人民共和国土地法》(以下简称《土地法》)的规定，我国土地实行公有制，任何单位和个人不得侵占、买卖或者以其他形式非法转让土地。国有土地可依法确定给国有非营利组织、集体非营利组织等单位，其使用权可依法转让。非营利组织取得土地使用权有时可能不花费任何代价，如非营利组织所拥有的未入账的土地使用权，不能将其作为无形资产入账。如果取得土地使用权时花费了支出，则应将其资本化，作为无形资产入账。这里有两种情况：一是非营利组织根据《中华人民共和国城镇国有土地使用权出让和转让暂行条例》，向政府土地管理部门申请土地使用权，非营利组织要支付一笔出让金。在这种情况下非营利组织应将支出予以资本化，作为无形资产核算；二是非营利组织原先通过行政划拨获得土地使用权，没有入账核算。在将土地使用权有偿转让、出租、抵押、作价入股和投资时，应按规定将补交的土地出让价款予以资本化，并将土地使用权作为无形资产入账核算。

2.7.2 无形资产的计价

1. 无形资产的确认原则

非营利组织应当在同时满足以下条件时确认无形资产：

(1) 拟确认的经济资源符合无形资产的概念。

(2) 拟确认的经济资源产生的经济利益或者服务潜力很可能流入非营利组织。

(3) 拟确认的经济资源成本能够可靠地计量。

2. 无形资产入账价值的确定

非营利组织在确定无形资产的入账价值时，应按取得时的实际成本计量。取得时的实际成本应区别不同情况分别确定：

(1) 购入的无形资产，按实际支付的价款作为实际成本。

(2) 自行开发并按照法律程序申请取得的无形资产，按依法取得时发生的注册费、聘请律师费等费用，作为实际成本。依法取得前，在研究与开发过程中发生的材料费用、直接参与开发人员的工资及福利费、开发过程中发生的租金、借款费用等直接计入当期费用。

(3) 接受捐赠的无形资产，按照捐赠方提供的有关凭据（发票、捐赠协议等）标明的价值加上支付的相关税费，作为实际成本。如果捐赠方没有提供有关凭据，或者有关凭据上标明的价值与受赠无形资产的公允价值相差较大，以受赠无形资产的公允价值作为实际成本。

(4) 通过非货币性交换换入的无形资产，按照特殊交易或事项的会计处理确定其实际成本。

在确认无形资产后发生的支出，应在发生时计入当期支出。

2.7.3 无形资产核算的账户设置

1. 设置"无形资产"账户

为了核算和监督非营利组织无形资产的取得、摊销、处置和结存情况，应设置"无形资产"账户。该账户属于资产类账户，借方登记无形资产的取得成本，贷方登记摊销和处置无形资产的成本。余额在借方，反映非营利组织已经入账但尚未摊销完毕的无形资产摊余价值。该账户应按无形资产的类别设置明细账进行明细核算。

2. 设置"无形资产减值准备"账户

非营利组织一般不设置"无形资产减值准备"账户。但当无形资产发生了重大减值时，为了核算和监督非营利组织无形资产减值准备的计提和转销情况，应设置"无形资产减值准备"账户。该账户属于资产类调整账户，借方登记转销的无形资产减值准备金额，贷方登记计提的无形资产减值准备金额。余额在贷方，反映非营利组织已提取的无形资产减值准备金额。

2.7.4 无形资产的初始计量

非营利组织在取得无形资产时，应当按照取得时的实际成本入账。

1. 购入的无形资产

购入的无形资产，按实际支付的价款，借记"无形资产"科目，贷记"银行存款"等科目。

需要说明的是，对于以一揽子方式购入的无形资产，其成本通常应按该无形资产和其他资产的公允价值相对比例确定。采用公允价值相对比例来确定与其他资产一同购入的无形资产的成本，须以该无形资产的相对价值是否较大为前提。如果相对价值较小，则无须单独核算，可以将无形资产的成本计入其他资产的成本，视为其他资产的组成部分核算；反之，则需要单独核算。例如，只是作为计算机必不可少的附件随机购入的、金额相对较小的软件，就不必单独核算；但如果是连同一组计算机购入、金额也相对较大(甚至占主要部分)的管理系统软件，则应单独核算。与地上附着物一同购入的土地使用权也属于类似的情况。如果以一揽子方式购入的无形资产与其他资产在使用上不可分离，在使用年限方面也基本一致，则无须将其与其他资产分开来核算。

【例 2-110】 某非营利组织以银行存款购入 A 专利权，价款 80 000 元。

借：无形资产——A 专利权	80 000	
贷：银行存款		80 000

2. 接受捐赠取得的无形资产

接受捐赠取得的无形资产，按照所确定的成本，借记"无形资产"科目，贷记"捐赠收入"科目。

【例 2-111】 某非营利组织接受捐赠取得 B 非专利技术，市值 50 000 元。

借：无形资产——B 非专利技术	50 000	
贷：捐赠收入		50 000

3. 自行开发并按法律程序申请取得的无形资产

自行开发并按法律程序申请取得的无形资产，按依法取得时发生的注册费、聘请律师费等费用，借记"无形资产"科目，贷记"银行存款"等科目。

依法取得前，在研究与开发过程中发生的材料费用、直接参与开发人员的工资及福利费、开发过程中发生的租金、借款费用等直接计入当期费用，借记"管理费用"等科目，贷记"银行存款"等科目。

【例 2-112】 某非营利组织自行开发 C 专利技术，开发过程中支付材料费 8 000 元，人工费 15 000 元，按法律程序申请专利的注册费为 2 600 元，律师费为 6 000 元。均以银行存款支付。

① 材料费、人工费。

借：管理费用	23 000	
贷：存货		8 000
银行存款		15 000

② 注册费、律师费。

借：无形资产	8 600	
贷：银行存款		8 600

2.7.5 无形资产的摊销

1. 无形资产摊销的相关规定

无形资产属于非营利组织的长期资产，能在较长的时间里给非营利组织带来经济利益。但无形资产通常也有一定的有效期限，它所具有的有价值的权利或特权总会终结或消失，因此，非营利组织应将入账的无形资产在一定年限内摊销。

为此，《民间非营利组织会计制度》规定，无形资产应当自取得当月起在预计使用年限内分期平均摊销，计入当期费用，根据每期应摊销金额，借记“管理费用”科目，贷记“无形资产”科目。

《民间非营利组织会计制度》还规定，如果预计使用年限超过了相关合同规定的受益年限或法律规定的有效年限，该无形资产的摊销年限按如下原则确定：

（1）合同规定了受益年限但法律没有规定有效年限的，摊销期不应超过合同规定的受益年限；

（2）合同没有规定受益年限但法律规定了有效年限的，摊销期不应超过法律规定的有效年限；

（3）合同规定了受益年限，法律也规定了有效年限的，摊销期不应超过受益年限和有效年限两者之中较短者。

如果合同没有规定受益年限，法律也没有规定有效年限的，摊销期不应超过 10 年。

2. 无形资产摊销的账务处理

无形资产应当自取得当月起在预计使用年限内分期平均摊销，按照应提取的摊销金额，借记“管理费用”科目，贷记“无形资产”科目。

知识拓展 2-6

《企业会计准则》规定的无形资产摊销的会计处理

《企业会计准则》规定，无形资产的摊销，应贷记“累计摊销”科目，而非《民间营利组织会计制度》规定的贷记“无形资产”科目。

【例 2-113】 2×19 年 4 月 30 日，某非营利组织本月无形资产的摊销额为 1 200 元。

借：管理费用　　1 200

　　贷：无形资产　　1 200

2.7.6 无形资产的期末计价及其账务处理

1. 无形资产的期末计价

由于在一般情况下非营利组织的无形资产发生减值的可能性比较小，因此在会计期末无形资产通常不必计提减值准备。但如果无形资产发生了重大减值，应当对无形资产的可收回金额进行估计，并根据该无形资产的可收回金额低于账面价值的部分，计提减值准备，确认减值损失，并将所确认的减值损失计入当期费用。

非营利组织无形资产发生重大减值的情况主要包括：

（1）无形资产被其他新技术所替代，使其为非营利组织创造经济利益或者提供服务潜力的能力受到重大不利影响；

（2）无形资产的市价在当期发生大幅下跌，在剩余摊销年限内预期不会恢复；

（3）其他足以表明无形资产的可收回金额已经严重低于账面价值的情况。

2. 无形资产的期末账务处理

（1）期末，非营利组织所持有的无形资产的可收回金额大大低于账面价值时，应按其差额：

借：管理费用——无形资产减值损失

　　贷：无形资产减值准备

(2) 期末,如已计提减值准备的无形资产价值的又得以恢复,应在已计提减值准备的范围内转回:

借:无形资产减值准备
　　贷:管理费用——无形资产减值损失

特别提示 2-4

减值后无形资产的摊销问题

需要说明的是,如果无形资产计提了减值准备,那么无形资产的摊销也需要作相应的调整。非营利组织应当根据无形资产账面余额减去计提的减值准备后的余额在剩余年限内进行摊销。

【例 2-114】 2×19 年 5 月 31 日,某非营利组织的 A 专利权账面价值为 50 000 元,可收回金额为 36 000 元。

借:管理费用——无形资产减值损失	14 000	
贷:无形资产减值准备		14 000

2.7.7 无形资产的处置

1. 无形资产处置的相关规定

《民间非营利组织会计制度》规定,非营利组织处置无形资产,应当将实际取得的价款与该项无形资产的账面价值之间的差额,计入当期收入或者费用。在账务处理时,应当按照实际取得的价款,借记"银行存款"等科目,按照该项无形资产的账面余额,贷记"无形资产"科目,如果取得的价款大于无形资产的账面余额,应当按照其差额,贷记"其他收入"科目;如果取得的价款小于无形资产的账面余额,应当按照其差额,借记"其他费用"科目。

2. 无形资产处置的账务处理

出售或以其他方式处置无形资产,按照实际取得的价款,借记"银行存款"等科目,按照该项无形资产的账面余额,贷记"无形资产"科目,如已计提了减值准备,则借记"无形资产减值准备",按照其差额,贷记"其他收入"科目或借记"其他费用"科目。

【例 2-115】 2×19 年 5 月 22 日,某非营利组织出售一项专利技术,该无形资产的账面余额为 46 200 元,售价 65 000 元。

借:银行存款	65 000	
贷:无形资产		46 200
其他收入		18 800

2.8 受托代理资产的核算

2.8.1 受托代理资产

受托代理资产是指非营利组织因从事受托代理交易而从委托方取得的资产。在受托代理交易过程中，非营利组织通常只是从委托方收到受托资产，并按照委托人的意愿将资产转赠给指定的其他组织或者个人，或者按照有关规定将资产转交给指定的其他组织或者个人，非营利组织本身只是在交易过程中起中介作用。无权改变受托代理资产的用途或者变更受益人。

非营利组织应当对受托代理资产比照接受捐赠资产的原则进行确认和计量，但在确认一项受托代理资产时，应当同时确认一项受托代理负债。

2.8.2 账户设置

设置“受托代理资产”账户，本账户核算非营利组织接受委托方委托，从事受托代理业务而收到的资产。收到受托代理资产时，借记“受托代理资产”科目，转赠或者转出时，贷记“受托代理资产”科目。期末余额在借方，反映非营利组织期末尚未转出的受托代理资产价值。

非营利组织应当设置“受托代理资产登记簿”，并根据具体情况设置明细账，进行明细核算。

非营利组织受托代理资产的确认和计量比照接受捐赠资产的确认和计量原则处理。

2.8.3 受托代理资产的主要账务处理

1. 取得受托代理资产

收到受托代理资产时，按照应确认的入账金额，借记“受托代理资产”科目，贷记“受托代理负债”科目。

【例2-116】 2×19年5月29日，某非营利组织接受会员委托，受托代理一项资产，确认价值170 000元。

借：受托代理资产	170 000	
贷：受托代理负债		170 000

2. 转赠或者转出受托代理资产

按照转出受托代理资产的账面余额，借记“受托代理负债”科目，贷记“受托代理资产”科目。

【例2-117】 接[例2-116]，2×19年6月7日，某非营利组织将上述受托资产转给专业受托公司经营。

借：受托代理负债	170 000	
贷：受托代理资产		170 000

3. 其他情况

非营利组织收到的受托代理资产如果为现金、银行存款或其他货币资金，可以不通过本账户核算，而在“现金”“银行存款”“其他货币资金”账户下设置“受托代理资产”明细账户进行核算。

(1) 在取得这些受托代理资产时：

借：现金/银行存款/其他货币资金——受托代理资产

　　贷：受托代理负债

（2）在转赠或者转出受托代理资产时：

借：受托代理负债
　　贷：现金/银行存款/其他货币资金——受托代理资产

【例 2-118】 2×19 年 6 月 22 日，某动物保护组织的银行账户收到一笔款项，为国际机构的受托代理资金 800 000 元，用于保护大熊猫。

借：银行存款——受托代理资产　　800 000
　　贷：受托代理负债　　800 000

【例 2-119】 接[例 2-118]，2×19 年 6 月 23 日，该动物保护组织向某动物饲养基地转赠国际机构的受托代理资产 200 000 元。

借：受托代理负债　　200 000
　　贷：银行存款——受托代理资产　　200 000

2.9 待摊费用的核算

2.9.1 待摊费用

待摊费用是指非营利组织已经支出，但应当由本期和以后各期分别负担的、分摊期在 1 年以内(含 1 年)的各项费用，如预付保险费、预付租金等。

非营利组织的待摊费用应当按照其受益期限在 1 年内分期平均摊销，计入当期费用。如果某项待摊费用已经不能使非营利组织受益，应当将其摊余价值一次全部转入当期费用。

知识拓展 2-7

《企业会计准则》已取消“待摊费用”科目。

2.9.2 账户设置

设置“待摊费用”账户，本账户应当按照摊销费用种类设置明细账，进行明细核算。本账户期末余额在借方，反映非营利组织各种已支付但尚未摊销的费用。

2.9.3 待摊费用的主要账务处理

1. 发生待摊费用

发生待摊费用，如预付保险费、预付租金时，借记“待摊费用”科目，贷记“现金”“银行存款”等科目。

【例 2-120】 某非营利组织租赁一处办公场所，2×19 年 7 月 1 日支付租金 30 000 元，租期为 5 个月。

借：待摊费用　　30 000
　　贷：银行存款　　30 000

2. 待摊费用的摊销

待摊费用按照受益期限分期平均摊销时，借记“管理费用”等科目，贷记“待摊费用”科目。

【例2-121】 接[例2-120]，2×19年7月31日，摊销当月应负担的租金。

借：管理费用　　6 000

　　贷：待摊费用　　6 000

重要概念

货币资金　对外投资　应收及预付款项　存货　固定资产　文物文化资产　无形资产　受托代理资产　待摊费用

本章练习

单选题

1. 非营利组织一般账户的存款利息，应记入(　　)科目。

A. “财务费用”　　B. “管理费用”

C. “筹资费用”(借方)　　D. “筹资费用”(贷方)

2. 非营利组织应收的现金股利，应记入(　　)科目。

A. “应收账款”　　B. “应收股利”

C. “其他应收款”　　D. “应收利息”

3. 计提长期投资减值准备，应借记入(　　)科目。

A. “管理费用”　　B. “资产减值损失”

C. “业务活动成本”　　D. “财务费用”

4. 非营利组织发生的贴现息，应记入(　　)科目。

A. “筹资费用”　　B. “管理费用”

C. “财务费用”　　D. “业务活动成本”

5. 非营利组织持有的商业承兑汇票，到期款项无法收回，应将其转入(　　)科目。

A. “其他应收款”　　B. “短期借款”

C. “应收账款”　　D. “应收票据”

业务题

1. 某非营利组织在实地盘点固定资产过程中，盘盈一台设备，公允价值为3 000元。

2. 某非营利组织接受一项专利权的捐赠，市值50 000元。

3. 某非营利组织当月无形资产摊销额为2 300元。

4. 某非营利组织接受了一项文物文化资产的捐赠，价值90 000元。

5. 某非营利组织当月计提建造厂房支付给工人的工资60 000元。

第 3 章　负债的核算

内容提要

本章主要讲解非营利组织流动负债和非流动负债的核算，具体包括短期借款、应付票据、应付账款、预收账款、应付工资、应交税金、其他应付款、预提费用、预计负债、受托代理负债、长期借款、长期应付款的核算。

重点难点

本章重点为非营利组织短期借款、应付票据、应付账款、预收账款、应付工资、应交税金、其他应付款的核算；难点为长期借款、长期应付款、预计负债的核算。

学习目标

通过本章学习，学生应掌握非营利组织各项负债有关会计账户的设置及其核算业务，特别是短期借款、应付票据、应付账款、预收账款、应付工资、其他应付款、应交税金的核算；明确长期借款、长期应付款、预计负债核算的业务内容；了解非营利组织长期借款、长期应付款、预计负债的核算方法。

知识框架

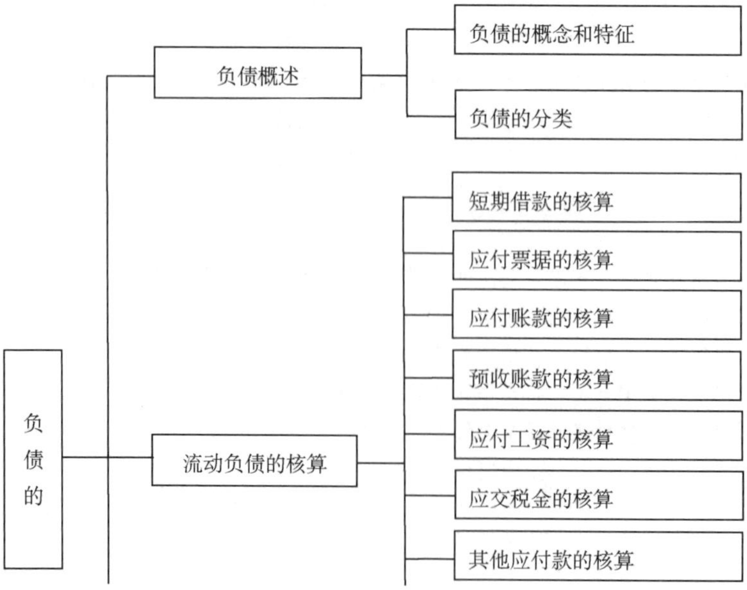

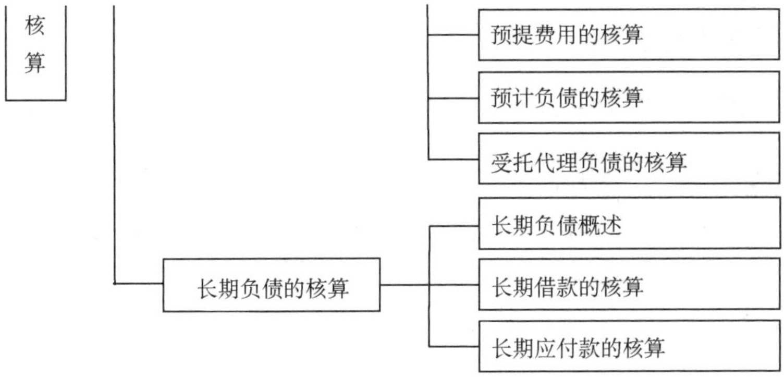

引入案例

在核算负债业务中，有哪些科目与《企业会计准则》不一致

负债包括借入款项、应付及预收款项和其他负债，在非营利组织负债核算的过程中，有哪些会计科目的运用与《企业会计准则》不一致呢？

3.1 负 债 概 述

3.1.1 负债的概念和特征

1. 负债的含义

负债是指过去的交易或事项形成的现时义务，履行该义务预期会导致含有经济利益或服务潜力的资源流出非营利组织。

2. 负债的特征

负债应当同时具备以下特征。

(1) 负债是非营利组织承担的现时义务。也就是说，负债作为非营利组织的一种义务，是由非营利组织过去的交易或事项形成的现在已承担的义务。例如，银行借款是非营利组织接受了银行贷款而形成的需要支付给贷款行本息的现实义务；非营利组织涉入诉讼案件并很可能败诉、需要赔偿时，就表明非营利组织承担了现时义务。

(2) 负债的清偿预期会导致含有经济利益或者服务潜力的资源流出非营利组织。清偿负债预期会导致含有经济利益或服务潜力的资源流出非营利组织，也就是说，负债的清偿将导致非营利组织资产的减少。如用现金偿还或以实物资产偿还负债等，会导致非营利组织含有经济利益或者服务潜力的资源流出非营利组织。

(3) 负债是由过去的交易或事项形成的。作为现时义务，负债是过去已经发生的交易或事项所产生的结果。只有过去发生的交易或事项才能增加或减少非营利组织的负债，不能根据谈判中的交易或事项或计划中的经济业务来确认负债。例如，已经发生的银行借款行为会形成非营利组织的负债，而计划中的银行借款行为则不会形成非营利组织的负债。

3.1.2 负债的分类

负债通常按照流动性进行分类。非营利组织的负债可以分为流动负债、长期负债和受托代理负债。

1. 流动负债

流动负债是指将在1年内(含1年)偿还的负债,包括短期借款、应付款项、应付工资、应交税金、预收账款、预提费用和预计负债等。

2. 长期负债

长期负债是指偿还期限在1年以上(不含1年)的负债,包括长期借款、长期应付款和其他长期负债等。

3. 受托代理负债

受托代理负债是非营利组织的一类特殊负债,是指非营利组织因从事受托代理业务、接受受托代理资产而产生的负债。非营利组织对受托代理负债应当按照相对应的受托代理资产的金额予以确认和计量。

3.2 流动负债的核算

3.2.1 短期借款的核算

1. 短期借款概述

1) 短期借款的概念

短期借款是指非营利组织向银行或其他金融机构等借入的期限在1年以下(含1年)的各种借款。

2) 短期借款的特征

(1) 短期借款的债权人包括银行、非银行金融机构等。

(2) 借款期限较短,一般为1年以下(含1年)。

(3) 归还短期借款时,不仅要归还借款本金,还需根据货币的时间价值支付借款利息。

2. 账户设置

为了核算和监督非营利组织向金融机构筹集短期资金的借入、归还等情况,应设置"短期借款"账户。该账户属于负债类结算账户,借方登记归还或豁免的短期借款本金,贷方登记借入的短期借款本金。期末余额在贷方,反映非营利组织尚未偿还的短期借款的本金。

本账户应当按照债权人设置明细账,并按照借款种类及期限等进行明细核算。

3. 短期借款的主要账务处理

短期借款的主要账务处理如下。

(1) 借入各种短期借款时,按照实际借得的金额,借记"银行存款"科目,贷记"短期借款"科目。

(2) 发生短期借款利息时,借记"筹资费用"科目,贷记"预提费用""银行存款"等科目。

① 如果短期借款的利息是按季度或半年度支付的,或者利息是在借款到期时连同本金一并归还,并且利息金额较大,为了正确地计算各期的损益,可以采用预提的办法,按月预提

计入费用，借记“筹资费用”科目，贷记“预提费用”科目。

借：筹资费用
　　贷：预提费用

② 如果短期借款的利息是按月支付的，或者利息是在借款到期时连同本金一并归还但是数额不大的，可以不采用预提的方法，在实际支付时按照实际支付的利息，借记“筹资费用”科目，贷记“银行存款”科目。

借：筹资费用
　　贷：银行存款

（3）偿还短期借款时：

① 如果按月计提利息，按归还的短期借款本金，借记“短期借款”科目，按照已预提的利息，借记“预提费用”科目，按照当月发生的利息费用，借记“筹资费用”科目，按照偿付的本金和利息，贷记“银行存款”科目。

借：短期借款（本金）
　　预提费用（已预提的利息）
　　筹资费用（到期当月的利息）
　　贷：银行存款

② 如果不采用预提利息的方法核算短期借款利息，按归还的短期借款本金，借记“短期借款”科目，按照支付的利息，借记“筹资费用”科目，按照偿付的本金和利息，贷记“银行存款”科目。

借：短期借款（本金）
　　筹资费用（利息）
　　贷：银行存款

【例3-1】 2×19年3月1日，某非营利组织向银行借入1年期短期借款200 000元，年利率6%，每月支付利息，到期还本。

① 借入短期借款时：

借：银行存款　　200 000
　　贷：短期借款　　200 000

② 每月支付利息时：

借：筹资费用（200 000×6%÷12）　　1 000
　　贷：银行存款　　1 000

③ 到期还本及同时支付最后一期利息时：

借：短期借款　　200 000
　　筹资费用　　1 000
　　贷：银行存款　　201 000

【分析】 本题中如果每月的利息需先计提，后支付，则：

① 每月计提利息时：

借：筹资费用（200 000×6%÷12）　　1 000
　　贷：预提费用　　1 000

② 实际支付时：

借：预提费用　　1 000
　　贷：银行存款　　1 000

知识拓展 3-1

企业会计准则关于短期借款利息费用的会计处理

企业因短期借款产生的利息费用，应作为财务费用，计入当期损益。

如果利息金额较小，为了简化核算，可于实际支付利息的月份，将其全部计入当期损益，借记“财务费用”科目，贷记“银行存款”科目。

如果利息金额较大，按季支付，则根据权责发生制的要求，企业应于每月月末按照合同协议规定的利率计提短期借款利息，借记“财务费用”科目，贷记“应付利息”科目。

3.2.2　应付票据的核算

1. 应付票据概述

1）应付票据的概念

应付票据是指非营利组织购买材料、商品和接受服务供应等开出、承兑的商业汇票，包括银行承兑汇票和商业承兑汇票。我国商业汇票的付款期限最长不超过 6 个月。因此，会计上将应付票据归于流动负债进行管理和核算。

2）应付票据的分类

(1) 按承兑人分类。应付票据按承兑人可以分为商业承兑汇票和银行承兑汇票。两者的区别在于商业承兑汇票的承兑人即为付款人，银行承兑汇票的承兑人为银行。银行承兑只是为收款人按期收回债权提供了可靠的信用保证，对付款人来说，不会由于银行承兑而使这项负债消失。因此，即使是由银行承兑的商业汇票，付款人到期付款的现时义务依然存在，应将其作为一项负债。

(2) 按是否带息分类。应付票据按照是否带息分为带息应付票据和不带息应付票据两类。不带息应付票据到期时，仅按票面价值支付。带息应付票据到期时，不仅要支付票面价值，还要按票面利率支付利息。

2. 账户设置

非营利组织应设置“应付票据”账户核算应付票据。开出票据时，贷记“应付票据”科目，承兑票据时，借记“应付票据”科目，本账户期末余额在贷方，反映非营利组织持有的尚未到期的应付票据本息。

非营利组织应当设置“应付票据备查簿”，详细登记每一应付票据的种类、号数、签发日期、到期日、票面金额、票面利率、合同交易号、收款人姓名或单位名称，以及付款日期和金额等资料。应付票据到期结清时，应当在备查簿内逐笔注销。

3. 应付票据的主要账务处理

1）开出商业汇票

(1) 因购买材料、商品和接受服务供应等开出、承兑商业汇票时，借记“存货”等科目，贷记“应付票据”科目。

借：存货等

　　贷：应付票据

【例3-2】 2×19年3月25日，某非营利组织从昌盛公司购买材料一批，价款80 000元，开出一张3个月期的银行承兑汇票。

借：存货　　80 000

　　贷：应付票据——昌盛公司　　80 000

（2）支付银行承兑汇票的手续费。支付银行承兑汇票的手续费时，借记“筹资费用”科目，贷记“银行存款”科目。

借：筹资费用

　　贷：银行存款

【例3-3】 接[例3-2]，开具银行承兑汇票时，支付手续费50元，直接从银行账户划出。

借：筹资费用　　50

　　贷：银行存款　　50

相关思考3-1

企业会计准则要求支付的商业汇票的手续费记入哪个科目

企业会计准则要求，支付的开具商业汇票的手续费，应记入“财务费用”科目。

（3）以商业汇票抵付应付账款。非营利组织开出商业汇票抵付应付账款时，借记“应付账款”科目，贷记“应付票据”科目。

借：应付账款

　　贷：应付票据

【例3-4】 2×19年4月23日，某非营利组织以一张3个月期、金额为100 000元的银行承兑汇票抵付华中公司的应付账款。

借：应付账款——华中公司　　100 000

　　贷：应付票据——华中公司　　100 000

2）带息应付票据计息

如果为带息应付票据，应当在期末或到期时计算应付利息，借记“筹资费用”科目，贷记“应付票据”科目。

到期不能支付的带息应付票据，转入“应付账款”科目核算后，期末时不再计提利息。

【例3-5】 2×19年7月31日，某非营利组织对开给华美公司的带息应付票据计算当月利息，面值为100 000元，期限为6年，年利率为6%。

借：筹资费用（100 000×6%÷12）　　500

　　贷：应付票据——华美公司　　500

3）应付票据到期

应付票据到期时，应当分情况处理：

（1）正常付款。非营利组织能够如期偿付票款。如果应付票据为不带息票据，则在票据到期支付，收到银行支付到期票据的付款通知时，按照票据面值，借记“应付票据”科目，贷记“银行存款”科目。如果应付票据为带息票据，票据到期支付本息时，按票据账面余额，借记“应付票据”科目，按未计的利息，借记“筹资费用”科目，按实际支付的金额，贷记“银行存款”科目。

【例 3-6】 接[例 3-4]，2×19 年 7 月 23 日，票据到期，收到银行支付到期票据的付款通知书，从银行存款中支付应付票据 100 000 元。

借：应付票据——华中公司　　100 000
　　贷：银行存款　　100 000

（2）如无力支付票款，需要根据票据的种类分别处理。

① 如果应付票据为商业承兑汇票。非营利组织应当将到期无力支付的商业承兑汇票从“应付票据”科目转入“应付账款”科目。如果商业承兑汇票为不带息票据，则按照票据面值转入“应付账款”科目；如果为带息票据，则按票据账面余额，借记“应付票据”科目，按未计的利息，借记“筹资费用”科目，按票据账面余额与未计利息之和，贷记“应付账款”科目。

② 如果应付票据为银行承兑汇票。在非营利组织到期无力支付银行承兑汇票的情况下，承兑银行除了凭票向持票人（即收款人）无条件付款外，对非营利组织尚未支付的票据金额转作逾期贷款处理并按天计收利息。非营利组织在收到银行转来的相关凭证时，应当将银行承兑汇票从“应付票据”转入“短期借款”科目。如果银行承兑汇票为不带息票据，则按照票据面值转入“短期借款”科目；如果为带息票据，则按票据账面余额，借记“应付票据”科目，按未计的利息，借记“筹资费用”科目，按票据账面余额与未计利息之和，贷记“短期借款”科目。对“应付票据”转入“短期借款”后计收的利息，按短期借款利息的处理办法进行会计处理。

【例 3-7】 2×19 年 6 月 28 日，某非营利组织曾开给东海公司的 150 000 元商业承兑汇票到期，企业银行余额不足，无力支付。

借：应付票据——东海公司　　150 000
　　贷：应付账款——东海公司　　150 000

3.2.3　应付账款的核算

1. 应付账款的概念

应付账款是非营利组织因购买材料、商品和接受服务供应等而应付给供应单位的款项。从应付账款的概念可以看出，应付账款与非营利组织购买存货、固定资产、文物文化资产等物资和接受服务供应相关，是由于取得物资或接受服务与支付货款在时间上的不一致而产生的负债。

2. 账户设置

为了核算和监督应付账款的发生、偿还及转销情况，非营利组织应设置“应付账款”账户。该账户属于负债类账户，借方登记应付账款的偿还和转销额，贷方登记应付账款的发生额。余额在贷方，反映非营利组织尚未支付的应付账款。该账户应按债权人（货物或服务的供应单位或个人）设置明细账户，进行明细核算。

3. 应付账款的入账时间

（1）非营利组织因购买材料、商品而发生应付账款时，应当根据具体情况来判断应付账款的入账时间。

① 在物资和发票账单同时到达的情况下，如果物资验收入库后仍未付款的，按发票账单登记入账。按发票账单登记入账主要是为了确认所购入的物资是否在质量、数量和品种上都与合同上列明的条件相符，以免因先入账而在验收入库时发现购入物资错、漏、破损等问题再进行调账。

② 在物资和发票账单不是同时到达的情况下，如果发票账单已到，物资未到，则按照发票账单登记入账（未能及时支付货款）；如果物资已到，发票账单未到，也无法确定实际成本，在月度终了时需要按照所购物资和应付债务估计入账。

（2）非营利组织因接受服务供应而发生应付账款时，应当在接受服务已发生并收到服务供应方开具的发票账单时确认应付账款和有关成本费用。

4. 应付账款的入账金额

应付账款一般按应付金额入账，而不按到期应付金额的现值入账。

（1）非营利组织在购买材料、商品发生应付账款时，按照采购成本（一般包括实际支付的采购价格、相关税费、运输费、装卸费、保险费以及其他可直接归属于存货采购的费用），借记“存货”科目，贷记“应付账款”科目。

（2）非营利组织在外购固定资产或文物文化资产发生应付账款时，按照实际支付的买价、相关税费以及为使固定资产或文物文化资产达到预定可使用状态前发生的可直接归属于该固定资产或文化文物资产的其他支出（如运输费、安装费等），借记“固定资产”或“文物文化资产”科目，贷记“应付账款”科目。

（3）非营利组织在接受服务发生应付账款时，根据服务供应单位的发票账单，借记“业务活动成本”“存货——生产成本”“管理费用”等科目，贷记“应付账款”科目。

（4）在非营利组织发生的应付账款带有现金折扣的情况下，应付账款入账金额为发票上记载的应付金额的总值（即不扣除折扣的金额）。应付账款入账时，按发票上记载的应付总金额，借记“存货”“管理费用”等科目，贷记“应付账款”科目。

5. 应付账款的主要账务处理

应付账款的主要账务处理如下。

（1）发生应付账款时，按照应付未付金额，借记“存货”“管理费用”“业务活动成本”等科目，贷记“应付账款”科目。

【例3-8】 2×19年7月28日，某宗教组织从兴业公司赊购存货一批，价款40 000元。

借：存货	40 000	
贷：应付账款——兴业公司		40 000

（2）偿付应付账款时，借记“应付账款”科目，贷记“银行存款”等科目。

【例3-9】 接[例3-8]，2×19年8月6日，某宗教组织开出一张银行支票，支付兴业公司的赊购款40 000元。

借：应付账款——兴业公司　　40 000
　　贷：银行存款　　40 000

（3）开出、承兑商业汇票抵付应付账款时，借记“应付账款”科目，贷记“应付票据”科目。

【例 3-10】 接[例 3-8]，2×19 年 8 月 6 日，某宗教组织开出一张银行承兑汇票，抵付兴业公司的赊购款 40 000 元。

借：应付账款——兴业公司　　40 000
　　贷：应付票据——兴业公司　　40 000

（4）确实无法支付或由其他单位承担应付账款时，借记“应付账款”科目，贷记“其他收入”科目。

【例 3-11】 接[例 3-8]，2×19 年 8 月 6 日，兴业公司免除了某宗教组织的赊购款 40 000 元。

借：应付账款——兴业公司　　40 000
　　贷：其他收入　　40 000

3.2.4 预收账款的核算

1. 预收账款的概念

预收账款是指非营利组织向服务和商品购买单位预收的各种款项。由于预收账款的期限较短，因此将其列入流动负债项目核算。

2. 账户设置

非营利组织为了核算其向服务和商品购买单位预收的各种款项，应当设置“预收账款”账户。本账户应当按照购货单位设置明细账，进行明细核算。本账户期末余额在贷方，反映非营利组织向购货单位预收的款项。

如果非营利组织预收账款业务不多，也可以不设置“预收账款”账户，而将预收的款项直接记入“应收账款”账户的贷方。如果非营利组织预收账款业务比较多，可以设置“预收账款”账户。

3. 预收账款的主要账务处理

预收账款的主要账务处理如下。

（1）向购货单位预收款项时，按照实际预收的金额，借记“银行存款”等科目，贷记“预收账款”科目。

【例 3-12】 2×19 年 6 月 8 日，某宗教组织受邀为天宇公司大楼封顶提供宗教服务，按合同规定，预收服务费 30 000 元，以银行存款收讫。

借：银行存款　　30 000
　　贷：预收账款——天宇公司　　30 000

（2）预收账款结转的账务处理。确认收入时，按照本账户账面余额，借记“预收账款”科目，按照应确认的收入金额，贷记“提供服务收入”或“商品销售收入”等科目，按照补付或退回的款项，借记或贷记“银行存款”等科目。

根据收入是否受到限制，在收入科目下设置“限定性收入”和“非限定性收入”明细科目。如果与预收账款对应的收入受到限制，在结转预收账款时，应当借记“预收账款”科目，贷记“提供服务收入——限定性收入”或“商品销售收入——限定性收入”等科目。

如果与预收账款对应的收入不受限制，在结转预收账款时，应当借记“预收账款”科目，贷记“提供服务收入——非限定性收入”或“商品销售收入——非限定性收入”等科目。

确认收入时，按照本账户账面余额，借记“预收账款”账户，按照应确认的收入金额，贷记“商品销售收入”等科目，按照补付或退回的款项，借记或贷记“银行存款”等账户。

【例 3-13】 接[例 3-12]，宗教服务完成，收入属于非限定性收入。天宇公司补付余款 20 000 元，以银行存款收讫。

借：银行存款	20 000	
预收账款——天宇公司	30 000	
贷：提供服务收入——非限定性收入		50 000

3.2.5　应付工资的核算

1. 应付工资概念

《民间非营利组织会计制度》规定，应付工资是指非营利组织应付未付的员工工资总额。工资总额包括各种工资、奖金、津贴等。

非营利组织应当按照相关规定，根据考勤记录、工时记录、工资标准等，编制“工资单”，计算各种工资，并应当将“工资单”进行汇总，编制“工资汇总表”。

2. 账户设置

非营利组织应设置“应付工资”账户以核算应付工资。包括在工资总额内的各种工资、奖金、津贴等，不论是否在当月支付，都应当通过本账户核算。非营利组织应当设置“应付工资明细账”，按照职工类别分设账页，按照工资的组成内容分设专栏，根据“工资单”或“工资汇总表”进行登记。

本账户期末贷方余额反映尚未支付的工资余额。

3. 应付工资的主要账务处理

应付工资的主要账务处理如下。

1）期末将本期应付工资进行分配

（1）行政管理人员的工资，借记“管理费用”科目，贷记“应付工资”科目。

（2）应当计入各项业务活动成本的人员工资，借记“业务活动成本”“存货——生产成本”科目，贷记“应付工资”科目。

（3）应当由在建工程负担的人员工资，借记“在建工程”等科目，贷记“应付工资”科目。

【例 3-14】 2×19 年 6 月 30 日，某非营利组织计算分配本月应付工资共 80 000 元，其中行政管理人员的工资 45 000 元，在建工程建设人员的工资 15 000 元，本月从事濒危动物保护活动人员的工资 20 000 元。

借：管理费用	45 000	
在建工程	15 000	
业务活动成本	20 000	
贷：应付工资		80 000

2）支付工资

支付工资时，借记“应付工资”科目，贷记“现金”“银行存款”等科目。从应付工资中扣还的各种款项(如代垫的房租、家属药费、个人所得税等),借记"应付工资"科目,贷记"其他应收款""应交税金"等科目。

【例3-15】 接[例3-14],2×19年7月12日,以银行存款支付工资,其中代扣个人所得税980元。

借:应付工资	80 000	
贷:银行存款		79 020
应交税金——应交个人所得税		980

【例3-16】 某非营利组织2×19年7月的应付员工工资为100 000元,均为行政管理人员工资,非营利组织为其员工预扣预缴个人所得税5 000元。非营利组织当月负担的员工社会保险费共计30 000元、当月负担的员工住房公积金为10 000元;员工个人负担的社会保险费为17 000元、住房公积金为10 000元,员工负担的部分由非营利组织从员工工资中扣除,并代为缴纳。8月份,非营利组织支付了员工工资,该非营利组织有关应付工资的会计处理为:

① 将2×19年7月的应付员工工资进行分配。

借:管理费用	100 000	
贷:应付工资		100 000
借:应付工资	5 000	
贷:应交税金——应交个人所得税		5 000

② 记录非营利组织负担和员工个人负担的社会保险费和住房公积金,该非营利组织负担的员工社会保险费和住房公积金作为非营利组织当月的管理费用,员工个人负担的社会保险和住房公积金从职工工资中扣除。

借:管理费用(30 000+10 000)	40 000	
其他应收款(17 000+10 000)	27 000	
贷:其他应付款——社会保险费(30 000+17 000)		47 000
——住房公积金(10 000+10 000)		20 000
借:应付工资	27 000	
贷:其他应收款(17 000+10 000)		27 000

③ 8月份,非营利组织支付职工工资68 000元。

借:应付工资(10 0000-5 000-27 000)	68 000	
贷:银行存款		68 000

④ 缴纳代扣的个人所得税。

借:应交税金——应交个人所得税	5 000	
贷:银行存款		5 000

⑤ 缴纳非营利组织负担及个人负担的社会保险费和住房公积金。

借:其他应付款——社会保险费	47 000	
——住房公积金	20 000	
贷:银行存款		67 000

3.2.6 应交税金的核算

1. 应交税金概述

非营利组织因其非营利性质，根据国家现行税法的有关规定可以享受一些税收优惠。但非营利组织也可能发生应税行为，并需要按照税法的规定缴纳相关税金，因此需要进行应交税金的核算。

应交税金是指非营利组织按照有关国家税法规定应当缴纳的各种税费，如增值税、所得税、房产税和个人所得税等。非营利组织应当依法纳税，并进行相应的账务处理。

2. 账户设置

非营利组织应设置"应交税金"账户以核算应交税金。非营利组织应当根据具体情况，设置明细账户，进行明细核算。该账户属于负债类结算账户，借方登记各种税费的缴纳和抵扣额，贷方登记各种税费的计提和转增额。本账户期末余额如在贷方，反映非营利组织尚未缴纳的税费；期末余额如在借方，反映非营利组织多缴或尚未抵扣的税费。

3. 应交税金的主要账务处理

1）增值税

增值税是以单位和个人生产经营过程中取得的增值额为课税对象征收的一种税。按照我国增值税法的规定，增值税是对在我国境内销售货物或者加工、修理修配劳务(以下简称劳务)，销售服务、无形资产、不动产以及进口货物的单位和个人，以其销售货物、劳务、服务、无形资产、不动产的增值额和货物进口金额为计税依据而课征的一种流转税。

如果非营利组织按照税法的规定需要缴纳增值税，则应在发生增值税的纳税义务时，依法纳税并进行相应的账务处理。根据现行增值税暂行条例实施细则的有关规定，年应税销售额超过小规模纳税人标准的个人、非企业性单位和不经常发生应税行为的企业，视同小规模纳税人纳税。因此，非营利组织如果发生增值税纳税义务通常被认定为小规模纳税人。当被认定为小规模纳税人的非营利组织发生应税业务时，应当按照小规模纳税人的核算办法计算应交增值税额。

在会计处理时，非营利组织缴纳的增值税通过"应交税金——应交增值税"账户核算。非营利组织收到先征后返的增值税，应于实际收到时，计入政府补助收入。一般情况下，增值税返还属于非限定性收入。因此，非营利组织在实际收到返还的税款时，借记"银行存款"科目，贷记"政府补助收入——非限定性收入"科目。如果受到限制，则借记"银行存款"科目，贷记"政府补助收入——限定性收入"科目。

【例 3-17】 某非营利组织为小规模纳税人，2×19 年 6 月 3 日对外销售一批产品，价款 10 000 元，增值税 300 元，货款以银行存款收讫，收入为非限定性收入。该批产品的成本为 9 000 元。

借：银行存款	10 300	
贷：商品销售收入——非限定性收入		10 000
应交税金——应交增值税		300

借：业务活动成本——商品销售成本	9 000	
贷：存货		9 000

【例 3-18】 某非营利组织为小规模纳税人，2×19 年 7 月 8 日缴纳增值税 3 600 元。

借：应交税金——应交增值税　　3 600
　　贷：银行存款　　3 600

【例 3-19】 2×19 年 7 月 16 日，某非营利组织收到增值税退税 8 900 元，退税可用于符合该非营利组织宗旨的各项活动，不受特定时间或用途的限制。

借：银行存款　　8 900
　　贷：政府补助收入——非限定性收入　　8 900

2）所得税

如果发生了所得税纳税义务时，按照应缴纳的所得税，借记“其他费用”科目，贷记“应交税金”科目。缴纳所得税时，借记“应交税金”科目，贷记“银行存款”科目。

【例 3-20】 年末，某非营利组织计算应交所得税 4 300 元。

借：其他费用　　4 300
　　贷：应交税金——应交所得税　　4 300

【例 3-21】 接[例 3-20]，实际缴纳所得税 4 300 元时。

借：应交税金——应交所得税　　4 300
　　贷：银行存款　　4 300

3）个人所得税

如果发生个人所得税纳税义务，按照规定计算应预扣预缴的个人所得税，借记“应付工资”等科目，贷记“应交税金——应交个人所得税”科目。缴纳个人所得税时，借记“应交税金”科目，贷记“银行存款”科目。

【例 3-22】 某非营利组织计算当月应交个人所得税 2 700 元。

借：应付工资　　2 700
　　贷：应交税金——应交个人所得税　　2 700

【例 3-23】 接[例 3-22]，某非营利组织实际缴纳个人所得税 2 700 元。

借：应交税金——应交个人所得税　　2 700
　　贷：银行存款　　2 700

3.2.7 其他应付款的核算

1. 其他应付款的概念

其他应付款是指非营利组织应付、暂收其他单位或个人的款项。非营利组织除了应付票据、应付账款、应付工资、应交税金外，还会发生一些应付、暂收其他单位或个人的款项，如应付经营租入固定资产的租金等，这些应付、暂收款项也构成了非营利组织的一项流动负债，在“其他应付款”账户中核算。

2. 账户设置

非营利组织应设置“其他应付款”账户以核算其他应付款。本账户应当按照应付和暂收款项的类别和单位或个人设置明细账，进行明细核算。本账户期末余额在贷方，反映尚未支付的其他应付款项。

3. 其他应付款的主要账务处理

(1) 发生时。发生的各项应付、暂收款项,借记“银行存款”“管理费用”“其他活动成本”等科目,贷记“其他应付款”科目。

【例3-24】 2×19年7月1日,某非营利组织从中兴公司租入场地用于业务活动,租金为3 500元,款未付。

借:业务活动成本　　3 500
　贷:其他应付款——中兴公司　　3 500

(2) 支付款项时。支付款项时,借记“其他应付款”科目,贷记“银行存款”等科目。

【例3-25】 接[例3-24],2×19年7月3日,开出转账支票,支付中兴公司场地租金3 500元。

借:其他应付款——中兴公司　　3 500
　贷:银行存款　　3 500

3.2.8 预提费用的核算

1. 预提费用的概念

预提费用是指非营利组织按照规定预先提取的已经发生但尚未支付的费用,如预提的租金、保险费、借款利息等。

2. 账户设置

非营利组织应设置“预提费用”账户以核算预提费用。本账户应当按照费用种类设置明细账,进行明细核算。本账户期末余额在贷方,反映非营利组织已预提但尚未支付的各项费用。

3. 预提费用的主要账务处理

预提费用的主要账务处理如下。

(1) 预提时。按照规定预提计入本期费用时,借记“筹资费用”“管理费用”等科目,贷记“预提费用”科目。

【例3-26】 2×19年4月1日,某非营利组织从兴业银行借入3个月期的短期借款100 000元,用于日常业务活动,年利率6%,到期一次还本付息。

借:银行存款　　100 000
　贷:短期借款——兴业银行　　100 000

【例3-27】 接[例3-26],2×19年4月30日,预提利息。

借:业务活动成本(100 000×6%÷12)　　500
　贷:预提费用　　500

(2) 实际支付时。借记“预提费用”科目,贷记“银行存款”等科目。

【例3-28】 接[例3-26],2×19年7月1日,短期借款到时,还本付息。

借:预提费用(100 000×6%÷12×3)　　1 500
　短期借款——兴业银行　　100 000
　贷:银行存款(100 000+1 500)　　101 500

3.2.9 预计负债的核算

1. 预计负债的概念

预计负债是指非营利组织因或有事项所产生的现时义务而确认的负债，包括因对外提供担保、商业承兑票据贴现、未决诉讼等确认的负债。

2. 账户设置

非营利组织应设置“预计负债”账户以核算预计负债。本账户应当按照预计负债项目设置明细账，进行明细核算。本账户期末余额在贷方，反映非营利组织已预计尚未支付的债务。

3. 预计负债的主要账务处理

（1）确认预计负债时，按照应确认的预计负债金额，借记“管理费用”等科目，贷记“预计负债”科目。

（2）实际偿付负债时，借记“预计负债”科目，贷记“银行存款”等科目。

（3）转回预计负债时，借记“预计负债”科目，贷记“管理费用”等科目。

【例 3-29】 2×19 年 4 月 19 日，某非营利组织为关系单位提供贷款担保，金额为 200 000 元，因关系单位资金紧张，此项担保成为本组织的预计负债，予以确认。

借：管理费用	200 000	
贷：预计负债		200 000

【例 3-30】 接[例 3-29]，因关系单位的资金状况没有好转，某非营利组织代为偿还本金 200 000 元，利息 12 000 元。

借：预计负债	200 000	
管理费用	12 000	
贷：银行存款		312 000

3.2.10 受托代理负债的核算

1. 受托代理负债的概念

受托代理负债是指非营利组织因从事受托代理业务、接受受托代理资产而产生的负债。受托代理负债应当按照相对应的受托代理资产的金额予以确认和计量。

2. 账户设置

非营利组织应设置“受托代理负债”账户以核算受托代理负债。本账户应当按照指定的受赠组织或个人，或者指定的应转交的组织或个人设置明细账，进行明细核算。本账户期末余额在贷方，反映非营利组织尚未清偿的受托代理负债。

3. 受托代理负债的主要账务处理

（1）收到受托代理资产，按照应确认的入账金额，借记“受托代理资产”科目，贷记“受托代理负债”科目。

（2）转赠或者转出受托代理资产，按照转出受托代理资产的账面余额，借记“受托代理负债”科目，贷记“受托代理资产”科目。

【例 3-31】 2×19 年 6 月 22 日，某非营利组织接受委托，代理运营一项基金，金额为 2 000 000 元。

借：受托代理资产　　2 000 000
　　贷：受托代理负债　　2 000 000

【例3-32】 接[例3-31]，2×19年7月12日，按照基金管理规定，将其中500 000元的受托代理基金转赠给另一非营利组织运营。

借：受托代理负债　　500 000
　　贷：受托代理资产　　500 000

引例解析

非营利组织在核算负债业务时有哪些科目与《企业会计准则》规定的不一致

通过学习，你会发现，对职工薪酬的核算，非营利组织使用"应付工资"科目，企业会计准则规定使用"应付职工薪酬"科目；而且两者核算的内容也不尽相同。

对于应缴纳的税费，非营利组织使用"应交税金"科目，企业会计准则规定使用"应交税费"科目。在核算负债业务时，非营利组织与企业在使用的会计科目上还存在其他差异。

3.3 长期负债的核算

3.3.1 长期负债概述

1. 长期负债的概念

长期负债是指偿还期限在1年以上（不含1年）的债务，包括长期借款、长期应付款和其他长期负债。长期负债除了具有负债的共同特征外，与流动负债相比，还具有债务金额大、偿还期限长和可以分期偿还等特点。

2. 长期负债的优缺点

非营利组织开展业务需要能够长期占有的资金，主要是为了增加大型、高价的设备，购置地产，扩建房屋建筑物等。这些需要显然不是非营利组织拥有的运营资金所能满足的，如等待非营利组织内部形成的资金积累，则有可能丧失良好的时机。长期资金的主要来源有两种：一种是由捐赠人捐赠，另一种就是通过各种形式举借长期债务。

1）长期负债的优点

从理财的角度讲，举借长期债务能够解决非营利组织未来较长时间的资金需要，选择有利时机，集中财力建设较大的业务项目。

2）长期负债的缺点

（1）长期负债利息是非营利组织必须定期支付的固定费用。如果举债业务的投资收益率低于长期负债的资金成本率（即利率），将会给非营利组织带来降低收益的风险。同时，如果非营利组织业务运作不善，市场情况恶劣，发展不顺利，固定的利息费用就会成为非营利组织财务上的沉重负担。

（2）长期负债一般都有明确的到期日，非营利组织必须为清偿债务做好财务安排，安排现金流出。在长期负债的契约中，往往还包含限制非营利组织财务决策的条款（如规定负债与净资产的比例等）。所有这些，都会影响非营利组织的财务灵活性。

(3) 债务人对非营利组织财务享有优先要求权。如果非营利组织因资金周转困难而无法定期支付利息或按期偿还本金,债权人的要求权可能迫使非营利组织进行破产清算。因此,举债业务通常会给非营利组织带来较大的财务风险。

考虑到举借长期负债的优点与不足,非营利组织应进行合理的财务决策,适度举债,并视自身的具体情况而论。一方面,要保证举债业务的投资收益率高于长期负债的利率;另一方面,举债的程度应与非营利组织的资金结构和偿债能力相适应。

3. 长期负债的计价

由于负债是已经存在、将在未来偿还的经济义务,为了提高会计信息的有用性或相关性,对所有负债的计价,都应当考虑货币的时间价值。由于长期负债偿还期长,对非营利组织业务的影响大,因此对长期负债应在其发生时按未来偿付金额的贴现值计价入账。但从谨慎性原则出发,我国通常规定负债按照实际发生额计价入账。长期负债应当按照负债本金或债券面值和确定的利率按期计提利息,并按规定计入在建工程成本或当期费用。

3.3.2 长期借款的核算

1. 长期借款概述

1) 长期借款的概念

长期借款是指非营利组织向银行或其他金融机构借入的期限在1年以上(不含1年)的各项借款。

与短期借款相比,长期借款除借款期限较长外,其不同点还体现在对借款利息费用的处理上,“短期借款”科目只核算借款的本金,不包括利息费用,而“长期借款”科目不仅核算借款的本金,还包括利息费用。长期借款的利息费用,在符合资本化条件的情况下应当按期预提计入所购建固定资产的成本(即予以资本化);反之,则应当直接计入当期筹资费用。

2) 长期借款的放贷方式

长期借款具有借期长、金额大,且多与工程项目相联系的特点。实务中金融机构有两种放贷方式,即“贷转存”方式和“随用随贷”方式。

(1) “贷转存”方式是指银行和其他金融机构对贷给非营利组织的款项直接转入非营利组织的存款账户,由非营利组织自行安排支出。

(2) “随用随贷”方式是指银行和其他金融机构对承诺给非营利组织的贷款总额并不直接转入非营利组织的存款账户,而是在承诺贷款的额度内,根据非营利组织工程项目的进度或实际支出的需要,将贷款直接转给工程施工或物资的提供单位。

2. 账户设置

非营利组织应设置“长期借款”账户,以核算和监督非营利组织长期借款的借入、计息及偿还情况。本账户属于负债类账户。借方登记非营利组织偿还或转销的借款本息,贷方登记非营利组织借款人的借款本息。本账户应当按照贷款单位设置明细账,并按贷款种类进行明细核算。本账户期末余额在贷方,反映非营利组织尚未偿还的长期借款本息。

3. 长期借款的主要账务处理

长期借款应当按照实际发生额入账。长期借款的借款费用应当在发生时计入当期费用。但是,为购建固定资产而发生的专门借款的借款费用在规定的允许资本化的期间内,应当按照专门借款的借款费用的实际发生额予以资本化,计入在建工程成本。这里的借款费用包括因借款而发生的利息、辅助费用以及因外币借款发生的汇兑差额等。

非营利组织应当按照规定确定专门借款的借款费用允许资本化的期间及其金额。

长期借款的主要账务处理如下。

(1) 借入长期借款时,按照实际借入额,借记“银行存款”等科目,贷记“长期借款”科目。

(2) 发生的借款费用,借记“筹资费用”科目,贷记“长期借款”科目。如为购建固定资产而发生的专门借款的借款费用,在允许资本化的期间内,按照专门借款的借款费用的实际发生额,借记“在建工程”科目,贷记“长期借款”科目。

(3) 归还长期借款时,借记“长期借款”科目,贷记“银行存款”科目。

【例 3-33】 2×19 年 1 月 1 日,某非营利组织为了购造一栋办公楼,从农业银行借入 3 年期长期借款 2 000 000 元,年利率 6%,每月支付利息,到期还本。

① 借入长期借款时:

借:银行存款	2 000 000	
贷:长期借款——农业银行		2 000 000

② 每月支付利息时:

借:在建工程(2 000 000×6%÷12,资本化)	10 000	
贷:银行存款		10 000

③ 到期还本及同时支付最后一期利息时:

借:长期借款——农业银行	2 000 000	
在建工程	10 000	
贷:银行存款		2 010 000

【分析】 如果到期时支付当月利息与本金分别,则:

① 支付最后 1 个月的利息时:

借:在建工程(2 000 000×6%÷12,资本化)	10 000	
贷:银行存款		10 000

② 归还本金时:

借:长期借款——农业银行	2 000 000	
贷:银行存款		2 000 000

3.3.3 长期应付款的核算

1. 长期应付款概述

1) 长期应付款的概念

长期应付款是指非营利组织的各项长期应付款项,如融资租入固定资产的租赁费等。

2) 长期应付款的特点

长期应付款除具有长期负债的一般特点外,还具有其自身的特点。

(1) 具有分期付款的性质,如应付融资租入固定资产的租赁费是在整个租赁期内逐期偿还的。

(2) 长期应付款涉及的外币债务比较多,因此在汇率变动的情况下,会影响还款时所还人民币的数额。

(3) 非营利组织通过长期应付款取得固定资产,可以减少长期投资所承担的风险,而且不必在取得固定资产的同时支付现款。

2. 账户设置

非营利组织应设置"长期应付款"账户以核算和监督非营利组织其他各种长期应付款的发生和偿还情况。本账户属于负债类账户,借方登记偿还和转销的长期应付款本息,贷方登记发生的长期应付款本息。本账户期末余额在贷方,反映尚未支付的各种长期应付款。

本科目应当按照长期应付款的种类设置明细账,进行明细核算。

3. 长期应付款的主要账务处理

(1) 发生时。发生长期应付款时,借记"固定资产"等有关科目,贷记"长期应付款"科目。

非营利组织发生融资租入固定资产业务,应当按照租赁协议或者合同确定的价款、运输费、途中保险费、安装调试费以及融资租入固定资产达到预定可使用状态前发生的借款费用等,借记"固定资产——融资租入固定资产"科目,贷记 "长期应付款"科目。

【例 3-34】 2×19 年 6 月 1 日,某非营利组织从德昌公司融资租入设备一台,价款 36 000 元,分 4 年按月支付。

借:固定资产——融资租入固定资产	36 000	
贷:长期应付款——德昌公司		36 000

(2) 支付款项时。支付长期应付款项时,借记"长期应付款"科目,贷记"银行存款"科目。

【例 3-35】 接[例 3-34],2×19 年 6 月 30 日,某非营利组织以银行存款支付当月融资租赁费。

借:长期应付款——德昌公司	750	
贷:银行存款(36 000÷4÷12)		750

重要概念

短期借款　应付票据　应付账款　预收账款　应付工资　应交税金　其他应付款　预提费用　预计负债　受托代理负债　长期借款　长期应付款

本章练习

单选题

1. 非营利组织每月计提的短期借款利息,应借记(　　)科目。

A. "财务费用"　　B. "管理费用"

C. "筹资费用"　　D. "其他业务成本"

2. 非营利组织期末分配应支付的工资时,应贷记(　　)科目。

A. "应付工资"　　B. "应付职工薪酬"

C.“其他应付款”　　D.“应付账款”

3. 因购建固定资产而借入的长期借款的利息，应借记(　　)科目。

A.“财务费用”　　B.“在建工程”

C.“管理费用”　　D.“其他活动成本”

4. 应付票据核算银行结算方式为(　　)。

A.“转账支票”　　B.“商业汇票”

C.“现金”　　D.“外埠存款”

5. 非营利组织融资租入固定资产，应付的租赁费用，应贷记(　　)科目。

A.“长期应付款”　　B.“预付账款”

C.“应付账款”　　D.“其他应付款”

业务题

1. 某非营利组织由于向天宇公司提供一项服务，预收天宇公司预付款22 000元。

2. 某非营利组织租入设备一台用于业务活动，计提当月应负担的设备租金800元。

3. 年末，某非营利组织计算应交企业所得税8 700元。

4. 当月预提用于日常业务活动的短期借款的利息700元。

第 4 章　净资产的核算

内容提要

本章主要讲解非营利组织净资产的核算，包括非限定性净资产与限定性净资产的核算。本章重点为非营利组织非限定性净资产与限定性净资产的期末结转、解除限定性净资产的限制以及调整以前期间收入费用的核算；难点为非营利组织非限定性净资产与限定性净资产的期末结转。

重点难点

本章重点为非营利组织非限定性净资产与限定性净资产的期末结转、限定性净资产解除限制、解除限定性净资产的限制；难点为非营利组织非限定性净资产与限定性净资产的期末结转。

学习目标

通过本章学习，学生应掌握非营利组织非限定性净资产与限定性净资产的期末结转；了解限定性净资产解除限制、解除限定性净资产的限制、调整以前期间收入费用的核算。

知识框架

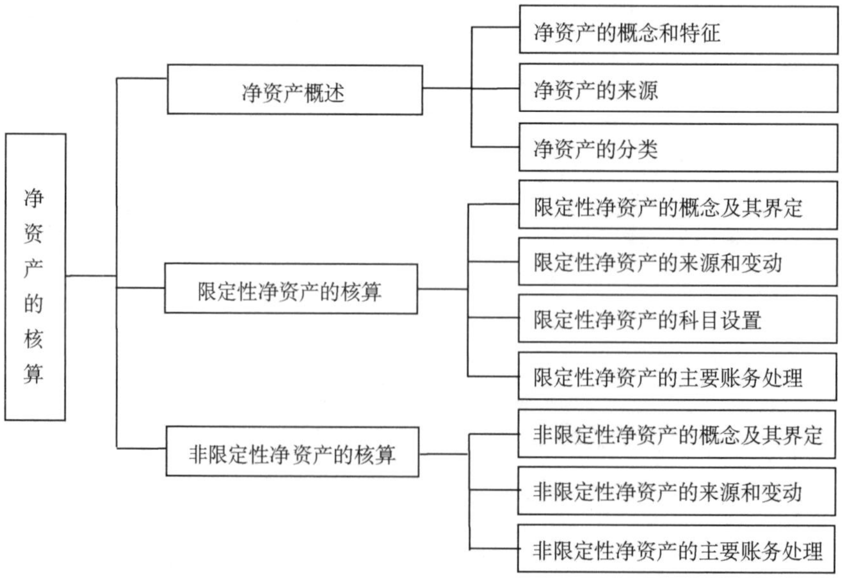

引入案例

关于非限定性净资产与限定性净资产

非营利组织的净资产有非限定性净资产和限定性净资产两种，那么这两种净资产有何区别呢？它们在账务处理上有何不同呢？

4.1 净资产概述

4.1.1 净资产的概念和特征

1. 净资产的概念

非营利组织的净资产是指资产减去负债后的余额，即净资产＝资产－负债。由于非营利组织的开办人并不具有投资回报的要求权，因而非营利组织本身没有明确的所有者。相应地，非营利组织的净资产在法律上归属于社会，任何人都不能分割非营利组织的净资产。即使由于种种原因非营利组织停止开展业务，非营利组织的净资产仍应继续用于社会公益事业。

2. 净资产的特征

净资产作为非营利组织的会计要素之一，和负债一样，都是非营利组织所占有资产的资金来源，在资产负债表上都反映在右方，负债和净资产的合计总额等于资产总额。但是，负债和净资产之间又存在着明显的区别，主要区别如下。

(1) 对象不同。负债是对债权人负担的经济责任；净资产是开办人无偿提供的或者由收支结余形成的。

(2) 性质不同。负债是在非营利组织业务或其他事项中发生的债务，是债权人对其债务的权利；净资产是非营利组织的自有资产。

(3) 偿还期限不同。负债必须于一定时期(特定日期或确定的日期)偿还；净资产一般只有在非营利组织解散清算时，才有可能转给其他的单位继续用于社会公益事业。在非营利组织持续经营的情况下，一般无须归还给任何人。

(4) 享受的权利不同。债权人享有收回债务本金和利息的权利，但无权参与非营利组织的业务管理；净资产的出资开办人在通常情况下，没有从非营利组织取得报酬的权利，但可以参与业务管理。

此外，净资产一般不能单独计价。净资产的计价与资产、负债、收入和支出的计价息息相关，且依赖于这些会计要素的计价。

4.1.2 净资产的来源

非营利组织净资产的来源渠道很多。但从根本上看，一般来源于以下几个方面。

1. 开办人的开办资金

我国法规规定，各类自然人、法人为了特定目的设立非营利组织时要进行初始投入，而且还有最低出资的限额规定。这些出资构成了净资产的基础来源。

2. 历年累计收支结余

非营利组织当期业务活动中各种收入减去各种支出后的差额构成了当期收支结余，以前各期滚存的收支结余也是非营利组织净资产的内容。

3. 其他来源

其他来源是指除开办资金和历年累计收支结余之外的各种净资产来源。

4.1.3 净资产的分类

为了更好地反映非营利组织净资产的来源及其使用情况，向会计信息使用者提供有用的信息，《民间非营利组织会计制度》按照净资产是否受到限制，将其分为限定性净资产和非限定性净资产。

如果资产或者资产所产生的经济利益（如资产的投资收益和利息等）的使用受到资产提供者或者国家有关法律、行政法规所设置的时间限制或（和）用途限制，则由此形成的净资产即为限定性净资产。如果国家有关法律、行政法规对净资产的使用直接设置限制的，该受限制的净资产亦为限定性净资产；除此之外的其他净资产，即为非限定性净资产。

之所以这样分类，是因为非营利组织的资源提供者虽然不从非营利组织取得回报，但他们往往注意或者需要了解他们提供的支出是如何使用的，而且常常会对资产的用途或者使用时间加以规定，与这些在使用上受到限制的资产相对应的净资产也就自然受到限制。

这种分类有助于向资源提供者等会计信息使用者提供较为有效的信息，有助于他们据以判断在非营利组织的净资产中有多少属于使用受到限制的，有多少是可以由非营利组织自由支配和使用的。

4.2 限定性净资产的核算

4.2.1 限定性净资产的概念及其界定

1. 限定性净资产的概念

如果资产或者资产所产生的经济利益（如资产的投资收益和利息等）的使用和处置受到资源提供者或者国家有关法律、行政法规所设置的时间限制或（和）用途限制，则由此形成的净资产即为限定性净资产。

(1) 时间限制。时间限制是指资产提供者或者国家有关法律、行政法规要求非营利组织在收到资产后的特定时期之内或特定日期之后使用该项资产，或者对资产的使用设置了永久限制。

(2) 用途限制。用途限制是指资产提供者提出或者国家有关法律、行政法规要求非营利组织将收到的资产用于某一特定的用途。例如，接受捐赠的赈灾物资，只能用于赈灾。

(3) 时间限制和用途限制两者兼具。例如，捐出方要求将捐赠资产进行投资以便在某一特定的期间提供收入，并且这些收入要用于某一特定的用途。

特别提示 4-1

不属于限定性净资产的情形

非营利组织的董事会、理事会或类似机构对净资产的使用所作的限定性决策、决议或拨款限额等，属于非营利组织内部管理上对资产使用所作的限制，相应的净资产不属于《民间非营利组织会计制度》所界定的限定性净资产。

非营利组织应当在期末将当期限定性收入的实际发生额转为限定性净资产。

2. 限定性净资产的界定

虽然制度中对限定性净资产作了明确的定义，非营利组织在大部分情况下应当较容易界定限定性净资产，但有时候资产或净资产是否存在制度中所指的限制，需要根据净资产的概念进行判断。在界定限定性净资产时，需要注意以下几点。

(1) 制度中所指的限制是非营利组织之外的资源提供者或者国家有关法律、行政法规作出的，非营利组织为此承担了遵循这些限制的责任。例如，《社会团体登记管理条例》和《民办非企业单位登记暂行条例》都规定，单位接受捐赠、资助，必须根据与捐赠人、资助人约定的期限、方式和合法用途使用。又如，《基金会管理条例》规定，基金会违反捐赠协议使用捐赠财产的，捐赠人有权要求基金会遵守捐赠协议，或者向人民法院申请撤销捐赠行为，解除捐赠协议。而非营利组织的董事会、理事会或类似权力机构对净资产的使用所作的限定性决策、决议或拨款限额等，属于非营利组织内部管理上对资产使用所作的限制，不涉及制度中所界定的限定性净资产，因为这种限制是该组织可以自行决定撤销或变更的。

(2) 资源提供者或者国家有关法律、行政法规所设置的限制只有在比非营利组织的宗旨、目的或章程等更为具体时，才能成为制度所指的限制。例如，某人将一笔款项捐赠给某家基金会时仅仅要求该基金会将受赠资产用于中国的公益事业，这种宽泛的要求不能界定为限制。

(3) 在实务中，时间限制和用途限制常常是同时存在的。例如，捐赠人要求受赠单位将款项用于该单位下一年度举办的某场公益演出。这里，用于“下一年度”是时间限制，用于“公益演出”则是用途限制，两种限制同时存在。

(4) 某些情况下，资源提供者并没有明确规定资产使用的时间或用途，但是如果当时的情形足以推定资源提供者对资产的限制，也应当将相应净资产界定为限定性净资产。例如，某基金会在各大商场设立了募捐箱，上面标明是为了购买近期即将拍卖的流失于国外的某件国宝，并承诺将国宝购买回国后，会将国宝用于公开展览。在这种情况下，捐款人投入募捐箱的款项就应当属于限定性的。因为捐款人虽无明确要求，但他捐献的款项实际上是具有限定用途的。

但是，如果募捐箱上仅仅标明“××基金会”字样，而没有指明特定用途或时间，那么筹集的款项应当是非限定性的。

(5) 虽然大部分限定性净资产是由于与其相应的资产或者资产所产生经济利益的使用受到限制而形成的(除了国家有关法律、行政法规对净资产直接设置限定之外)，但是，对资产所设置的限制通常最终影响的是净资产而非特定资产的使用。例如，接受限定性政府补助的非营利组织通常并不需要将这笔政府补助单立账户保存起来(除非政府有这方面的规定)，而是将这笔补助与其他款项放在一起使用，只需确认相应金额的限定性净资产，从而保证在规定时间将相同金额的款项(而非当初接受的特定款项)用于规定的用途。当然，也存在限制会影响特定资产使用的情况。例如，某画家将自己收藏的一幅古画捐赠给某民办博物馆，规定只能将古画用作博物馆的收藏展览，但不得转赠或销售等。这种限制就是既影响特定资产，又影响净资产的使用。

4.2.2 限定性净资产的来源和变动

从限定性净资产的概念可以看出限定性净资产的主要来源：一是资源提供者提供的资产或其他资产，并且资源提供者或者国家法律、行政法规对资产的使用设置了限制；二是国家法律、行政法规对净资产的使用设置了限制。

对于第一种来源而言，使非营利组织的资产增加了，必将引起限定性净资产的增加，这就意味着非营利组织获得了一项限定性收入。值得说明的是，实务中还存在其他单位或个人豁免非营利组织所欠债务(或部分债务)的情况。这种情况相当于这些单位或个人向非营利组织提供了相同金额的捐赠或政府补助，在减少负债的同时增加了收入，并将增加净资产。

对于第二种来源而言，以发展基金为例。《民办教育促进法实施细则》规定，捐资举办的民办学校等应当在当年度净资产增加额中提取25%作为发展基金，专门用于学校的建设，维护和教学设备的添置、更新等。因为限定性净资产都具有指定的使用时间或用途，因此，不能从限定性净资产中提取发展基金，在会计实务中，应当从当年度非限定性净资产增加额中提取 25%转入限定性净资产，作为发展基金。

此外，资源提供者对以前期间设置限制的资产增加了时间或用途限制。如果新增限制得到非营利组织的承认，或者国家法律、行政法规对资产增加了限制，那么相应的非限定性净资产应当转入限定性净资产，进而引起限定性净资产的增加。相反，如果资源提供者或者国家法律、行政法规撤销了原先对资产或净资产所设置的限制，或者原先对资产设置的时间限制已经到期，或者对资产规定的用途已经实现，那么相应限定性净资产的限制已经得到了解除，应当转入非限定性净资产，从而引起限定性净资产的减少。这种情况，也属于非限定性净资产与限定性净资产之间的重新分类。

非营利组织还可能因为调整以前期间的限定性收入项目而涉及限定性净资产的调整。例如，在获得资源提供者提供资产的当期，因为资产无法可靠地计量等原因没有确认资产和相应收入，在以后会计期间资产金额能够可靠地计量时，就应当确认这项资产，同时确认一项净资产。因会计政策的变更引起对以前期间限定性收入的调整，也会影响限定性净资产的增减。

因此，概括地说，引起限定性净资产变动的情况有以下三种：

(1) 获得限定性收入；

(2) 限定性净资产与非限定性净资产的重新分类；

(3) 对以前期间限定性收入项目的调整。

4.2.3 账户设置

为了核算和监督限定性净资产的增加、转销和结存情况，非营利组织应设置“限定性净资产”账户。该账户属于净资产类账户，借方登记限定性净资产的使用、转销等减少金额，贷方登记限定性净资产的增加金额，余额在贷方，反映非营利组织历年积存的限定性净资产金额。期末，收入类账户的贷方余额转入本账户的贷方。

非营利组织可以根据本单位的具体情况和实际需要，在该账户下设置相应的二级账户和明细账户。

4.2.4 限定性净资产的主要账务处理

1. 期末结转限定性收入

期末，将各收入类账户所属“限定性收入”明细账户的余额转入“限定性净资产”账户，借记“捐赠收入——限定性收入”“政府补助收入——限定性收入”等科目，贷记“限定性净资产”科目。

【例 4-1】 2×19 年 12 月 31 日，某非营利组织将本年收到的限定用途的捐赠收入 250 000 元以及政府补助收入 100 000 元，转入“限定性净资产”账户。

借：捐赠收入——限定性收入　　250 000
　　政府补助收入——限定性收入　　100 000
　　贷：限定性净资产　　350 000

2. 限定性净资产的重新分类(解除限制)

如果限定性净资产的限制已经解除，应当对净资产进行重新分类，将限定性净资产转为非限定性净资产，借记“限定性净资产”科目，贷记“非限定性净资产”科目。

如果资产提供者或者国家有关法律、行政法规要求非营利组织在特定时期之内或特定日期之后将限定性净资产或者相关资产用于特定用途，该限定性净资产应当在相应期间之内或相应日期之后按照实际使用的相关资产金额或者实际发生的相关费用金额转为非限定性净资产。

【例 4-2】 2×19 年 3 月 1 日，政府政策发生变化，对上一年度政府补助的 100 000 元款项用途不再予以限定，非营利组织将其转入非限定性净资产。

借：限定性净资产　　100 000
　　贷：非限定性净资产　　100 000

【例 4-3】 某民办学校 2×18 年 12 月 1 日接受某企业家的一笔捐赠 150 000 元，要求资助贫困学生。2×19 年 6 月 18 日，经与该企业家协商，将其中的 60 000 元用于奖学金开支。

① 2×18 年 12 月 1 日接受捐赠时：

借：银行存款　　150 000
　　贷：捐赠收入——限定性收入　　150 000

② 2×18 年 12 月 31 日，结转限定性净资产时：

借：捐赠收入——限定性收入　　150 000
　　贷：限定性净资产　　150 000

③ 2×19 年 6 月 18 日，发放奖学金时：

借：业务活动成本　　60 000
　　贷：现金　　60 000

借：限定性净资产　　60 000
　　贷：非限定性净资产　　60 000

【例 4-4】 某非营利组织接收了捐赠人捐赠的 200 000 元，2×19 年 3 月 16 日约定的资产限制使用期限已满。

借：限定性净资产　　200 000
　　贷：非限定性净资产　　200 000

【例 4-5】 2×19 年 5 月 17 日，某非营利组织政府拨付的赈灾款 130 000 元已全部以现金的方式用于赈灾，并已计入赈灾费用。

借：业务活动成本　　130 000
　　贷：现金　　130 000

借：限定性净资产　　130 000
　　贷：非限定性净资产　　130 000

3. 调整以前期间限定性收入项目

如果因调整以前期间限定性收入项目而涉及调整限定性净资产时，应当将需要调整的金额，借记或贷记有关科目，贷记或借记“限定性净资产”科目。

【例 4-6】 2×19 年 1 月 1 日，非营利组织核对确认，上一年度捐赠收入中有 250 000 元是捐赠人直接捐给本组织一个特定服务对象的，予以划款调账。

借：限定性净资产　　250 000
　　贷：银行存款　　250 000

【例 4-7】 2×18 年 9 月 20 日，某民办博物馆收到捐赠人捐献的一对明代瓷碗，捐赠人要求瓷碗只能做展览用，捐赠时也没有提供标明瓷碗金额的相关凭据。当年，这对瓷碗的公允价值一直无法可靠确定。2×19 年 1 月，该博物馆采用合理的计价方式确定该瓷碗的公允价值为 180 000 元。

① 2×18 年 9 月 20 日，接受捐赠时由于所捐赠的瓷碗金额无法可靠地计量，因此不予确认，而是在辅助账中进行相关登记，并在会计报表附注中进行相关披露。

② 2×19 年 1 月，瓷碗公允价值可以可靠地计量。

借：文物文化资产　　180 000
　　贷：限定性净资产　　180 000

4.3 非限定性净资产的核算

4.3.1 非限定性净资产的概念及其界定

1. 非限定性净资产的概念

非营利组织的非限定性净资产，即非营利组织净资产中除限定性净资产之外的其他净资产。也就是说，如果净资产的使用不受资产提供者或者国家有关法律、行政法规的限制，那么该净资产即为非限定性净资产。

如果资源提供者对所提供的资产（及资产所产生的经济利益）的使用没有设置限制，由此形成的净资产就属于非限定性净资产。最常见的例子就是捐赠人（或政府）对所捐赠资产（或所提供政府补助）的使用既没有设置时间，也没有设置用途限制。比如，政府部门每年向某学术团体提供 5 万元的政府补助，用于资助其业务活动，但没有规定具体的使用时间和用途。该项政府补助形成的净资产就是非限定性净资产。

同时，非营利组织从事按照等价交换原则销售商品、提供服务等交换交易时，由于所获得的收入大于交易成本而积累的净资产，通常也属于非限定性净资产(除非资产提供者和国家法律、行政法规对资产的这些收入设置了限制)。

2. 非限定性净资产的界定

非营利组织对非限定性净资产的界定，通常是在界定出限定性净资产之后进行的，净资产中除了限定性净资产之外的其他资产均为非限定性净资产。值得说明的是，作为非限定性净资产，并不意味着这项净资产的使用没有任何约束，只是没有资产提供者和国家有关法律、行政法规设置的时间限制或用途限制。

4.3.2 非限定性净资产的来源和变动

1. 非限定性净资产的来源

非营利组织的非限定性净资产主要来源于两个方面。

(1) 资源提供者提供的资产或其他资产(比如，获赠资产产生的经济利益)，并且资源提供者或者国家法律、行政法规对资产的使用没有设置限制。

(2) 从事交换交易时因收入大于成本而积累的非限定性净资产。发生业务活动成本、管理费用、筹资费用和其他费用时，会减少非限定性净资产。

此外，一方面，限定性净资产的限定条件解除后，要重分类为非限定性净资产，也就导致非限定性净资产的增加。另一方面，也可能存在非限定性净资产转为限定性净资产的情况，比如，捐资举办的民办学校在提取发展基金时，会增加限定性净资产，同时减少了非限定性净资产。

同样，非营利组织还可能因为调整以前期间的非限定性收入项目而涉及非限定性净资产的调整。

2. 非限定性净资产的变动

因此，概括地说，引起非限定性净资产变动的情况有以下三种：

(1) 获得非限定性收入、发生业务活动成本和其他当期费用；

(2) 限定性净资产与非限定性净资产的重分类；

(3) 对以前期间非限定性收入和费用项目的调整。

4.3.3 账户设置

非营利组织应设置“非限定性净资产”账户以核算非限定性净资产。期末，将收入类账户的贷方余额转入本账户的贷方，费用类账户的借方余额转入本账户的借方，本账户期末余额在贷方，反映非营利组织历年积存的非限定性净资产。非营利组织可以根据本单位的具体情况和实际需要，在“非限定性净资产”账户下设置相应的二级账户和明细账户。

非营利组织应当在期末将当期非限定性收入的实际发生额、当期费用的实际发生额和当期由限定性净资产转为非限定性净资产的金额转入非限定性净资产。

4.3.4 非限定性净资产的主要账务处理

1. 期末结转非限定性收入和成本费用项目

(1) 期末，将各收入类账户所属“非限定性收入”明细账户的余额转入本账户，借记“捐赠收入——非限定性收入”“会费收入——非限定性收入”“提供服务收入——非限定性收入”“政府补助收入——非限定性收入”“商品销售收入——非限定性收入”“投资收益——非限定性收入”“其他收入——非限定性收入”账户，贷记“非限定性净资产”科目。

(2) 期末，将各费用类科目的余额转入本账户，借记“非限定性净资产”科目，贷记“业务活动成本”“管理费用”“筹资费用”“其他费用”科目。

【例 4-8】 2×19 年 12 月 31 日，某非营利组织收入及费用账户余额见表 4-1，依此进行年末的结转。

表 4-1　　某非营利组织年末收入费用账户余额　　单位：元

收入科目	余额	费用科目	余额
捐赠收入——非限定性收入	360 000	业务活动成本	900 000
会费收入——非限定性收入	530 000	管理费用	120 000
提供服务收入——非限定性收入	66 000	筹资费用	18 000
政府补助收入——非限定性收入	80 000	其他费用	7 000
商品销售收入——非限定性收入	280 000		
投资收入——非限定性收入	70 000		
其他收入——非限定性收入	1 500		

分录如下。

① 将收入账户贷方余额转入“非限定性净资产”账户的贷方：

借：捐赠收入——非限定性收入　　360 000
　　会费收入——非限定性收入　　530 000
　　提供服务收入——非限定性收入　　66 000
　　政府补助收入——非限定性收入　　80 000
　　商品销售收入——非限定性收入　　280 000
　　投资收入——非限定性收入　　70 000
　　其他收入——非限定性收入　　1 500
　　贷：非限定性净资产　　1 387 500

② 将费用账户借方余额转入“非限定性净资产”账户的借方：

借：非限定性净资产　　1 045 000
　　贷：业务活动成本　　900 000
　　　　管理费用　　120 000
　　　　筹资费用　　18 000
　　　　其他费用　　7 000

2. 非限定性净资产的重分类(解除限制)

如果限定性净资产的限制已经解除，应当对净资产进行重新分类，将限定性净资产转为非限定性净资产，借记“限定性净资产”科目，贷记“非限定性净资产”科目。

【例 4-9】 某非营利组织收到捐赠组织于 2018 年捐赠的 300 000 元，当时该捐赠为限定用途捐赠，从 2019 年起捐赠组织取消了上述限制，该项净资产由限定性净资产转为非限定性净资产。

借：限定性净资产　　300 000
　　贷：非限定性净资产　　300 000

3. 调整以前期间收入、费用项目

如果因调整以前期间收入、费用项目而涉及调整非限定性净资产的，应当就需要调整的金额，借记或贷记有关科目，贷记或借记“非限定性净资产”科目。

【例4-10】 因国家政策调整，2×19年5月18日，某非营利组织收到上一年度缴纳的河道治理费返还3 900元。

借：银行存款　　3 900
　　贷：非限定性净资产　　3 900

引例解析

关于非限定性净资产与限定性净资产

通过学习，我们知道了限定性净资产是指由于资产或者资产的经济利益（如资产的投资收益和利息等）的使用与处置受到资源提供者或者国家有关法律、行政法规所设置的时间限制或（和）用途限制而形成的；非限定性净资产为非营利组织净资产中除限定性资产之外的其他净资产。

关于两种净资产的账务处理主要包括期末结转等。

重要概念

非限定性净资产　限定性净资产　解除限制

本章练习

简答题

1. 什么是限定性净资产？
2. 什么是非限定性净资产？

业务题

1. 期末，作出将各收入类账户所属“非限定性收入”明细账户余额转入“非限定性净资产”的分录。
2. 期末，作出将各收入类账户所属“限定性收入”明细账户余额转入“限定性净资产”的分录。
3. 期末，作出将各费用类账户余额转入“非限定性净资产”的分录。

第 5 章　收入的核算

内容提要

本章主要讲解非营利组织收入的核算，其中收入包括捐赠收入、会费收入、政府补助收入、商品销售收入、提供服务收入、让渡资产使用权收入、投资收益以及其他收入的核算。

重点难点

本章重点为非营利组织捐赠收入、会费收入、商品销售收入、提供服务收入的核算；难点为非营利组织商品销售收入的核算。

学习目标

通过本章学习，学生应掌握捐赠收入、会费收入、政府补助收入、商品销售收入、提供服务收入、让渡资产使用权收入、投资收益以及其他收入的核算；了解其他收入的核算。

知识框架

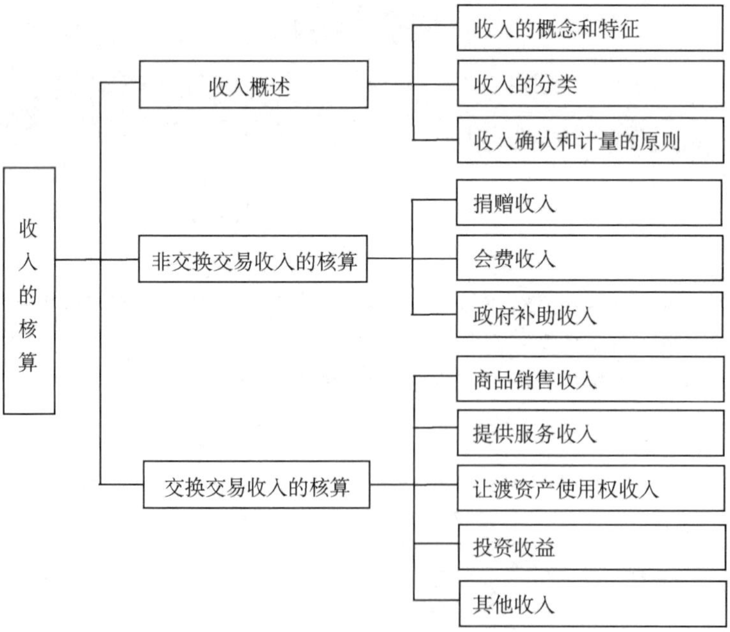

引入案例

《民间非营利组织会计制度》的收入包括哪些内容

《企业会计准则》规定的收入主要包括销售商品收入、提供劳务收入、让渡资产使用权收入。

非营利组织的收入包括哪些呢？分别通过哪些会计账户进行核算？

5.1 收入概述

5.1.1 收入的概念和特征

1. 收入的概念

非营利组织开展业务活动所取得的收入多种多样，而且对不同类型的非营利组织而言，其主要的收入来源也有所不同。比如，社会团体的收入主要来源于收取的会费、举办会议、培训活动的收费，还有出售杂志的销售收入以及因提供咨询、研究等服务而获得的收入等；基金会开展业务活动主要依靠其他单位或个人的捐款、捐物等；民办学校主要是提供教育服务，收取学生的学费；民办医院的业务活动则以提供医疗服务和出售药品为主，医药费收入是其主要收入来源。此外，很多非营利组织还会从政府部门获取政府补助等。这些商品销售所得、提供服务所得以及收到的捐赠和补助等，构成非营利组织的收入。

根据《民间非营利组织会计制度》的规定，收入是指非营利组织开展业务活动取得的、导致本期净资产增加的经济利益或者服务潜力的流入。所谓经济利益是指现金或者最终能转化为现金的非现金资产；服务潜力是指从事宗旨或章程所规定的活动，向公众、会员或其他受益人、委托人提供所需产品或服务的能力。

2. 收入的特征

收入具有以下基本特征。

(1) 收入会引起非营利组织资产的增加或者负债的减少，或者两者兼有。根据《民间非营利组织会计制度》的规定，资产是指过去的交易或者事项形成并由非营利组织拥有或者控制的资源，该资源预期会给非营利组织带来经济利益或者服务潜力。按照资产的概念，收入意味着非营利组织资产的增加或者负债的减少。因此，非营利组织对收入的确定一定要与资产和负债的确认联系起来考虑。

(2) 收入会导致经济利益或者服务潜力流入非营利组织，为第三方代收的款项或其他资产不能作为非营利组织的收入。例如，非营利组织代收、代转的款项，一方面会增加非营利组织的资产；另一方面也增加了相应的负债，不会引起净资产的变动，不能作为非营利组织的收入。

(3) 收入的增加最终将导致非营利组织本期净资产的增加。根据“资产－负债＝净资产”的公式，资产的增加可能引起负债的增加，也可能引起净资产的增加；负债的减少可能引起资产的减少，也可能引起净资产的增加。而不引起净资产变动的资产增加或负债减少不能作为收入核算，如非营利组织因接受受托代理资产引起相应委托代理负债的增加，或者使用银行存款支付应付账款，都不属于收入增加的情况。所以收入是能使净资产增加或负债减少的资产。此外，收入能够增加净资产，而收入扣除相关成本费用后的净额，可能增加净资产，也可能减少净资产。这里所指的仅仅是收入本身对净资产的影响，而非收入扣除成本费用后的净额对净资产的影响。

5.1.2 收入的分类

按照不同的分类标准，非营利组织的收入可以有不同的分类，主要的分类标准包括收入的来源、收入的性质和收入的使用是否存在限制三类。

1. 根据收入的来源分类

根据收入的来源，收入可分为捐赠收入、会费收入、提供服务收入、政府补助收入、商品销售收入、投资收益等主要业务活动收入和其他收入等。

《民间非营利组织会计制度》所界定的收入来源如下。

(1) 捐赠收入是指非营利组织接受其他单位或者个人捐赠所取得的收入。

(2) 会费收入是指非营利组织根据章程等的规定向会员收取的会费。

(3) 提供服务收入是指非营利组织根据章程等的规定向其服务对象提供服务取得的收入，包括学费收入、医疗费收入、培训收入等。

(4) 政府补助收入是指非营利组织接受政府拨款或者政府机构给予的补助而取得的收入。

(5) 商品销售收入是指非营利组织销售商品(如出版物、药品等)等所形成的收入。

(6) 投资收益是指非营利组织因对外投资取得的投资净收益。

(7) 其他收入是指除上述主要业务活动收入之外的其他收入，如固定资产处置净收入、无形资产处置净收入、无法支付的应付款项等。

2. 根据收入的性质分类

根据收入的性质，收入可分为交换交易收入和非交换交易收入。

(1) 交换交易收入是指交换交易所形成的收入。其中，交换交易是指按照等价交换原则所从事的交易，即当某一主体取得资产、获得服务或者解除债务时，需要向交易对方支付等值或者大致等值的现金，或者提供等值或者大致等值的货物、服务等的交易。例如，按照等价交换原则销售商品、提供劳务等属于交换交易。

(2) 非交换交易收入是指非交换交易所形成的收入。其中，非交换交易是指除交换交易之外的交易，在非交换交易中，某一主体取得资产，获得服务或者解除债务时，不必向交易对方支付等值或者大致等值的现金，或者提供等值或者大致等值的货物、服务等；或者某一主体在对外提供货物、服务等时，没有收到等值或者大致等值的现金、货物等。例如，捐赠、政府补助等属于非交换交易。

3. 根据收入的使用是否存在限制分类

根据收入的使用是否存在限制，收入分为限定性收入和非限定性收入。

1) 限定性收入

如果资产提供者对资产的使用设置了时间限制或者(和)用途限制，则所确认的相关收入为限定性收入。

这里所提到的限制包括三种情况：

(1) 时间限制，即资产提供者或者国家有关法律、法规要求非营利组织在收到资产后的特定日期之内，或者特定日期之后使用该项资产，或者对资产的使用设置了永久限制。

(2) 用途限制，即资产提供者提出或者国家有关法律、法规要求非营利组织将收到的资产用于某一特定用途。

(3) 双重限制，即时间限制和用途限制两者兼备。例如，某基金会接受的捐赠物资，按照捐赠方的要求，只能用于接受捐赠后2年内的某一特定用途。

2) 非限定性收入

如果资产提供者对资产的使用没有设置时间限制或者(和)用途限制，则所确认的相关收入为非限定性收入。

非营利组织的权力机构，如董事会、理事会、会员大会等，对资产的使用所做的限定性决策、决议或者限制等，属于非营利组织对资产使用的内部管理和内部限制，不属于会计制度所界定的限制。

这里需要注意的是，对非营利组织收入的各种分类是相互交叉的。例如，非营利组织的会费收入、提供服务收入、商品销售收入和投资收益等一般为非限定性收入，除非相关资产提供者对资产的使用设置了限制。对于捐赠收入和政府补助收入，应当视相关资产提供者对资产的使用是否设置了限制，分为限定性收入和非限定性收入进行核算。又如，商品交易收入、提供服务收入、投资收益等通常属于交易收入，而捐赠收入、政府补助收入、会费收入等一般属于非交换交易收入。

收入的分类与收入确认和计量的关系密切。例如，会计制度对交换交易收入和非交换交易收入所规定的确认条件不同。又如，会计制度规定非营利组织将收入划为限定性收入和非限定性收入。期末，组织应当将本期的限定性收入和非限定性收入分别结转至净资产项下的限定性净资产和非限定性净资产，收入的核算与净资产的核算之间形成相互的勾稽关系。

5.1.3 收入确认和计量的原则

1. 收入确认和计量的基本原则

1) 收入确认的基本原则

收入核算的前提是收入的确认，对于非营利组织而言，收入的确认是按照会计制度的规定，将某个项目作为收入正式入账，并列入业务活动表的过程。根据《民间非营利组织会计制度》的规定，会计核算应当以权责发生制为基础。根据权责发生制原则，非营利组织在确认收入时，凡是属于本期已经实现的收入，无论款项是否收付，均应当作为本期的收入；凡是不属于本期的收入，即使款项已在本期收付，也不应当作为本期的收入。非营利组织在确认收入时，按照会计制度的规定区分交换交易收入和非交换交易收入。

2) 收入计量的基本原则

收入的计量是指确认业务活动表中收入要素的具体金额的过程，非营利组织应当按照交易或者事项所引起的资产增加额或者负债的减少额计量收入。需要注意的是，在业务活动表中，收入通常以总额列报，并未扣除相关的成本和费用。例如，商品销售收入应当以商品销售的收入总额，而非商品销售收入总额扣除商品销售成本后的净额列报。但对于固定资产处置、无形资产处置等偶发性、非主要业务形成的收入，则一般是以扣除相关费用后的净额列报。

2. 交换交易收入的确认

非营利组织的交换交易收入主要包括商品销售、提供劳务或让渡资产使用权形成的收入。

1）商品销售收入

根据《民间非营利组织会计制度》的规定，商品销售收入是指非营利组织销售商品所形成的收入。例如，出售杂志、报纸等出版物，出售接受捐赠的物品等，都属于商品销售的范畴。

对于因交换交易所形成的商品销售收入，应当在下列条件同时满足时予以确认。

(1) 已将商品所有权上的主要风险和报酬转移给购货方。商品所有权上的风险主要指商品所有者承担该商品价值发生损失的可能性，商品所有权上的报酬主要是指商品所有者预期可获得的商品中包括的未来经济利益。商品所有权上的主要风险和报酬转移给购货方是指风险和报酬都从销货方转移给了购货方，这意味着商品的任何损失都不需要销货方承担，商品未来可能的经济利益也不归销货方所有。

判断一项商品所有权上的主要风险和报酬是否已转移给购货方，需要关注每项交易的实质而非形式。通常，所有权凭证的转移或实物的交付是判断的重要因素。在大部分的商品销售活动中，商品所有权凭证的转移或实物交付后，商品所有权上的主要风险和报酬也随之转移。但在下列情况中，即使商品所有权凭证已经转移或实物已经交付，商品所有权上的主要风险和报酬也没有随之转移：

① 销售的商品在质量、品种、规格等方面不符合合同规定的要求，又未根据正常的保证条款予以弥补，因而仍负有责任。

② 销售商品的收入是否能够取得，取决于代售方或寄售方是否已将商品销售出去。因此在代售或寄售情况下，委托方应当在受托方售出商品，并取得受托方提供的代售清单后确认收入。

③ 尚未完成售出商品的安装或检验工作，且安装或检验任务是销售合同的重要组成部分。

④ 销售合同中规定了由于特定原因买方有权退货的条款，而又不能确定退货的可能性。

需要注意的是，如果非营利组织在销售商品后，只保留商品所有权上的次要风险，且符合商品销售收入确认的其他所有条件，则相应的收入应予确认。

(2) 既没有保留通常与所有权相联系的继续管理权，也没有对已售出的商品实施控制。如果非营利组织对售出的商品仍然保留了与所有权相联系的继续管理权，则说明此项销售商品交易没有完成，销售不能成立，不能确认收入。同样，如果非营利组织对售出的商品仍然可以实施控制，也说明此项销售商品交易没有完成，不能确认收入。

(3) 与交易相关的经济利益能够流入非营利组织。在销售商品的交易中，与交易最相关的经济利益主要表现为销售商品的价款。是否有把握收回销售商品的价款是确认收入的一个重要条件。如果销售商品后，非营利组织估计价款收回的可能性不大，则即便收入确认的其他条件都已满足，该项交易也不能确认收入。至于非营利组织如何判断商品销售价款收回的可能性，则主要根据以往的销售经验、政府的有关政策或其他方面获得的信息来加以判断。只要价款收回的可能性大于不能收回的可能性，才认为价款能够收回。

在实务中，非营利组织售出的商品符合合同或协议规定的要求，并已将发票账单交付买方，买方也承诺付款，即通常表明销售商品的价款能够收回。如果非营利组织认为价款不能收回，应提供可靠的证据。

(4) 相关的收入和成本能够可靠的计量。收入是否能够可靠的计量，是收入确认的前提，无法可靠计量的收入不能被确认。例如，非营利组织在销售商品的过程中，商品售价由于某种不确认因素的影响而出现变动，则在售价确定之前不应确认收入。

根据收入与费用相配比的原则，与同一项销售有关的收入和成本应在同一会计期间予以确认。因此，如果成本不能可靠确认，相关的收入也不能确认，即使其他条件已经满足。如已收到价款，则收到的价款作为一项负债加以确认。

2) 提供劳务收入

根据《民间非营利组织会计制度》的规定，提供服务收入是指非营利组织根据章程等的规定向其服务对象提供服务而取得的收入，包括学费收入、医疗费收入、培训收入等，又称提供劳务收入。对于因交换交易而形成的提供劳务收入，应当按以下规定予以确认：

(1) 在同一会计年度内开始并完成的劳务，应该在完成劳务时予以确认。在这种情况下提供的劳务服务收入确认比较简单，尤其是一次性提供的会议、培训等收入，通常在协议中已经规定了提供服务和服务完成的具体时间。

(2) 如果劳务的开始和完成分属不同的会计年度，可以按完工进度或完成的工作量确认收入。在这种情况下提供劳务服务的收入确认比较复杂，相关服务交易还应该同时满足以下两项条件才能确认收入：①劳务收入和成本能够可靠的计量；②与交易相关的经济利益很可能流入非营利组织。

如果以上两个确认条件不能同时满足，例如，无法可靠地估计劳务成本、无法可靠地确定完工进度及经济利益预计只能部分收回等，这时，应当将已经发生的劳务成本全部结转为当期费用，同时按照劳务成本中能够得到补偿的金额确认提供服务收入。

3) 让渡资产使用权的收入

根据《民间非营利组织会计制度》的规定，让渡资产使用权产生的收入主要包括两类：让渡现金使用权而收取的利息收入和转让无形资产(商标权、专利权、专营权、软件、版权)等资产的使用权而形成的使用费收入。对于因让渡资产使用权而发生的交换交易收入应当在下列条件同时满足时予以确认：

(1) 与交易相关的经济利益能够流入非营利组织。同商品销售收入和提供服务收入一样，这是收入确认的一项基本原则，非营利组织应根据对方的信誉情况、当年的效益情况以及对方就结算方式和付款期限等达成的协议等方面进行判断。如果非营利组织认为收入无法收回的可能性大于收入收回的可能性，则不应就该事项确认收入。

(2) 收入的金额能够可靠的计量。利息收入根据合同或者协议规定的相关利率确定，使用费收入按非营利组织与其资产使用者签订的合同或协议确定。当收入的金额能够可靠地计量时。非营利组织才能进行确认。

3. 非交换交易收入的确认

非营利组织的非交换交易主要包括捐赠、政府补助等形成的收入。根据《民间非营利组织会计制度》的规定，对于因非交换交易所形成的收入，应当在同时满足下列条件时予以确认：

(1) 与交易相关的含有经济利益或者服务潜力的资源能够流入非营利组织并为其所控

制，或者相关的债务能够得到解除。根据《民间非营利组织会计制度》规定，资产是指过去的交易或者事项形成并由非营利组织拥有或者控制的资源，该资源预期会给非营利组织带来经济利益或者服务潜力。按照资产的概念，确认非交换交易收入的第一个条件意味着非营利组织资产的增加，而相关的债务能够得到解除即意味着非营利组织负债的减少。所以，第一个条件的实质是要求非交换交易收入能够引起非营利组织资产的增加或者负债的减少。因此非营利组织在确认非交换交易收入时，应当从交易对资产或负债变动的影响上进行判断。只有当相关交易能够引起资产增加或负债的减少时，才能确认一项非交换交易收入。

（2）交易能够引起净资产的增加。本条件的实质是要求非交换交易收入不但能够引起非营利组织资产的增加或者负债的减少，而且必须能够同时引起非营利组织净资产的增加。也就是说，只有资产增加且同时净资产增加，或者负债减少且同时净资产增加这两种情况，才能引起非交换交易收入的增加。

（3）收入的金额能够可靠地计量。收入的确认是将某事项作为一项收入正式入账并列入业务活动表的过程。如果收入不能可靠地计量，就无法以货币金额记入账簿和列入业务活动表。因此，收入金额的可靠计量是收入确认的基本前提。收入的确认和收入的计量应当是紧密联系在一起的，如果非营利组织的某项非交换交易事项能够同时满足前两个条件，但其金额不能可靠地计量，如基金会接受的捐赠物资是无法判断公允价值的古董，捐赠者也无法提供有关其金额的凭证，那么此项捐赠不能确认收入。

为了简化实务中对非交换交易收入确认的判断，考虑到我国非交换交易的实际情况，《民间非营利组织会计制度》同时规定：一般情况下，对于无条件的捐赠或政府补助，应当在收到捐赠或者政府补助时确认收入；对于附条件的捐赠或者政府补助，应当在取得捐赠资产或者政府补助资产控制权时确认收入，但当非营利组织存在需要偿还全部或者部分捐赠资产（或者政府补助资产）或者相应金额的现时义务时，应当根据需要偿还的金额同时确认一项负债和费用。

因此，非营利组织在确认捐赠或政府补助收入时，需要根据捐赠人或政府部门在给予捐赠或政府补助时是否附有条件，将捐赠或政府补助区分为无条件和有条件的捐赠或政府补助，然后根据上述制度中的规定对捐赠或政府补助收入进行确认。

4. 收入核算应设置的会计账户

非营利组织可以根据收入的来源设置收入的一级账户，如“商品销售收入”“会费收入”“捐赠收入”“提供服务收入”“政府补助收入”“投资收益”“其他收入”等，然后根据收入是否存在限制，在一级账户下设置“限定性收入”和“非限定性收入”二级明细账户进行明细核算。

非营利组织也可以根据收入是否存在限制，设置“限定性收入”和“非限定性收入”一级账户，然后根据收入的来源，在一级账户下设置“商品销售收入”“会费收入”“提供服务收入”和“政府补助收入”等二级明细账户进行明细核算。

5.2 非交换交易收入的核算

非营利组织的非交换交易收入主要包括捐赠收入、会费收入、提供服务收入、政府补助收入等。

5.2.1 捐赠收入

1. 捐赠及捐赠收入

1）捐赠的概念

捐赠属于非交换交易的一种，通常是指某个单位或个人（捐赠人）自愿地将现金或其他资产无偿地转让给另一单位或个人（受赠人），或者无偿地清偿或取消该单位或个人（受赠人）的负债。这里的其他资产包括债券、股票、产品、材料、设备、房屋、无形资产和劳务等。在实务中，非营利组织既可能作为受赠人，接受其他单位或个人的捐赠；也可能作为捐赠人，对其他单位或个人作出捐赠。

2）捐赠的基本特征

（1）捐赠是无偿地转让资产或者取消负债等。捐赠是无偿的，因此，捐赠属于非交换交易。判断某项交易是交换交易还是非交换交易时，应当认真分析交易的实质，而不能仅仅从交易的形式上来判断。

（2）捐赠是自愿地转让资产或者取消负债等。这里强调的是，捐赠是自愿的，从而将捐赠与其他非交换交易区分开来。在诸如纳税、征收罚款等情况下，由于资产的转让是强制性的，并不是自愿的，因此也就不属于捐赠。

（3）捐赠交易中资产或劳务的转让不属于所有者的投入或向所有者的分配。企业的所有者（如股东）向企业投入资金，或者企业向其所有者分配利润（如股利、红利）等，不属于捐赠的范畴。因为所有者向企业投入资金是为了谋取经济利益，而企业向所有者分配利润是出于所有者投入了资金，从本质上看，这项交易是互惠的。对于非营利组织而言，由于其资源提供者不享有组织的所有权，也不从非营利组织取得经济回报，因此不会涉及这一点。

3）为了对捐赠进行正确的核算，判断某项交易是否是捐赠时，需要注意以下问题

（1）应当将捐赠与受托代理交易等类似交易区分开来。在受托代理交易中，非营利组织通常只是从委托方收到受托资产，并按照委托方的意愿将资产转赠给指定的其他组织或者个人，或者按照有关规定将资产转交给指定的其他组织或者个人。尽管对于捐赠人与最终受益人而言，此项交易确实是捐赠交易，但是，非营利组织在受托代理交易中只是起到中介作用，对它而言，从捐赠人那里取得资产时，并非获得捐赠，在将资产转赠或转交给受益人时，也并非作出捐赠。

（2）将捐赠与捐赠承诺区分开来。捐赠承诺是指捐赠现金或者其他资产的书面协议或口头约定等。例如，某捐赠人承诺在未来2年内每年向某助学基金会捐赠共计50万元的款项。由于捐赠承诺兑现的可能性无法可靠估计，因此与捐赠事项相关的含有经济利益或者服务潜力的资源不一定能够流入非营利组织并为其所控制，所以捐赠承诺不满足非交换交易收入的确认条件，不应予以确认，可以在会计报表附注中作相关披露。

（3）劳务捐赠不予确认。劳务捐赠是指捐赠人自愿地向受赠人无偿提供劳务，如志愿者提供义务服务等。非营利组织对于接受的劳务捐赠，不予确认，但应当在会计报表附注中作相关披露。这主要是由于劳务捐赠所形成收入的金额无法可靠地计量，不满足非交换交易收入的确认条件，因此不应予以确认。

（4）就某项交易而言，可能交易的一部分属于捐赠交易，另一部分属于其他性质的交易。比如，捐赠人将一栋房屋出售给某非营利组织，出售价格远低于该房屋的现行市场价

格。这项交易中,一部分属于固定资产销售(外购),一部分属于捐赠。

(5) 虽然政府补助收入与捐赠收入在性质上是一致的,但在实务中,应当将政府补助收入与捐赠收入区分开来,分别核算和反映。

4) 捐赠收入的概念和分类

根据《民间非营利组织会计制度》的规定,捐赠收入是指非营利组织接受其他单位或者个人捐赠所取得的收入。并且,非营利组织的捐赠收入应当视相关资产提供者对资产的使用是否设置了限制,分为限定性收入和非限定性收入进行核算。

非营利组织应当将捐赠收入区分为限定性捐赠收入与非限定性捐赠收入。

(1) 限定性捐赠收入。如果捐赠人对捐赠资产的使用设置了时间限制或者(和)用途限制,则所确认的相关捐赠收入为限定性捐赠收入。

(2) 如果捐赠方对捐赠资产的使用没有设置时间限制或用途限制,则所确认的相关捐赠收入为非限定性捐赠收入。

2. 捐赠收入的计量

(1) 非营利组织对于接受捐赠的现金资产,应当按照实际收到的金额入账。

(2) 非营利组织对于接受捐赠的非现金资产,如接受捐赠的短期投资、存货、长期投资、固定资产和无形资产等,应当按照下列方法确定其入账价值:

第一,如果捐赠方提供有关凭据(如发票、报关单、有关协议等)的,应当按照凭据上标明的金额入账。如果凭据上标明的金额与受赠资产公允价值相差较大,受赠资产应当以其公允价值作为入账价值。

第二,如果捐赠方没有提供有关凭据的,受赠资产应当以其公允价值作为入账价值。按以下顺序确定公允价值:①如果同类或者类似资产存在活跃市场的,应当按照同类或者类似资产的市场价格确定公允价值;②如果同类或者类似资产不存在活跃市场的,或者无法找到同类或者类似资产的,应当采用合理的计价方法确定资产的公允价值。

在应当采用公允价值的情况下,如果有确凿证据表明资产的公允价值确实无法可靠地计量,则非营利组织应当设置辅助账,单独登记所取得资产的名称、数量、来源及用途等情况,并在会计报表附注中作相关披露。在以后的会计期间,如果该资产的公允价值能够可靠地计量,非营利组织应当在其能够可靠地计量的会计期间予以确认,并以公允价值计量。

3. 账户设置

非营利组织应设置“捐赠收入”账户以核算捐赠收入。应当按照捐赠收入是否存在限制,在“捐赠收入”账户下设置“限定性收入”和“非限定性收入”明细账户,分别核算限定性捐赠收入和非限定性捐赠收入。如果非营利组织存在多个捐赠项目,还可以结合具体情况,在“限定性收入”和“非限定性收入”明细账户下按照捐赠项目的不同设置相应的明细账户,以满足核算的需要。

“捐赠收入”账户属于收入类账户,借方登记结转为本期净资产的收入额,贷方登记本期实现的收入额,平时余额在贷方,反映非营利组织当期实现的捐赠收入的累积金额。在会计期末,应当将该账户中“非限定性收入”明细账户当期贷方发生额转入“非限定性净资产”账户,将该账户中“限定性收入”明细账户当期贷方发生额转入“限定性净资产”账户。期末结转后该账户应无余额。

4. 捐赠收入的主要账务处理

非营利组织接受捐赠,应当在满足规定的收入确认条件时确认捐赠收入。

1) 接受捐赠

接受的捐赠,按照应确认的金额,借记"现金""银行存款""短期投资""存货""长期股权投资""长期债权投资""固定资产""无形资产"等科目,贷记"捐赠收入——限定性收入"或"捐赠收入——非限定性收入"明细科目。

对于接受的附条件捐赠,如果存在需要偿还全部或部分捐赠资产或者相应金额的现时义务时(比如,因无法满足捐赠所附条件而必须将部分捐赠款退还给捐赠人时),按照需要偿还的金额,借记"管理费用"科目,贷记"其他应付款"等科目。

【例5-1】 2×19年4月19日,某非营利组织接受华宇公司捐赠的材料一批,价值300 000元,具有限定条件。

借:存货　　300 000
　　贷:捐赠收入——限定性收入　　300 000

【例5-2】 2×19年6月16日,某非营利组织接受东盛公司捐赠的设备一台,价值120 000元,无限定条件。

借:固定资产　　120 000
　　贷:捐赠收入——非限定性收入　　120 000

2) 解除限定性捐赠收入的限制

如果限定性捐赠收入的限制在确认收入的当期得以解除,应当将其转为非限定性捐赠收入,借记"捐赠收入——限定性收入"明细科目,贷记"捐赠收入——非限定性收入"明细科目。

【例5-3】 接[例5-1],2×19年12月31日,按照捐赠约定,华宇公司捐赠的有限定条件的材料中部分捐赠解除限制,解除限制部分的材料价值150 000元。

借:捐赠收入——限定性收入　　150 000
　　贷:捐赠收入——非限定性收入　　150 000

3) 期末结转

期末,将"捐赠收入"账户各明细账户的余额分别转入限定性净资产和非限定性净资产。

(1) 将非限定性捐赠收入转入非限定性净资产。

借:捐赠收入——非限定性收入
　　贷:非限定性净资产

(2) 将限定性捐赠收入转入限定性净资产。

借:捐赠收入——限定性收入
　　贷:限定性净资产

【例5-4】 2×19年12月31日,某非营利组织"捐赠收入"各明细账户的余额如下:

"捐赠收入——限定性收入"贷方余额240 000元

"捐赠收入——非限定性收入"贷方余额640 000元,进行期末结转。

① 限定性捐赠收入结转。

借：捐赠收入——限定性收入　　240 000
　　贷：限定性净资产　　240 000

② 非限定性捐赠收入结转。

借：捐赠收入——非限定性收入　　640 000
　　贷：非限定性净资产　　640 000

5.2.2 会费收入

1. 会费收入及其计量

会费收入是指非营利组织根据章程等的规定向会员收取的会费收入。

一般情况下，非营利组织的会费收入为非限定性收入，除非相关资产提供者对资产的使用设置了限制。

在实务中，非营利组织的会费收入通常属于非交换交易收入，一般为现金或银行存款，应当按照实际收到的金额或者应当收取的金额入账。

2. 账户设置

非营利组织应设置“会费收入”账户，用于核算非营利组织根据章程等的规定向会员收取的会费收入。该账户属于收入类账户，贷方登记本期实现的收入额，借方登记结转为本期净资产的收入额，平时余额在贷方，反映非营利组织当期实现的会费收入的累积金额。期末结转净资产后，该账户应无余额。本账户应当按照会费种类（如团体会费、个人会费等）设置明细账，进行明细核算。该账户可以根据收入是否存在限制，设置“限定性收入”和“非限定性收入”二级明细账户进行明细核算。

3. 会费收入的主要账务处理

1）收到会费

向会员收取会费，在满足收入确认条件时，借记“现金”“银行存款”“应收账款”等科目，贷记“会费收入——非限定性收入”明细科目，如果存在限定性会费收入，应当贷记“会费收入——限定性收入”明细科目。

【例 5-5】 2×19 年 4 月 26 日，某非营利组织向会员收取会费 60 000 元，无限定条件，存入银行。

借：银行存款　　60 000
　　贷：会费收入——非限定性收入　　60 000

【例 5-6】 2×19 年 5 月 8 日，某非营利组织银行收到会员单位交来的具有限制条件的会费 100 000 元。

借：银行存款　　100 000
　　贷：会费收入——限定性收入　　100 000

2）期末结转

期末，将“会费收入”账户各明细账户的余额分别转入限定性净资产和非限定性净资产。

(1) 将非限定性会费收入转入非限定性净资产。

借：会费收入——非限定性收入
　　贷：非限定性净资产

(2) 将限定性会费收入转入限定性净资产。

借：会费收入——限定性收入
　　贷：限定性净资产

【例 5-7】 2×19 年 12 月 31 日，某非营利组织“会费收入”账户账面余额为 320 000 元，均属于非限定性收入。

借：会费收入——非限定性收入	320 000	
贷：非限定性净资产		320 000

5.2.3 政府补助收入

1. 政府补助收入及其计量

政府补助收入是指非营利组织因为政府拨款或者政府机构给予补助而取得的收入。

如果资产提供者对资产的使用设置了时间限制或者(和)用途限制，则所确认的相关收入为限定性收入；除此之外的其他所有收入，为非限定性收入。

与捐赠收入和会费收入一样，政府补助收入也属于非交换交易收入，因此政府补助收入和捐赠收入的会计处理基本上是一致的。非营利组织接受政府补助所获得的资产通常为银行存款，应当按照实际收到的金额入账；如果非营利组织接受政府补助所获得的资产为非现金资产，其计量与接受捐赠的非现金资产的计量是一致的。非营利组织应当在满足规定的收入确认条件时确认政府补助收入。

特别提示 5-1

以下情况中取得的政府资金不属于政府补助收入

需要注意的是，在实务中，不少政府部门为了支持非营利组织的发展，向非营利组织提供资金用于某项项目的研究活动，而非营利组织则需要将科研成果提交给政府部门，或者政府部门向非营利组织按期提供一定的资金支持，而非营利组织则需要向政府部门或者公众提供一定的日常服务，这种情况通常被称为购买劳务。如果政府部门所提供的资金与非营利组织所提供的研究成果或日常服务是等值或者基本等值的，则此项交易应当属于交换交易的范畴，而不属于政府补助收入。

2. 账户设置

非营利组织应设置“政府补助收入”账户，用于核算非营利组织因为政府拨款或者政府机构给予补助而形成的收入。该账户属于收入类账户，借方登记结转为本期净资产的收入额，贷方登记本期实现的收入额，平时余额在贷方，反映非营利组织当期实现的政府补助收入的累积金额。期末结转净资产后，该账户应无余额。该账户可以根据收入是否存在限制，设置“限定性收入”和“非限定性收入”二级明细账户进行明细核算。

3. 政府补助收入的主要账务处理

1) 接受政府补助

接受政府补助，按照应确认的金额，借记“现金”“银行存款”等科目，贷记“政府补助收入——限定性收入”或“政府补助收入——非限定性收入”明细科目。

对于接受的附条件政府补助，如果非营利组织存在需要偿还全部或部分政府补助资产或者相应金额的现时义务时(比如，因无法满足政府补助所附条件而必须退还部分政府补助时)，按照需要偿还的金额，借记“管理费用”科目，贷记“其他应付款”等科目。

【例 5-8】 2×19 年 5 月 23 日，某非营利组织收到政府有条件补助 200 000 元。

借：银行存款　　200 000
　　贷：政府补助收入——限定性收入　　200 000

【例 5-9】 接[例 5-8]，某非营利组织经过努力还是无法达到政府补助所附条件，2×19年 8 月 23 日，某非营利组织退还补助 100 000 元。

借：政府补助收入——限定性收入　　100 000
　　贷：银行存款　　100 000

2）解除限定性政府补助收入的限制

如果限定性政府补助收入的限制在确认收入的当期得以解除，应当将其转为非限定性政府补助收入，借记“政府补助收入——限定性收入”明细科目，贷记“政府补助收入——非限定性收入”明细科目。

【例 5-10】 接[例 5-8]，2×19 年 8 月 30 日，由于政府政策发生变化，取消了其中 90 000 元补助收入的限制条件。

借：政府补助收入——限定性收入　　90 000
　　贷：政府补助收入——非限定性收入　　90 000

3）期末结转

期末，将“政府补助收入”账户各明细账户的余额分别转入限定性净资产和非限定性净资产。

（1）将非限定性政府补助收入转入非限定性净资产。

借：政府补助收入——非限定性收入
　　贷：非限定性净资产

（2）将限定性政府补助收入转入限定性净资产。

借：政府补助收入——限定性收入
　　贷：限定性净资产

【例 5-11】 2×19 年 12 月 31 日，某非营利组织“政府补助收入”账户账面余额为 272 000 元，其中限定性收入 172 000 元，非限定性收入 100 000 元。

借：政府补助收入——限定性收入　　172 000
　　　　　　　　——非限定性收入　　100 000
　　贷：限定性净资产　　172 000
　　　　非限定性净资产　　100 000

5.3 交换交易收入的核算

非营利组织的交换交易收入主要包括商品销售收入、提供服务收入、让渡资产使用权收入、投资收益和其他收入等。

5.3.1 商品销售收入

1. 商品销售收入及其计量

1）商品销售收入的概念

商品销售收入是指非营利组织销售商品等所形成的收入。比如，出售杂志、报纸等出版物，出售外购或自制的药品，出售接受捐赠的物品等，都属于商品销售的范畴。

一般情况下，非营利组织提供服务收入为非限定性收入，除非相关资产提供者对资产的使用设置了限制。

2）确认商品销售收入的条件

销售商品收入通常为交换交易收入。对于因交换交易所形成的商品销售收入，应当在下列条件同时满足时予以确认。

(1) 已将商品所有权上的主要风险和报酬转移给购货方。商品所有权上的风险主要指商品所有者承担该商品价值发生损失的可能性。比如，商品发生减值和发生毁损的可能性。商品所有权上的报酬主要指商品所有者预期可获得的商品中包括的未来经济利益。比如，商品价值的增加以及使用商品所形成的经济利益等。

商品所有权上的风险和报酬转移给了购货方，指风险和报酬均转移给了购货方。当一项商品发生的任何损失均不需要销货方承担，带来的经济利益也不归销货方，则意味着该商品所有权上的风险和报酬已从该销货方移出。

判断一项商品所有权上的主要风险和报酬是否已转移给买方，需要关注每项交易的实质而不是形式。通常，所有权凭证的转移或实物的交付是需要考虑的重要因素。

第一，商品所有权凭证转移或实物交付后，商品所有权上的主要风险和报酬也随之转移，如大多数零售交易。

第二，商品所有权凭证的转移或实物交付后，商品所有权上的主要风险和报酬并未随之转移。在实务中，可能有以下情况：①销售的商品在质量、品种、规格等方面不符合合同规定的要求，又未根据正常的保证条款予以弥补，因而销货方仍负有责任。②销售商品的收入是否能够取得，取决于代售方或寄销方是否已将商品销售出去。代销或寄销的特点是受托方只是一个代理商，委托方将商品发出后，商品所有权并未转移给受托方，从而所有权上的风险和报酬仍在委托方。只有当受托方将商品售出后，商品所有权上的风险和报酬才从委托方移出。因此，在代销或寄销情况下，委托方应在受托方售出商品，并取得受托方提供的代销清单时确认收入。③尚未完成售出商品的安装或检验工作，且此项安装或检验任务是销售合同的重要组成部分。④销售合同中规定了由于特定原因买方有权退货的条款，而又不能确定退货的可能性。

以上讲的是商品所有权上的主要风险和报酬转移给购货方销货方才有可能确认收入。需要注意的是，如果非营利组织只保留了所有权上的次要风险，且销售商品收入确认的其他三项条件满足了，则应确认相应的收入。

(2) 既没有保留通常与所有权相联系的继续管理权，也没有对已售出的商品实施控制。对售出商品实施继续管理，既可能源于仍拥有商品的所有权，也可能与商品的所有权没有关系。如果商品售出后，非营利组织仍保留有与该商品的所有权相联系的继续管理权，则说明此项销售商品交易没有完成，销售不能成立，不能确认收入。同样地，如果商品售出后，非营利组织仍可以对售出的商品实施控制，说明此项销售没有完成，不能确认收入。

(3) 与交易相关的经济利益很可能流入非营利组织。在销售商品的交易中，与交易相关的经济利益主要表现为销售商品的价款。销售商品的价款能否有把握收回是收入确认的一个重要条件，非营利组织在销售商品时如估计价款收回的可能性不大，即使收入确认的其他条件均已满足，也不应当确认收入。

销售商品的价款能否收回，主要根据非营利组织以前和买方交往的直接经验，或从其他方面取得的信息，或政府的有关政策等进行判断。条件中所指“很可能”是指价款收回的可能性大于不能收回的可能性。

在实务中，非营利组织售出的商品符合合同或协议规定的要求，并已将发票账单交付买方，买方也承诺付款，即通常表明销售商品的价款能够收回。如果非营利组织作出价款不能收回的判断，应提供可靠的证据。

(4) 相关的收入和成本能够可靠地计量。收入能否可靠地计量，是确认收入的基本前提，若收入不能可靠地计量则无法确认收入。非营利组织在销售商品时，售价通常已经确定。但销售过程中由于某种不确定因素，也有可能出现售价变动的情况，在新的售价未确定前不应确认收入。

根据收入和费用配比原则，与同一项销售有关的收入和成本应在同一会计期间予以确认。因此，若成本不能可靠地计量，相关的收入也不能确认，即使其他条件均已满足，如果已收到价款，收到的价款应确认为一项负债。

2. 商品销售收入的计量

销售商品收入应当按照非营利组织与购货方签订的合同或协议金额或双方接受的金额确定；没有合同或协议的，应当按照购销双方都同意或都能接受的价格确定。

3. 账户设置

非营利组织应设置“商品销售收入”账户。一般情况下，商品销售收入为非限定性收入，除非相关资产提供者对资产的使用设置了限制。为此，非营利组织应当视具体情况在“商品销售收入”账户下设置“限定性收入”和“非限定性收入”明细账户分别核算。同时，非营利组织还应当按照商品的种类在“限定性收入”和“非限定性收入”明细账户下设置明细账户，进行明细核算。

“商品销售收入”账户的贷方反映当期商品销售收入的实际发生额。在会计期末，应当将该账户中“非限定性收入”明细账户当期贷方发生额转入“非限定性净资产”账户；如果存在限定性商品销售收入，则应当将该科目中“限定性收入”明细账户当期贷方发生额转入“限定性净资产”账户。期末结转后该账户应无余额。

4. 商品销售收入的主要账务处理

1) 取得商品销售收入

销售商品取得收入时，按照实际收到或应当收取的价款，借记“现金”“银行存款”“应收票据”“应收账款”等科目，按照应当确认的商品销售收入金额，贷记“商品销售收入——非限定性收入”明细科目(如果存在限定性商品销售收入，应当贷记“商品销售收入——限定性收入”明细科目)，按照预收的价款，贷记“预收账款”科目。在以后期间确认商品销售收入时，借记“预收账款”科目，贷记“商品销售收入——非限定性收入”明细科目。

【例 5-12】 某非营利组织为一般纳税人，2×19 年 5 月 29 日，赊销一批商品给蓝海公司，价款 50 000 元，增值税 1 500 元，为限定性商品销售收入，该批商品的成本为 35 000 元。

① 确认收入。

借：应收账款——蓝海公司　　51 500
　　贷：商品销售收入——限定性收入　　50 000
　　　　应交税金——应交增值税（销项税额）　　1 500

② 结转成本。

借：业务活动成本　　35 000
　　贷：存货　　35 000

2）销售退回

销售退回是指非营利组织售出的商品，由于质量、品种不符合要求等原因而发生的退货。销售退回应当分情况处理。

（1）未确认收入的已发出商品的退回，不需要调整商品销售收入、商品销售成本。

（2）已确认收入的销售商品退回，一般情况下直接冲减退回当月的商品销售收入、商品销售成本（如果成本已经结转）等：按照应当冲减的商品销售收入，借记“商品销售收入”科目，按照已收或应收的金额，贷记“银行存款”“应收账款”“应收票据”等科目，按照退回商品已经结转的成本，借记“存货”科目，贷记“业务活动成本”科目。

如果该项销售发生现金折扣，应当在退回当月一并处理，将原确认的现金折扣冲销。

（3）资产负债表日至财务报告批准报出日之间发生的报告期间或以前期间的销售退回，应当作为资产负债表日后事项的调整事项处理，调整报告期间会计报表的相关项目：按照应冲减的商品销售收入，借记“非限定性净资产”科目（如果所调整收入属于限定性收入，应当借记“限定性净资产”科目），按照已收或应收的金额，贷记“银行存款”“应收账款”“应收票据”等科目；按照退回商品的成本，借记“存货”科目，贷记“非限定性净资产”科目。

如果该项销售已发生现金折扣，应当一并处理。按照原确认的现金折扣金额，借记“银行存款”等科目，贷记“非限定性净资产”或“限定性净资产”科目。

【例 5-13】 接[例 5-12]，蓝海公司在 2×19 年 6 月 1 日验货时，发现该批商品的品种不符合合同规定，要求退货。

① 冲减退回当月的商品销售收入及增值额。

借：商品销售收入——限定性收入　　50 000
　　应交税金——应交增值税　　1 500
　　贷：应收账款——蓝海公司（因赊销）　　51 500

② 冲减退回当月的成本。

借：存货　　35 000
　　贷：业务活动成本（因已跨月，因此上月成本已结转）　　35 000

3）现金折扣

现金折扣是指非营利组织为了尽快回笼资金而发生的理财费用。现金折扣一般用符号“折扣率/付款期限”表示，如“2/10，1/20，N/30”表示销货方允许客户最长的付款期限为 30 天，如果客户在 10 天内付款，销货方可按商品售价给予客户 2%的折扣；如果客户在

20天内付款，销货方可按商品售价给予客户1%的折扣；如果客户在21天至30天内付款，将不能享受现金折扣。

现金折扣在实际发生时直接计入当期筹资费用：按照实际收到的金额，借记“银行存款”等科目，按照应给予的现金折扣，借记“筹资费用”科目，按照应收的账款，贷记“应收账款”“应收票据”等科目。

购买方实际获得的现金折扣，冲减取得当期的筹资费用：按照应付的账款，借记“应付账款”“应付票据”等科目，按照实际获得的现金折扣，贷记“筹资费用”科目，按照实际支付的价款，贷记“银行存款”等科目。

【例5-14】 接[例5-12]，蓝海公司在2×19年6月12日付款，享受1%的500元的现金折扣。

借：银行存款	56 000	
筹资费用	500	
贷：应收账款——蓝海公司		56 500

4）销售折让

销售折让是指销货方因所售商品的质量不合格、品种与要求不一致等原因而在售价上给予购货方的减让，销售折让应当在实际发生时直接从当期实现的销售收入中抵减。

（1）企业在确认收入之前发生折让的，销售方应直接从原定的销售价格中扣除给予购货方的销售折让，以扣除之后的金额作为实际销售价格（其处理同商业折扣），并据以确认销售收入。

（2）已确认收入的售出商品发生销售折让的，通常应当在发生时冲减当期销售商品收入。

【例5-15】 某非营利组织于2×19年6月18日赊销一批商品给乐天公司，属非限定性收入，不含税价款40 000元，由于商品质量问题，给予乐天公司不含税价的5%，即2 000元的销售折让，货款存入银行。

借：银行存款	39 140	
贷：商品销售收入——非限定性收入		38 000
应交税金——应交增值税		1 140

5）期末结转

期末，将“商品销售收入”账户的余额转入非限定性净资产，借记“商品销售收入——非限定性收入”明细科目，贷记“非限定性净资产”科目。如果存在限定性商品销售收入，则将其金额转入限定性净资产，借记“商品销售收入——限定性收入”明细科目，贷记“限定性净资产”科目。

（1）将非限定性商品销售收入转入非限定性净资产。

借：商品销售收入——非限定性收入

　　贷：非限定性净资产

（2）将限定性商品销售收入转入限定性净资产。

借：商品销售收入——限定性收入

　　贷：限定性净资产

【例5-16】 2×19年7月31日,某非营利组织"商品销售收入"账户的账面余额为300 000元,均属于非限定性收入。

借:商品销售收入——非限定性收入 300 000
　　贷:非限定性净资产 300 000

5. 特殊情况下的商品销售收入

1) 委托代销

委托代销是指委托方根据协议,委托受托方代销商品的一种销售方式。可分为视同买断方式和支付手续费方式。

由于非营利组织在委托代销交易中既可能作为委托代销方,也可能作为受托代销方;同时,两种代销方式的会计处理各有特点,非营利组织在对委托代销交易进行核算时应当区别对待。

(1) 视同买断方式。视同买断方式是指委托方和受托方签订合同或协议,委托方按协议价格收取委托代销商品的货款,实际售价可由受托方自定,实际售价与协议价之间的差额归受托方所有的销售方式。委托方将商品交付给受托方时,商品所有权上的风险和报酬并未转移给受托方,因此,委托方在交付商品时不确认收入,受托方也不作购进商品处理。受托方将商品销售后,应按实际售价确认销售收入,并向委托方开具代销清单。委托方收到代销清单时,再确认销售收入。

作为委托方的非营利组织,为了核算委托代销交易,应当在"存货"账户下设置"委托代销商品"明细账户。发出委托代销商品时,借记"存货——委托代销商品"科目,贷记"存货——××商品"科目。收到受托方的代销清单时,根据代销清单上注明的已销商品货款的实现情况,按应收的款项,借记"应收账款""应收票据"等科目,按实现的商品销售收入,贷记"商品销售收入"科目;同时,结转售出商品的成本,借记"业务活动成本——商品销售成本"科目,贷记"存货——委托代销商品"科目。

作为受托方的非营利组织,为了核算受托代销交易,应当在"存货"账户下设置"受托代销商品"明细科目,在"应付账款"账户下设置"受托代销商品款"明细账户。受托代销商品销售收入的会计处理,与非营利组织一般情况下商品销售收入的会计处理相同。

表5-1　　视同买断的委托代销账务处理(不考虑相关税费)

<table>
<tr><th rowspan="2">业务</th><th colspan="2">会计处理</th></tr>
<tr><th>委托方</th><th>受托方</th></tr>
<tr><td>交付商品</td><td>借:存货——委托代销商品
　贷:存货——××商品</td><td>借:存货——受托代销商品
　贷:应付账款——受托代销商品款</td></tr>
<tr><td rowspan="2">委托方收到代销清单</td><td>① 借:应收账款/应收票据等——受托方
　贷:商品销售收入</td><td>① 借:银行存款/应收账款等
　贷:商品销售收入</td></tr>
<tr><td>② 借:业务活动成本——商品销售成本
　贷:存货——委托代销商品</td><td>② 借:业务活动成本——商品销售成本
　贷:存货——受托代销商品</td></tr>
<tr><td>结算货款</td><td>借:银行存款
　贷:应收账款/应收票据等——受托方</td><td>借:应付账款——受托代销商品款
　贷:银行存款</td></tr>
</table>

【例5-17】 2×19年6月18日,甲非营利组织采用视同买断方式委托乙非营利组织销售一批M商品,协议价为60 000元,商品成本为51 000元,并于当日将商品交付给乙非营

利组织；7 月 3 日，乙非营利组织以 68 000 元的价款将商品全部售出，款项已收，当日，甲非营利组织收到乙非营利组织开来的代销清单，款项尚未支付；7 月 5 日，双方结算货款。假设收入均为非限定性收入，且不考虑其他因素及相关税费。

委托方甲非营利组织的会计处理如下。

① 6 月 18 日，发出 M 商品。

借：存货——委托代销商品　　51 000
　　贷：存货——M 商品　　51 000

② 7 月 3 日，收到代销清单。

借：应收账款——乙非营利组织　　60 000
　　贷：商品销售收入——非限定性收入　　60 000

借：业务活动成本——商品销售成本　　51 000
　　贷：存货——委托代销商品　　51 000

③ 7 月 5 日，结算，收到货款。

借：银行存款　　60 000
　　贷：应收账款——乙非营利组织　　60 000

受托方乙非营利组织的会计处理如下。

① 6 月 18 日，收到 M 商品。

借：存货——受托代销商品　　60 000
　　贷：应付账款——受托代销商品款　　60 000

② 7 月 3 日，对外销售。

借：银行存款　　68 000
　　贷：商品销售收入——非限定性收入　　68 000

借：业务活动成本——商品销售成本　　60 000
　　贷：存货——受托代销商品　　60 000

③ 7 月 5 日，结算，支付货款。

借：应付账款——受托代销商品款　　60 000
　　贷：银行存款　　60 000

（2）支付手续费代销方式。采用支付手续费代销方式，委托方在发出商品时，商品所有权上的主要风险和报酬并未转移给受托方，委托方在发出商品时通常不应确认销售商品收入，而应在收到受托方开出的代销清单时确认销售商品收入，同时将应支付的代销手续费计入业务活动成本；受托方应在代销商品销售后，按合同或协议约定的方法计算确定代销手续费，确认劳务收入。

作为委托方的非营利组织，发出委托代销商品时，借记“存货——委托代销商品”科目，贷记“存货——××商品”科目。收到受托方的代销清单时，根据代销清单上注明的已销商品货款的实现情况，按应收的款项，借记“应收账款”“应收票据”等科目，按实现的商品销售收入，贷记“商品销售收入”科目；同时，结转售出商品的成本，借记“业务活动成本——商品销售成本”科目，贷记“存货——委托代销商品”科目；同时，按应支付的委托代销手续费，借记“业务活动成本——业务活动费”科目，贷记“应收账款”等科目。

作为受托方的非营利组织，在收到商品时，借记“存货——受托代销商品”科目，贷记“应付账款——受托代销商品款”科目；在销售实现时，按应收或实收的价款，借记“应收账款”“银行存款”等科目，贷记“存货——受托代销商品”科目；按手续费金额，借记“银行存款”等科目或冲减（借记）“应付账款——受托代销商品款”科目，贷记“提供服务收入”科目。

表 5-2　　支付手续费方式的账务处理

业务	会计处理	
	委托方	受托方
交付商品	借：存货——委托代销商品 　贷：存货——××商品	借：存货——受托代销商品 　贷：应付账款——受托代销商品款
受托方实际销售商品，委托方收到代销清单、确认手续费	① 借：应收账款——受托方 　贷：商品销售收入	① 借：银行存款 　贷：存货——受托代销商品
	② 借：业务活动成本——商品销售成本 　贷：存货——委托代销商品 ③ 借：业务活动成本——商品销售成本 　贷：应收账款——受托方	② 借：应付账款——受托代销商品款 　贷：提供服务收入
结算货款和手续费	借：银行存款 　贷：应收账款——受托方	借：应付账款——受托代销商品款 　贷：银行存款

【例 5-18】　2×19 年 7 月 18 日，甲非营利组织采用支付手续费方式委托乙非营利组织销售一批 M 商品，协议价为 60 000 元，商品成本为 51 000 元，甲非营利组织按售价的 10% 支付乙非营利组织代销手续费，并于当日将商品交付给乙非营利组织；8 月 3 日，乙非营利组织将商品全部售出，款项已收，当日，甲非营利组织收到乙非营利组织开来的代销清单，款项尚未支付；8 月 5 日，双方结算货款。假设收入均为非限定性收入，且不考虑其他因素及相关税费。

委托方甲非营利组织的会计处理如下。

① 7 月 18 日，发出 M 商品。

借：存货——委托代销商品　　51 000
　　贷：存货——M 商品　　51 000

② 8 月 3 日，收到代销清单。

借：应收账款——乙非营利组织　　60 000
　　贷：商品销售收入——非限定性收入　　60 000

借：业务活动成本——商品销售成本　　51 000
　　贷：存货——委托代销商品　　51 000

确认应支付的代销手续费：

借：业务活动成本——业务活动费　　6 000
　　贷：应收账款——乙非营利组织　　6 000

③ 8月5日，结算，收到货款。

借：银行存款　　54 000
　　贷：应收账款——乙非营利组织　　54 000

受托方乙非营利组织的会计处理如下。

① 7月18日，收到M商品。

借：存货——受托代销商品　　60 000
　　贷：应付账款——受托代销商品款　　60 000

② 8月3日，对外销售。

借：银行存款　　60 000
　　贷：存货——受托代销商品　　60 000

借：应付账款——受托代销商品款　　6 000
　　贷：提供服务收入——非限定性收入　　6 000

③ 8月5日，结算，支付货款。

借：应付账款——受托代销商品款　　54 000
　　贷：银行存款　　54 000

表5-3　　视同买断方式与支付手续费方式代销商品区别

方式	委托方确认收入的时间	受托方有无定价权	受托方确认收入的时间	受托方的收入方式
视同买断	在收到代销清单时确认收入	有	在卖出商品时即可确认收入	视为自有商品的销售，以价差方式赚取收益
支付手续费		无	在有权收取手续费时确认收入	以手续费方式认定收入

2）不符合收入确认条件的发出商品

非营利组织在商品销售交易中已发出商品，如果由于不能同时符合销售收入确认的条件，那么就不能确认销售收入。在这些情况下，为了核算不符合收入确认条件的发出商品成本，非营利组织应当在"存货"账户下设置"发出商品"明细账户。此类销售交易的其他会计处理与一般商品销售收入相同。

【例5-19】　丙非营利组织在2×19年7月12日销售100件M商品，每件2 000元，成本每件1 700元，款项尚未收到，丙非营利组织在销售时已知对方资金周转发生困难，但为了减少存货积压，丙非营利组织仍将商品发往买方。7月23日，买方因质量原因退回10件商品，同时以银行存款转账的方式支付了90件商品的货款，假设收入为非限定性收入且不考虑其他因素及税费。

① 7月12日，发出M商品，由于买方资金周转发生困难，可能无法收到货款，因此不符合收入确认的条件，不能确认销售收入。

借：存货——发出商品　　170 000
　　贷：存货——M商品　　170 000

② 7 月 23 日,未确认销售收入的商品发生销售退回 10 件。

借:存货——M商品 17 000
　　贷:存货——发出商品 17 000

收到 90 件商品的货款,确认收入并结转成本:

借:银行存款 180 000
　　贷:商品销售收入——非限定性收入 180 000

借:业务活动成本——商品销售成本 153 000
　　贷:存货——发出商品 153 000

5.3.2 提供服务收入

1. 提供服务收入的概念

提供服务收入是指非营利组织根据章程等的规定向其服务对象提供服务取得的收入,包括学杂费收入、医疗费收入、培训收入等,又称提供劳务收入。

一般情况下,非营利组织的提供服务收入为非限定性收入,除非相关资产提供者对资产的使用设置了限制。

2. 提供服务收入的计量

非营利组织提供一项服务取得的总收入,一般按照非营利组织与接受服务方签订的合同或协议的金额确定。如有现金折扣的,应在实际发生时计入当期筹资费用。

由于非营利组织提供服务的种类很多,如医疗、咨询、代理、培训和产品安装等,提供服务的内容不同,完成服务的时间也不等。有的服务一次就能完成,且一般均为现金交易;有的服务需要花较长一段时间才能完成,如安装、培训等。对于需要较长的时间才能完成的服务,有的在一个会计年度内完成,有的可能会存在跨越一个会计年度的情况,在服务期限跨越一个会计年度的情况下,又存在交易结果能够可靠地计量和不能够可靠地计量的情形,因此需要针对不同的情况进行相应的账务处理。

1) 提供的服务在同一会计年度内开始并完成

应当在完成劳务时,按照合同或协议规定的总金额确认和计量收入。

2) 劳务的开始和完成属于不同的会计年度

(1) 提供该项服务的交易结果能够可靠地估计。

可以按完工进度或完成的工作量确认和计量收入:

本年应确认的收入 = 劳务总收入 × 本年年末止劳务的完成进度 − 以前年度已确认的收入

本年应确认的费用 = 劳务总成本 × 本年年末止劳务的完成进度 − 以前年度已确认的费用

特别提示 5-2

劳务总收入与劳务总成本

劳务总收入,即合同总收入,一般根据双方签订的合同或协议注明的交易总金额确定。随着劳务的不断提供,双方可能会根据实际情况增加或减少交易总金额,非营利组织应及时调整合同总收入。

劳务总成本包括至资产负债表日止已经发生的成本和完成劳务将要发生的成本。非营利组织应建立完善的内部成本核算制度和有效的内部财务预算及报告制度，准确提供每期发生的成本，并对完成剩余劳务将要发生的成本作出科学、可靠的估计，而且随着劳务的不断提供或外部情况的不断变化，随时对估计的成本进行修订。

延伸阅读 5-1

劳务的完成进度

劳务的完成进度，即完工进度或完成的工作量，可以采用以下方法确定。

(1) 已完工作的测量，这是一种比较专业的测量方法，由专业测量师对已经提供的劳务进行测量，并按一定方法计算确定提供劳务交易的完工程度。

(2) 已经提供的劳务占应提供劳务总量的比例，这种方法主要以劳务量为标准确定提供劳务交易的完工进度。

(3) 已经发生的成本占估计总成本的比例，这种方法主要以成本为标准确定提供劳务交易的完工程度。只有已提供劳务的成本才能包括在已经发生的成本中，只有已提供或将提供劳务的成本才能包括在估计总成本中。

(2) 不能对该项服务的交易结果作出可靠的估计。应正确预计已经发生的劳务成本能够得到补偿的程度，分别进行会计处理：

① 已经发生的劳务成本预计全部能够得到补偿的，应按已经发生的劳务成本金额确认提供劳务收入，并结转已经发生的劳务成本。

② 已经发生的劳务成本预计部分能够得到补偿的，应按预计能够得到补偿的劳务成本金额确认提供劳务收入，并结转已经发生的劳务成本。

③ 已经发生的劳务成本预计全部不能得到补偿的，应将已经发生的劳务成本计入当期费用，不确认提供劳务收入。

3. 账户设置

非营利组织应设置“提供服务收入”账户，该账户属于收入类账户，借方登记结转为本期净资产的收入额，贷方登记本期实现的收入额，平时余额在贷方，反映非营利组织当期实现的提供服务收入的累积金额。期末结转净资产后，该账户应无余额。该账户可以根据收入是否存在限制，设置“限定性收入”和“非限定性收入”二级明细账户进行明细核算，本账户应当按照提供服务的种类设置明细账，进行明细核算。

4. 提供服务收入的主要账务处理

1) 取得提供服务收入

提供服务取得收入时，按照实际收到或应当收取的价款，借记“现金”“银行存款”“应收账款”等科目，按照应当确认的提供服务收入金额，贷记“提供服务收入”科目，按照预收的价款，贷记“预收账款”科目。在以后期间确认提供服务收入时，借记“预收账款”科目，贷记“提供服务收入”科目。

如果存在非限定性提供服务收入，应当贷记“提供服务收入——非限定性收入”明细科目；如果存在限定性提供服务收入，应当贷记“提供服务收入——限定性收入”明细科目。

【例 5-20】 2×19 年 5 月 16 日，某非营利组织对外提供服务，取得非限定性收入 80 000 元，存入银行。

借：银行存款　　80 000
　　贷：提供服务收入——非限定性收入　　80 000

2）期末结转

（1）将非限定性提供服务收入转入非限定性净资产。

借：提供服务收入——非限定性收入
　　贷：非限定性净资产

（2）将限定性提供服务收入转入限定性净资产。

借：提供服务收入——限定性收入
　　贷：限定性净资产

【例5-21】 2×19年12月31日，某非营利组织"提供服务收入"各明细账户的余额如下：

"提供服务收入——限定性收入"贷方余额140 000元。

"提供服务收入——非限定性收入"贷方余额340 000元，进行期末结转。

① 限定性收入结转。

借：提供服务收入——限定性收入　　140 000
　　贷：限定性净资产　　140 000

② 非限定性收入结转。

借：提供服务收入——非限定性收入　　340 000
　　贷：非限定性净资产　　340 000

5.3.3 让渡资产使用权收入

1. 让渡资产使用权收入及其计量

1）让渡资产使用权收入主要包括两大类

（1）利息收入是指让渡现金资产使用权而获得的利息收入。

（2）使用费收入是指让渡无形资产（如商标权、专利权、专营权、软件、版权）等资产的使用权而形成的使用费收入。

广义上，让渡资产使用权收入还应包括出租固定资产取得的租金收入、债权投资取得的利息收入、股权投资取得的股息收入等，这些收入的确认和计量不在本章中介绍。

2）让渡资产使用权收入的计量

对于因交换交易所形成的让渡资产使用权（包括利息收入和使用费收入），应当按照下列方法分别进行计量。

（1）利息收入根据合同或协议规定的相关利率确定。

（2）使用费收入按非营利组织与其他资产使用者签订的合同或协议确定。但需要注意的是，不同的使用费收入，其收费的方法和时间不同。

① 如果合同协议规定使用费一次支付，且不提供后续服务的，应视同该项资产的销售，一次确认收入。

② 如果提供后续服务的，应在合同协议规定的有效期内分期确认收入。

③ 如果合同协议规定分期支付使用费，应按合同协议规定的收款时间和金额或合同协议规定的收费方法计算的金额分期确认收入。

2. 账户设置

非营利组织通常应当设置"其他收入"账户，核算非营利组织取得的使用费收入和自有资金产生的利息收入。一般情况下，使用费收入和利息收入为非限定性收入，除非相关资产提供者对资产的使用设置了限制，为此，非营利组织应当视具体情况在"其他收入"账户下设置"限定性收入"和"非限定性收入"明细账户分别核算；然后，在"限定性收入" 和"非限定性收入"明细账户下设置 "使用费收入""利息收入"明细账户，进行明细核算。

如果对于某非营利组织而言，利息收入属于主要业务活动，则可以增置"利息收入"账户。

对于将借款存入银行而发生的利息收入，则应当冲减相关筹资费用，借记"银行存款"科目，贷记"筹资费用"科目。

3. 让渡资产使用权收入的主要账务处理

1）利息收入的账务处理

在会计期末，非营利组织将应确认的利息金额，记入当期收入，借记"银行存款"科目，贷记"其他收入"科目。

【例 5-22】 2×19 年 12 月 31 日，某非营利组织收到其开户银行通知，其银行存款的当期利息为 13 600 元，全部为自有资金存款产生的利息。

借：银行存款	13 600	
贷：其他收入——非限定性收入——利息收入		13 600

2）使用费收入的账务处理

按照应确认的使用费金额，借记"银行存款"等科目，贷记"其他收入"科目。

【例 5-23】 2×18 年 1 月 1 日，某非营利组织向东风公司转让 A 专利权的使用权，协议规定，转让期为 3 年，自 2×18 年 1 月 1 日至 2×20 年 12 月 31 日，每年的 1 月 1 日向东风公司收取使用费 20 000 元，东风公司均以银行转账的方式支付使用费，假设不考虑其他因素和税费。

2×18 年 1 月 1 日，按照实际收到的价款，确认使用费收入。

借：银行存款	20 000	
贷：其他收入——非限定性收入——使用费收入		20 000

2×19 年 1 月 1 日、2×20 年 1 月 1 日，按照实际收到的价款确认使用费收入的会计处理同上。

5.3.4 投资收益

1. 投资收益的概念

投资收益是指非营利组织因对外投资取得的投资净损益。投资收益可以发生在各种类型的非营利组织，其核算包括对短期投资收益、长期股权投资收益和长期债权投资收益的核算。

一般情况下，非营利组织的投资收益为非限定性收入，除非相关资产提供者对资产的使用设置了限制。

2. 账户设置

非营利组织应设置“投资收益”账户，用于核算非营利组织因对外投资取得的投资净损益，该账户属于损益类账户，借方登记本期的投资损失金额以及结转为本期净资产的投资净收益金额，贷方登记本期实现的投资收益以及结转为本期净资产的投资净损失金额，平时余额在贷方，反映非营利组织当期的投资净收益。如果余额在借方，反映非营利组织当期的投资净损失。期末结转净资产后，该账户应无余额。该账户可以根据收入是否存在限制，设置“限定性收入”和“非限定性收入”二级明细账户进行明细核算。

3. 投资收益的主要账务处理

1）短期投资收益

出售短期投资或到期收回债券本息，按照实际收到的金额，借记“银行存款”科目，按照已计提的减值准备，借记“短期投资跌价准备”科目，按照所出售或收回短期投资的账面余额，贷记“短期投资”科目，按照未领取的现金股利或利息，贷记“其他应收款”科目，按照其差额，借记或贷记“投资收益”科目。

【例5-24】 某非营利组织于2×19年6月19日，将持有东海公司的债券出售，实收110 000元，债券面值100 000元，已提跌价准备2 000元。

借：银行存款　　110 000
　　短期投资跌价准备　　2 000
　　贷：短期投资——东海公司债券　　100 000
　　　　投资收益(差额)　　12 000

2）长期股权投资收益

（1）采用成本法核算的，被投资单位宣告发放现金股利或利润时，按照宣告发放的现金股利或利润中属于非营利组织应享有的部分，确认当期投资收益，借记“其他应收款”科目，贷记“投资收益”科目。

【例5-25】 某非营利组织持有富强公司股票10 000股，实行成本核算法。2×19年3月1日，富强公司宣告发放现金股利，每股2元。

借：其他应收款——富强公司　　20 000
　　贷：投资收益　　20 000

（2）采用权益法核算的，在期末，按照应当享有或应当分担的被投资单位当年实现的净利润或发生的净亏损的份额，调整长期股权投资账面价值，如被投资单位实现净利润，借记“长期股权投资”科目，贷记“投资收益”科目，如被投资单位发生净亏损，借记“投资收益”科目，贷记“长期股权投资”科目，但以长期股权投资账面价值减记至零为限。

【例5-26】 某非营利组织持有天利公司股票20 000股，账面价值60 000元，年末，天利公司股票市值为每股4元，即所持股票市值为80 000元。

借：长期股权投资——天利公司股票　　20 000
　　贷：投资收益　　20 000

（3）处置长期股权投资。处置长期股权投资时，按照实际取得的价款，借记“银行存款”等科目，按照已计提的减值准备，借记“长期投资减值准备”科目，按照所处置长期股权投资的账面余额，贷记“长期股权投资”科目，按照未领取的现金股利，贷记“其他应收款”科目，按照其差额，借记或贷记“投资收益”科目。

【例 5-27】 某非营利组织将持有的 A 公司股票出售，实收 100 000 元，该股票账面余额为 80 000 元，已提长期投资减值准备 5 000 元，含已宣告但尚未领取的现金股利 8 000 元。

借：银行存款	100 000	
长期投资减值准备	5 000	
贷：长期股权投资		80 000
其他应收款（尚未领取的现金股利）		8 000
投资收益（差额）		17 000

3）长期债权投资收益

（1）利息及长期债券投资的初始成本与债券面值之间差额的处理。持有长期债权投资期间，应当按照票面价值与票面利率按期计算确认利息收入，如为到期一次还本付息的债券投资，借记“长期债权投资——债券投资（应收利息）”科目，贷记“投资收益”科目，如为分期付息、到期还本的债权投资，借记“其他应收款”科目，贷记“投资收益”科目。

长期债券投资的初始投资成本与债券面值之间的差额，应当在债券存续期间，按照直线法于确认相关债券利息收入时摊销，如初始投资成本高于债券面值，按照应当分摊的金额，借记“投资收益”科目，贷记“长期债权投资”科目，如初始投资成本低于债券面值，按照应当分摊的金额，借记“长期股权投资”科目，贷记“投资收益”科目。

【例 5-28】 某非营利组织持有 5 年期国库券，面值 200 000 元，年利率 5%，到期一次还本付息。该笔国库券购入时投入 220 000 元，每年分摊的金额为 4 000 元。

① 年末确认利息。

借：长期债权投资——债券投资（应收利息）	10 000	
贷：投资收益（200 000×5%）		10 000

② 摊销初始溢价投资。

借：投资收益	4 000	
贷：长期债权投资		4 000

（2）长期债权投资的处置。处置长期债权投资时，按照实际取得的价款，借记“银行存款”等科目，按照已计提的减值准备，借记“长期投资减值准备”科目，按照所处置长期债券投资的账面余额，贷记“长期债权投资”科目，按照未领取的现金股利，贷记“其他应收款”科目或“长期债权投资——债券投资（应收利息）”科目，按照其差额，借记或贷记“投资收益”科目。

【例 5-29】 某非营利组织将持有的天河公司债券出售，实收 130 000 元，该长期债券投资的账面余额为 100 000 元，已提债券减值准备 4 000 元，已到付息期，尚未领取的利息 5 000 元。

借：银行存款	130 000	
长期投资减值准备	4 000	
贷：长期债权投资	100 000	
其他应收款（尚未领取的利息）		5 000
投资收益（差额）		29 000

4）期末结转

期末，将“投资收益”账户的余额转入非限定性净资产，借记“投资收益”科目，贷记“投资收益——非限定性净资产”科目。如果存在限定性投资收益，则将其金额转入限定性净资产，借记“投资收益”科目，贷记“投资收益——限定性净资产”科目。

（1）将非限定性投资收益转入非限定性净资产。

借：投资收益——非限定性收入
　　贷：非限定性净资产

（2）将限定性投资收益转入限定性净资产。

借：投资收益——限定性收入
　　贷：限定性净资产

【例 5-30】 某非营利组织 2×19 年 12 月 31 日的“投资收益”账户的账面余额为 37 000元，全部为非限定性收入。

借：投资收益——非限定性收入	37 000	
贷：非限定性净资产		37 000

5.3.5 其他收入

1. 其他收入的概念

其他收入是指非营利组织除捐赠收入、会费收入、提供服务收入、商品销售收入、政府补助收入、投资收益等主要业务活动收入以外的其他收入，如确实无法支付的应付款项、存货盘盈、固定资产盘盈、固定资产处置净收入、无形资产处置净收入等。非营利组织的其他收入通常属于交换交易收入。

一般情况下，非营利组织的其他收入为非限定性收入，除非相关资产提供者对资产的使用设置了限制。

2. 账户设置

非营利组织应设置“其他收入”账户，该账户属于收入类账户，借方登记结转为本期净资产的收入额，贷方登记本期实现的收入额，平时余额在贷方，反映非营利组织当期实现的其他收入的累积金额。期末结转净资产后，该账户应无余额。该账户可以根据收入是否存在限制，设置“限定性收入”和“非限定性收入”二级明细账户进行明细核算。

3. 其他收入的主要账务处理

1）现金、存货、固定资产等盘盈收入

盘盈现金、存货、固定资产的，根据管理权限报经批准后，借记“现金”“存货”“固定资产”“文物文化资产”等科目，贷记“其他收入——非限定性收入”明细科目，如果存在限定性其他收入，应当贷记“其他收入——限定性收入”明细科目。

【例 5-31】 2×19 年 12 月 31 日，某非营利组织盘点的结果如下：盘盈现金 50 元，盘盈存货 3 000 元，盘盈估值 6 600 元的电脑一台。均为非限定性收入。

借：现金　　50
　　存货　　3 000
　　固定资产　　6 600
　　贷：其他收入——非限定性收入　　9 650

2）固定资产处置净收入

对于固定资产处置净收入，借记“固定资产清理”科目，贷记“其他收入”科目。

【例 5-32】 2×19 年 3 月 31 日，某非营利组织处置一台电脑，账面余额 6 000 元，已提折旧 3 800 元，以现金支付清理费用 200 元，变价收入 2 600 元，存入银行。

① 转入清理。

借：固定资产清理　　2 200
　　累计折旧　　3 800
　　贷：固定资产　　6 000

② 发生清理费。

借：固定资产清理　　200
　　贷：现金　　200

③ 收到变价收入。

借：银行存款　　2 600
　　贷：固定资产清理　　2 600

④ 固定资产处置净收益。

借：固定资产清理(2 600－2 200－200)　　200
　　贷：其他收入　　200

3）无形资产处置净收入

对于无形资产处置净收入，按照实际取得的价款，借记“银行存款”等科目，按照该项无形资产的账面余额，贷记“无形资产”科目，按照其差额，贷记“其他收入”科目。

【例 5-33】 2×19 年 4 月 6 日，某非营利组织处置一项外观设计的专利权，账面余额 76 000 元，取得价款 87 000 元。

借：银行存款　　87 000
　　贷：无形资产　　76 000
　　　　其他收入　　11 000

4）确认无法支付的应付款项

确认无法支付的应付款项，借记“应付账款”等科目，贷记“其他收入”科目。

【例 5-34】 由于甲公司倒闭，某非营利组织所欠其货款 30 000 元无法支付。

借：应付账款——甲公司　　30 000
　　贷：其他收入　　30 000

5）非货币性交易中收到补价

在非货币性交易中收到补价情况下应确认的损益，借记有关科目，贷记“其他收入”科目。

【例5-35】 某非营利组织为东盛公司提供服务，东盛公司以存货支付服务费，并补价1 000元。

借：银行存款　　1 000
　　贷：其他收入　　1 000

6）期末结转

期末，将本账户的余额转入非限定性净资产，借记“其他收入”科目，贷记“非限定性净资产”科目。如果存在限定性的其他收入，则将其金额转入限定性净资产，借记“其他收入”科目，贷记“限定性净资产”科目。期末结转后，本账户应无余额。

（1）将其他收入转入非限定性净资产。

借：其他收入
　　贷：非限定性净资产

（2）将其他收入转入限定性净资产。

借：其他收入
　　贷：限定性净资产

【例5-36】 2×19年12月31日，某非营利组织“其他收入”账户余额63 000元，均为非限定性收入。

借：其他收入　　63 000
　　贷：非限定性净资产　　63 000

引例解析

《民间非营利组织会计制度》中的收入包括哪些内容

非营利组织的收入包括捐赠收入、会费收入、提供劳务收入、政府补助收入、商品销售收入、投资收益和其他收入。

在收入的核算中，涉及的收入类科目有“捐赠收入”“会费收入”“提供劳务收入”“政府补助收入”“商品销售收入”“投资收益”“其他收入”等。

重要概念

捐赠收入　会费收入　政府补助收入　商品销售收入　提供服务收入　让渡资产使用权收入　投资收益　其他收入

本章练习

单选题

1. 非营利组织接受捐赠所取得的收入，应贷记(　　)科目。

A. “捐赠收入”　　B. “营业外收入”

C. “其他业务收入”　　D. “业务活动收入”

2. 非营利组织收到会员交来的会费，应贷记(　　)科目。

A. “其他业务收入”　　B. “会费收入”

C. “业务活动收入”　　D. “捐赠收入”

3. 非营利组织收到政府补助，应贷记(　　)科目。

A. “会费收入”　　B. “其他业务收入”

C. “捐赠收入”　　D. “政府补助收入”

4. 非营利组织处置无形资产的净收入，应贷记(　　)科目。

A. “业务活动成本”　　B. “业务活动收入”

C. “其他收入”　　D. “主营业务收入”

5. 非营利组织确实无法支付的应付款项，都应转入(　　)科目。

A. “营业外收入”　　B. “其他收入”

C. “其他业务收入”　　D. “应付账款”

业务题

某非营利组织当期发生如下业务。

1. 2×19 年 3 月 6 日，某非营利组织接受东海公司捐赠的材料一批，价值 500 000 元，具有限定条件。12 月 31 日，按照捐赠约定，东海公司捐赠的有限定条件的材料中部分捐赠解除限制，解除限制部分的材料价值 200 000 元。

2. 2×19 年 5 月 13 日，某非营利组织银行收到会员单位交来的具有限制条件的会费 100 000 元。2×19年 12 月 31 日，某非营利组织“会费收入”账户账面余额为 320 000 元，其中限定性收入 200 000 元，非限定性收入 120 000 元。

3. 甲非营利组织为一般纳税人，2×19 年 3 月 26 日，赊销商品一批给胜海公司，价款 60 000 元，增值税 1 800 元，为非限定性商品销售收入，该批商品的成本为 45 000 元。3 月 31 日，“商品销售收入”账户的账面余额为 250 000 元，均属于非限定性收入。

第 6 章　费用的核算

内容提要

本章主要讲解非营利组织费用的核算，费用核算包括业务活动成本、管理费用、筹资费用以及其他费用的核算。

重点难点

本章重点为业务活动成本、管理费用、筹资费用的核算；难点为非营利组织管理费用的核算。

学习目标

通过本章学习，学生应掌握业务活动成本、管理费用、筹资费用的核算；了解费用核算的相关规定。

知识框架

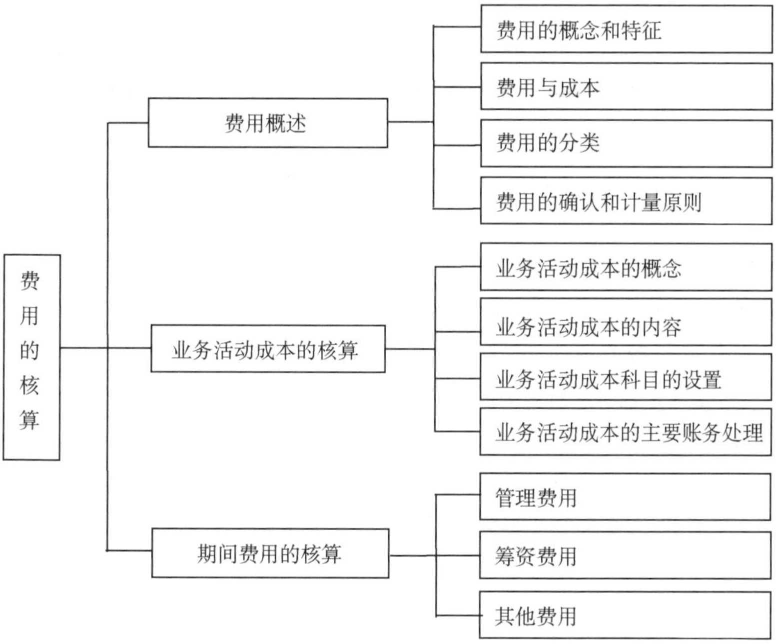

引入案例

《民间非营利组织会计制度》中的费用包括哪些内容

《企业会计准则》的费用主要包括主营业务成本、销售费用、管理费用、财务费用等。那么,非营利组织的费用包括哪些呢?分别通过哪些会计账户进行核算呢?

6.1 费用概述

6.1.1 费用的概念和特征

1. 费用的概念

费用是指非营利组织为开展业务活动所发生的、导致本期净资产减少的经济利益或者服务潜力的流出。

非营利组织的费用是广义的费用概念,包含业务活动成本和期间费用两部分。

(1) 业务活动成本是非营利组织按照项目、服务或业务种类等进行归集的费用,如商品销售成本、提供服务成本、会员服务成本等。

(2) 期间费用包括管理费用、筹资费用和其他费用,是非营利组织发生的、不能合理地归属于具体项目或对象,而只能按照一定会计期间归集的费用。

费用按其功能可以分为业务活动成本、管理费用、筹资费用和其他费用。

2. 费用的特征

非营利组织的费用具有以下特征。

(1) 费用会引起资产减少或者负债增加(或者两者兼而有之),并最终将导致非营利组织资源的减少,包括经济利益的流出和服务潜力的降低,具体表现为非营利组织的现金或非现金资产的流出、耗费或者毁损等,如银行存款或现金的减少、固定资产以折旧形式表现的损耗、物料的消耗、工资的支付等。

(2) 费用将导致本期净资产的减少。这里所指的"本期"是指费用的发生当期,即费用的确认时点。也就是说,只有一项流出导致某一会计期间净资产减少时,才能确认一项费用。费用最终将减少非营利组织的资产,根据"资产=负债+净资产"的会计等式,引起资产总额减少的情况有负债的减少或者净资产的减少。值得注意的是,只有同时引起净资产减少的经济利益或者服务潜力流出才是费用。比如,非营利组织以银行存款(资产)偿还一项应付账款(负债),这种情况下,资产和负债减少了相同的金额,并没有影响净资产,因此,此项资产流出不构成费用。

非营利组织当期发生的费用应当作为非限定性净资产的减项,从而建立起了费用会计要素与净资产会计要素的钩稽关系,如费用的增加会导致非营利组织非限定性净资产的减少等。

6.1.2 费用与成本

在我国,费用与成本是两个经常使用的概念,两者之间既有联系也有区别。费用是指非营利组织为开展业务活动所发生的、导致本期净资产减少的经济利益或者服务潜力的流出。

而对于成本的概念，不同情况下解释各异。通常认为，广义的成本是指为取得资产或劳务所发生的支出。比如，固定资产的成本是指取得该项固定资产的买价、支付的运输费、保险费以及固定资产达到预定可使用状态之前的借款费用等。又如，存货的成本是指取得存货的采购成本、加工成本和其他成本等。狭义的成本则是指商品的生产成本，即为生产商品而发生的并按一定对象归集的各种耗费。

与之相关的常用概念还有“业务活动成本”“期间费用”“生产成本”“制造费用”等。其中，“业务活动成本”是指非营利组织为了实现其业务活动目标、开展其项目活动或者提供服务所发生的费用。实际上，业务活动成本是按照项目、服务或业务种类等进行归集的费用，如商品销售成本、提供服务成本、会员服务成本、对外捐赠成本等。比如，会员服务成本就是按照业务种类对与会员服务相关的人员费用、免费提供的杂志及服务等成本以及其他直接或间接费用的归集。“期间费用”通常是指非营利组织发生的，不能合理地归属于具体项目或对象，而只能按照一定会计期间归集的费用，包括管理费用、筹资费用和其他费用。“生产成本”是指非营利组织为生产商品（产品）而发生的并按一定对象（如商品品种、批次等）所归集的各种耗费。“制造费用”是指非营利组织为生产商品（产品）而发生的并将按照一定的方法分摊计入商品（产品）成本的各项间接耗费。

6.1.3 费用的分类

非营利组织在对费用的会计核算中，应当按照费用功能的不同，将费用分为业务活动成……筹资费用和其他费用。

1. 业务活动成本

业务活动成本是指非营利组织为了实现其业务活动目标、开展其项目活动或者提供服务所发生的费用。在非营利组织所从事的项目、业务或者服务种类比较多的情况下，非营利组织应当在“业务活动成本”项下分别项目、服务或者业务大类进行核算和列报，以反映更加充分的成本信息，也有利于将成本信息与相关收入信息相比较，更好地考察非营利组织的绩效。

2. 管理费用

管理费用是指非营利组织为组织和管理其业务活动所发生的各项费用。

3. 筹资费用

筹资费用是指非营利组织为筹集业务活动所需资金而发生的费用。

4. 其他费用

其他费用是指非营利组织发生的、无法归属到业务活动成本、管理费用或者筹资费用中的费用。

此外，非营利组织为了加强其内部管理，还可以同时将费用按照性质进行分类。比如：①人员工资及福利费；②折旧和摊销费；③租金；④水电费；⑤邮电通讯费；⑥资产减值损失；⑦利息费用；⑧税收费用等。非营利组织可以将费用的功能分类与性质分类结合起来，编制内部使用的矩阵式费用明细表，如表6-1所示。

特别提示6-1

需要强调的是，非营利组织在编制业务活动表时，必须按照《民间非营利组织会计制度》的规定，对费用的列报按照费用功能进行分类。

表 6-1　　费用明细表

费用分类	业务活动成本	管理费用	筹资费用	其他费用
一、人员费用				
其中：在职人员工资				
奖金				
津贴				
退休人员工资				
住房公积金				
住房补贴				
医疗费				
职工困难补助				
社会保障缴费				
补贴				
加班费				
其他福利费				
人员费用小计：				
二、物料费用				
其中：销售存货成本				
自用存货成本				
存货盘亏损失				
捐赠资产成本				
固定资产折旧				
固定资产处置净损失				
无形资产摊销				
无形资产处置净损失				
其他物料耗费				
物料费用小计：				
三、资产减值损失				
其中：存货跌价损失				
应收款项坏账损失				
短期投资跌价损失				
长期投资减值损失				
固定资产减值损失				
无形资产减值损失				
资产减值损失小计：				
四、日常费用				
其中：办公费				
印刷费				

（续表）

费用分类	业务活动成本	管理费用	筹资费用	其他费用
服务费				
水电费				
邮寄费				
电话通讯费				
取暖费				
物业管理费				
交通费				
差旅费				
修理费				
聘请中介费				
租赁费				
会议费				
业务招待费				
其他日常费用				
日常费用小计：				
五、税费				
其中：所得税				
城市维护建设税				
教育费附加				
文化事业建设费				
其他税费				
税费小计：				
六、其他				
其中：预计负债形成的损失				
退还受赠资产				
其他费用小计：				
七、合计：				

6.1.4 费用的确认和计量原则

1. 非营利组织费用确认和计量的基本原则

非营利组织在确认和计量费用时，应当遵循《民间非营利组织会计制度》中规定的基本原则。

（1）会计期间原则。非营利组织的业务活动是不断地进行的，为了准确核算一定期间的成本和费用，非营利组织应将业务活动期划分为若干个相等的会计期间，按期计算业务活动成本和其他费用。费用核算中的分期，必须与会计核算年度的分期相一致，这样有利于各项核算工作的开展。会计期间原则可以帮助非营利组织划分应计入当期费用和应予以资本化的支出。如果某项支出的效益及于几个会计期间，则该项支出应予以资本化，不能作为当期的费用。如果某项支出的效益仅及于一个会计期间，则应当确认为当期费用。

（2）权责发生制原则。对于本期收入和支出的确认，在会计处理方法上有权责发生制和收付实现制两种。非营利组织的会计核算是以权责发生制作为基础的，即凡是当期已经发生或者应由当期负担的费用，不论其是否支付，都要计入当期费用，凡是不应由当期负担的费用，虽在当期支付，也不应计入当期费用。从成本角度看，贯彻权责发生制原则，主要是解决分清当期发生的费用是否都由当期业务活动负担。

（3）配比原则。非营利组织在会计核算中，所发生的费用应当与其相关的收入相配比，同一会计期间内的各项收入和与其相关的费用，应当在该会计期间内确认。根据配比原则，为获得当期收入所发生的费用，应当在当期确认为费用，如当期已经售出并确认收入的商品，其成本也应当在当期确认为费用。

（4）历史成本计价原则。非营利组织的各项业务活动成本和管理费用、筹资费用、其他费用等应当按照业务活动发生时的实际成本入账，并在会计报告中也按该成本反映。这一原则的依据在于成本费用是客观交易事实的反映，体现了“客观性原则”的要求。但它有一定的局限性，当发生物价变动时，历史成本不能确切地反映非营利组织的实际资产情况和业务活动情况。

（5）一致性原则。一致性原则要求非营利组织所采用的核算方法必须前后一致，使各期费用资料有一个统一的口径，前后一致，以便分析比较与考核。

特别提示 6-2

应注意的是，一致性原则并不是指费用的核算方法是固定不变的，费用核算的具体方法可以变更，但必须在会计报表附注中加以说明。

2. 非营利组织费用确认的具体原则

根据《民间非营利组织会计制度》的规定，非营利组织应当在单位含有经济利益或服务潜力的资源已经流出本单位，资产将带来的未来经济利益或服务潜力预期将减少，或者资产预期不能带来未来经济利益或服务潜力时，确认相应的费用。具体来说，应当在同时满足以下三个条件时确认费用：

（1）含有经济利益或服务潜力的资源流出非营利组织，或者承担了相应的负债。

（2）能够引起当期净资产的减少。

（3）费用的金额能够可靠地计量。

3. 非营利组织费用计量的具体原则

根据《民间非营利组织会计制度》的规定，非营利组织发生的业务活动成本、管理费用、筹资费用和其他费用，应当在实际发生时按其发生额计入当期费用。

根据历史成本计价原则，一般费用的发生都有明确的数额，并有发生费用的原始凭证，因此费用的计量应以历史成本为依据。如果非营利组织的某些费用属于多项业务活动，或者属于业务活动、管理活动和筹资活动等共同发生的，而且不能直接归属于某一类活动，则应当将这些费用按照合理的程序和方法在各项活动中进行分配。

6.2 业务活动成本的核算

6.2.1 业务活动成本的概念

根据《民间非营利组织会计制度》的规定，业务活动成本是指非营利组织为了实现其业务活动目标、开展其项目活动或者提供服务所发生的费用。

6.2.2 业务活动成本的内容

业务活动成本是按照项目、服务或业务种类等进行归集的费用。如果非营利组织的某些费用是因业务活动、管理活动或筹资活动等共同发生的，而且不能直接归属于某一类活动的，则应当将这些费用按照合理的方法在各项活动中进行分配。

对于非营利组织而言，业务活动所耗费的资源主要包括材料费用、工资费用、折旧费、利息、税金等，各项要素费用的分配均按照“谁受益，谁负担”的原则，分配到各个项目、服务或者业务活动种类中。其中，直接费用直接计入，间接费用通过分配计入，对于为业务活动发生的、无法合理分摊至某项或某类业务活动的间接费用，应当计入业务活动成本（业务活动费）。

在多种功能分类之间分配费用时，既要合理，也要考虑重要性原则和成本效益原则。进行分配的基础可以是财务数据，也可以是非财务数据。比如，既参加业务活动，又参加管理活动的人员工资，可以按照该职工分别为两项活动工作的时间进行分配。

在实务中，业务活动成本的构成有以下两种情况。

1）直接费用

直接费用是指直接为某项或某类业务活动发生的、应当计入当期费用的费用。最常见的直接费用包括商品销售成本，捐献项目成本，直接从事某项业务活动的职工工资和福利费，为某项业务活动所支付的运输费、广告费、包装费等费用，某项业务活动应负担的相关税金及附加等。这些直接费用在发生并经确认后，应记入“业务活动成本”科目的相关明细项目。

2）间接费用

间接费用是指同时为若干项业务活动所发生的、应计入当期费用的费用。如间接折旧费用、间接维修费用、间接人工费用等。间接费用应当按照系统、合理的方法进行分摊，计入相关业务活动成本。因此，在间接费用的分配过程中，设定适当的分配标准，选择适当的分配方法是确保费用计算公允的关键。

一般来说，间接费用的分配步骤如下。

（1）确定间接费用分配率：

$$\text{间接费用分配率} = \text{间接费用总额} \div \text{各项业务活动分配标准数之和}$$

（2）确定某项业务活动应负担的间接费用额：

$$\text{某项业务活动应负担的间接费用额} = \text{该项业务活动分配标准数} \times \text{间接费用分配率}$$

对于为业务活动发生的、无法合理分摊至某项或某类业务活动的间接费用，应当计入业务活动成本（业务活动费）。

6.2.3 业务活动成本账户的设置

非营利组织应设置“业务活动成本”账户核算业务活动成本。本账户借方登记当期业务活动成本的实际发生额,贷方登记当期冲减的费用金额和本期结转到非限定性净资产的业务活动成本。平时余额在借方,反映非营利组织当期累计发生的业务活动成本,期末结转到非限定性净资产后科目应无余额。

如果非营利组织从事的项目、提供的服务或者开展的业务比较单一,可以将相关费用全部归集在“业务活动成本”账户下进行核算和列报;如果非营利组织从事的项目、提供的服务或者开展的业务种类较多,非营利组织应当在“业务活动成本”账户下分项目、服务或者业务大类进行核算和列示。

各非营利组织根据本单位业务活动的实际情况,在“业务活动成本”账户下设置明细项目。例如,社会团体可以设置“提供服务成本”“商品销售成本”“研究项目成本”等明细账户;基金会可以设置“捐献项目成本”“商品销售成本”“提供服务成本”等明细账户;民办医院可以设置“医疗服务成本”“医药销售成本”等明细账户;民间学校可以设置“学生教育成本”“科研项目成本”“后勤服务成本”等明细账户。

在“业务活动成本”账户下设置的明细账户一般包括如下几个。

(1) 销售商品成本,用于核算非营利组织当期所出售商品的实际成本,以及与销售商品有关的直接费用和间接费用。

(2) 提供服务成本,用于核算非营利组织当期所提供服务的实际成本,以及与提供服务有关的直接费用和间接费用。

(3) 会员服务成本,用于核算非营利组织当期免费向会员提供的相关商品和服务的实际成本,以及与会员服务有关的直接费用和间接费用。

(4) 捐献项目成本,用于核算非营利组织对外捐献款项、捐出商品的实际成本,以及与捐献有关的直接费用和间接费用。

(5) 业务活动税金及附加,用于核算非营利组织的业务活动应负担的税金及附加,包括城市维护建设税、教育费附加等。

(6) 专项补助成本,用于核算非营利组织当期为政府专项资金补助项目所发生的直接费用和间接费用。

(7) 业务活动费,用于核算非营利组织的业务活动发生的、无法合理分摊至某项业务活动的间接费用。

6.2.4 业务活动成本的主要账务处理

非营利组织发生的业务活动成本,应当按照其发生额计入当期费用。

1. 发生时

发生业务活动成本,借记“业务活动成本”科目,贷记“现金”“银行存款”“存货”“应付账款”等科目。

【例 6-1】 2×19 年 6 月 20 日,某非营利组织为德鑫公司提供服务,领用存货一批,价值 2 000 元。

借：业务活动成本　　2 000
　　贷：存货　　2 000

2. 期末结转

期末，将“业务活动成本”账户的余额转入非限定性净资产，借记“非限定性净资产”科目，贷记“业务活动成本”科目。期末结转后，本账户应无余额。

【例 6-2】 2×19 年 3 月 31 日，某非营利组织结转当月发生的业务活动成本 86 000 元，转入“非限定性净资产”。

借：非限定性净资产　　86 000
　　贷：业务活动成本　　86 000

6.3 期间费用的核算

6.3.1 管理费用

1. 管理费用的概念

管理费用是指非营利组织为组织和管理其业务活动所发生的各项费用，包括非营利组织董事会(或者理事会或者类似权力机构)经费和行政管理人员的工资、奖金、津贴、福利费、住房公积金、住房补贴、社会保障费、离退休人员工资与补助，以及办公费、水电费、邮电费、物业管理费、差旅费、折旧费、修理费、无形资产摊销费、存货盘亏损失、资产减值损失、因预计负债所产生的损失、聘请中介机构费和应偿还的受赠资产等。

2. 管理费用的核算内容

非营利组织管理费用具体如下。

1) 管理部门职工方面的费用

(1) 人员薪金，是指在职人员工资、奖金、津贴、福利费以及其他工资性质的支出等。

(2) 工会经费，是指按职工工资总额一定比例计提并拨交给工会使用的经费。

(3) 职工教育费，是指用于职工培训、学习的费用，以提高职工的文化水平，学习先进技术。

(4) 住房公积金、住房补贴。

(5) 社会保障费，是指按规定缴纳的医疗保险，失业保险、养老保险、工伤保险和生育保险。

(6) 离退休人员工资与补助，是指支付给退休职工的退休金、医疗费、生活补助、福利费等。

2) 管理部门日常经费

(1) 部门经费，是指行政管理部门直接发生的办公费、物料消耗、差旅费、水电费、邮寄费、通讯费、物业管理费等。

(2) 董事会费，是指单位董事会、理事会或类似权力机构及其成员为执行职权而发生的各项费用，包括成员津贴、差旅费、会议费等。

(3) 咨询费，是指向有关咨询机构进行经营管理等咨询所支付的费用或支付单位经济顾问、法律顾问、技术顾问的费用。

(4) 聘请中介机构费，是指聘请会计师事务所进行审计、验资、资产评估等发生的费用。

(5) 诉讼费,是指向法院起诉或应诉而支付的费用。

(6) 业务招待费,是指为业务活动的合理需要而支付的招待费用,应据实列入管理费用。

3) 税费

税费是指按规定缴纳的房产税、车船税、土地使用税、印花税等。

4) 资产耗费或损失

(1) 无形资产摊销,是指当期计提的无形资产摊销。

(2) 固定资产折旧,是指当期对行政管理所用固定资产计提的折旧。

(3) 坏账准备,是指当期对应收款项计提的坏账准备。

(4) 存货跌价准备,是指当期按存货的期末可变现净值低于其账面价值的差额计提的存货跌价准备。

(5) 短期投资跌价损失,是指当期按短期投资的市价低于其账面价值的差额计提的短期投资跌价准备。

(6) 长期投资减值损失,是指当期按长期投资的可收回金额低于其账面价值的差额计提的长期投资减值准备。

(7) 资产盘亏,是指资产的盈亏净额。

(8) 资产毁损、报废或其他方式处置的净损失。

5) 其他

其他是指不包括在以上各项又应列入管理费用的费用,如因确认预计负债而确认的费用等。

3. 账户设置

非营利组织应设置"管理费用"账户核算管理费用。发生管理费用时记入借方,期末结转时记入贷方,期末结转至"非限定性净资产"科目,期末结转后,本账户应无余额。

本账户应当按照管理费用种类设置明细账进行明细核算。非营利组织可以根据具体情况编制管理费用明细表,以满足内部管理等有关方面的信息需要。

4. 管理费用的主要账务处理

非营利组织发生的管理费用,应当在发生时按其发生额计入当期费用。

1) 现金、存货、固定资产等盘亏

盘亏现金、存货、固定资产等,根据管理权限报经批准后,按照相关资产账面价值扣除可以收回的保险赔偿和过失人的赔偿等后的金额,借记"管理费用"科目,按照可以收回的保险赔偿和过失人赔偿等,借记"现金""银行存款""其他应收款"等科目,按照已提取的累计折旧,借记"累计折旧"科目,按照相关资产的账面余额,贷记相关资产科目。

【例 6-3】 2×19 年 6 月 30 日,某非营利组织进行全面盘点,结果如下:盘亏现金 60 元;盘亏甲材料,账面价值 1 000 元;盘亏设备一台,账面余额 50 000 元,已提折旧 19 000 元。经批准予以核销。

① 现金盘亏。

借:管理费用	60	
贷:现金		60

② 存货盘亏。

借：管理费用 1 000
　　贷：存货 1 000

③ 固定资产盘亏。

借：管理费用 31 000
　　累计折旧 19 000
　　贷：固定资产 50 000

2）因提取资产减值准备而确认的资产减值损失

对于因提取资产减值准备而确认的资产减值损失，借记“管理费用”科目，贷记相关资产减值准备科目。冲减或转回资产减值准备，借记相关资产减值准备科目，贷记“管理费用”科目。

【例6-4】 2×19年12月31日，某非营利组织提取资产减值准备：存货跌价准备3 700元，长期投资减值准备12 000元。

借：管理费用 15 700
　　贷：存货跌价准备 3 700
　　　　长期投资减值准备 12 000

3）提取行政管理用固定资产折旧

提取行政管理用固定资产折旧，借记“管理费用”科目，贷记“累计折旧”科目。

【例6-5】 2×19年3月31日，某非营利组织计提本月折旧费，其中行政管理用折旧额3 600元，生产用设备的折旧额2 500元。

借：管理费用 3 600
　　业务活动成本 2 500
　　贷：累计折旧 6 100

4）无形资产摊销时

无形资产摊销时，借记“管理费用”科目，贷记“无形资产”科目。

【例6-6】 2×19年3月31日，某非营利组织摊销无形资产，金额2 100元。

借：管理费用 2 100
　　贷：无形资产 2 100

特别提示6-3

非营利组织无形资产摊销与一般企业的差异

注意：在[例6-6]中，贷方记入“无形资产”科目，而企业会计准则规定，无形资产摊销时，贷记“累计摊销”科目。

5）发生的应归属于管理费用的应付工资、应交税金等

发生的应归属于管理费用的应付工资、应交税金等，借记“管理费用”科目，贷记“应付工资”“应交税金”等科目。

【例6-7】 2×19年5月31日，某非营利组织计算当期应付工资总金额为49 000元，其中行政管理部门21 000元，服务部门28 000元。

借：管理费用　　21 000
　　业务活动成本　　28 000
　　贷：应付工资　　49 000

6）因确认预计负债而确认的损失

对于因确认预计负债而确认的损失，借记“管理费用”科目，贷记“预计负债”科目。

【例 6-8】 2×19 年 6 月 30 日，某非营利组织向银行贴现的票据，由于付款单位付款困难，形成该组织的预计负债，金额为 60 000 元。

借：管理费用　　60 000
　　贷：预计负债　　60 000

7）发生的其他管理费用

发生的其他管理费用，借记“管理费用”科目，贷记“现金”“银行存款”等科目。

【例 6-9】 2×19 年 7 月 31 日，某非营利组织购买办公用打印纸 500 元，以银行存款支付，不考虑相关税费。

借：管理费用　　500
　　贷：银行存款　　500

8）期末结转

期末，将本账户的余额转入非限定性净资产，借记“管理费用”科目，贷记“非限定性净资产”科目。

【例 6-10】 2×19 年 12 月 31 日，某非营利组织“管理费用”科目借方余额为 128 600 元，转入“非限定性净资产”。

借：非限定性净资产　　128 600
　　贷：管理费用　　128 600

6.3.2　筹资费用

1. 筹资费用的概念

筹资费用是指非营利组织为筹集业务活动所需资金而发生的费用，包括非营利组织为获得捐赠资产而发生的费用以及应当计入当期费用的借款费用、汇兑损失（减汇兑收益）等。

2. 筹资费用的核算内容

非营利组织筹资费用的核算内容如下。

（1）非营利组织为了获得捐赠资产而发生的费用，包括举办募款活动费，准备、印刷和发放募款宣传资料费以及其他与募款或者争取捐赠有关的费用。

（2）借款费用，是指应当计入当期费用的借款费用，主要包括利息支出、债券溢价折价的摊销及金融机构手续费等。利息支出是指非营利组织向银行和其他金融机构支付的短期借款利息、长期借款利息（不包括与固定资产购建有关的，在固定资产尚来完工交付使用或尚未办理竣工决算手续之前发生的，应计入固定资产购建成本的利息支出）、商业汇票贴现利息，以及向投资者支付的应付债券利息和向供货单位支付的应付票据利息。非营利组织的利息支出还包括逾期未归还银行贷款时，银行在正常贷款利率基础上加收的罚息。

金融机构手续费是指非营利组织与银行及其他金融机构发生的有关费用，如非营利组织采用各种结算方式时向金融机构支付的手续费，或委托金融机构发行债券时支付的费用等。

(3) 汇兑损失，是指因向银行出售或购入外汇而产生的银行买入价、卖出价与记账所采用的汇率之间的差额，以及月度(季度、年度)终了，各种外币账户的外币期末余额，按照期末规定汇率折合的记账人民币金额与原账面人民币金额之间的差额等。

(4) 其他筹资费用。

3. 账户设置

非营利组织应设置“筹资费用”账户核算筹资费用。发生筹资费用时记入借方，冲减或期末结转时记入贷方。会计期末，应当将“筹资费用”账户的借方发生额转入“非限定性净资产”账户，期末结转后，本账户应无余额。

本账户应当按照筹资费用种类设置明细账，进行明细核算。

4. 筹资费用的主要账务处理

非营利组织发生的筹资费用，应当在发生时按其发生额计入当期费用。

1) 发生筹资费用

发生的筹资费用时，借记“筹资费用”科目，贷记“预提费用”“银行存款”“长期借款”等科目。发生应冲减筹资费用的利息收入、汇兑收益，借记“银行存款”“长期借款”等科目，贷记“筹资费用”科目。

【例 6-11】 2×19 年 4 月 30 日，某非营利组织以银行存款支付短期借款的利息 2 800 元。

借：筹资费用	2 800	
贷：银行存款		2 800

2) 期末结转

期末，将“筹资费用”账户的余额转入非限定性净资产，借记“非限定性净资产”科目，贷记“筹资费用”科目。

【例 6-12】 2×19 年 12 月 31 日，某非营利组织的“筹资费用”账户借方余额为 39 500 元，转入“非限定性净资产”。

借：非限定性净资产	39 500	
贷：筹资费用		39 500

6.3.3 其他费用

1. 其他费用的概念

其他费用是指非营利组织发生的、无法归属到上述业务活动成本、管理费用或者筹资费用中的费用，包括固定资产处置净损失、无形资产处置净损失等。

2. 账户设置

非营利组织应设置“其他费用”账户核算其他费用。发生其他费用时记入借方，冲减或期末结转时记入贷方。会计期末，应当将“其他费用”账户的借方发生额转入“非限定性净资产”账户，期末结转后，本账户应无余额。

本账户应当按照费用种类设置明细账，进行明细核算。

3. 其他费用的主要账务处理

非营利组织发生的其他费用，应当在发生时按其发生额计入当期费用。

1）固定资产处置净损失

发生固定资产处置净损失，借记“其他费用”科目，贷记“固定资产清理”科目。

【例 6-13】 2×19 年 5 月 31 日，某非营利组织处置一台电脑，账面余额 5 000 元，已提折旧 2 850 元，以现金支付清理费用 200 元，变价收入 1 600 元，存入银行。

① 转入清理。

借：固定资产清理　　2 150
　　累计折旧　　2 850
　　贷：固定资产　　5 000

② 发生清理费。

借：固定资产清理　　200
　　贷：现金　　200

③ 收到变价收入。

借：银行存款　　1 600
　　贷：固定资产清理　　1 600

④ 固定资产处置净损失。

借：其他费用[1 600－(5 000－2 850)－200]　　750
　　贷：固定资产清理　　750

2）无形资产处置净损失

发生无形资产处置净损失，按照实际取得的价款，借记“银行存款”等科目，按照该项无形资产的账面余额，贷记“无形资产”科目，按照其差额，借记“其他费用”科目。

【例 6-14】 2×19 年 5 月 10 日，某非营利组织处置一项实用新型的专利权，账面余额 76 000元，取得价款 50 000 元。

借：银行存款　　50 000
　　其他费用　　26 000
　　贷：无形资产　　76 000

3）期末结转

期末，将本账户的余额转入非限定性净资产，借记“非限定性净资产”科目，贷记“其他费用”科目。期末结转后，本账户应无余额。

借：非限定性净资产
　　贷：其他费用

【例 6-15】 2×19 年 12 月 31 日，某非营利组织的“其他费用”账户借方余额为 26 000 元，转入“非限定性净资产”。

借：非限定性净资产　　26 000
　　贷：其他费用　　26 000

引例解析

《民间非营利组织会计制度》的费用包括哪些内容

《民间非营利组织会计制度》的费用包括业务活动成本、管理费用、筹资费用、其他费用等。

核算以上费用业务涉及的会计科目有“业务活动成本”“管理费用”“筹资费用”“其他费用”等，其中，“业务活动成本”科目下可设置以下明细科目“销售商品成本”“提供劳务成本”“会员服务成本”“业务活动税金及附加”“业务活动成本”等；“管理费用”科目应根据其内容和种类设置明细科目进行明细核算；“筹资费用”科目应按照筹资费用种类设置明细科目进行明细核算。“其他费用”科目应按照费用种类设置明细科目进行明细核算。

重要概念

业务活动成本　管理费用　筹资费用　其他费用

本章练习

单选题

1. 非营利组织结转销售商品的成本，应借记(　　)科目。

A.“业务活动成本”　　B.“其他费用”

C.“其他业务成本”　　D.“主营业务成本”

2. 非营利组织对外捐赠款项，应借记(　　)科目。

A.“其他业务成本”　　B.“业务活动成本”

C.“管理费用”　　D.“营业外支出”

3. 非营利组织固定资产盘亏净损失，应借记(　　)科目。

A.“其他支出”　　B.“其他业务成本”

C.“营业外支出”　　D.“管理费用”

4. 非营利组织固定资产处置净损失，应借记(　　)科目。

A.“业务活动成本”　　B.“管理费用”

C.“其他费用”　　D.“营业外支出”

5. 非营利组织计提坏账准备，应借记(　　)科目。

A.“业务活动成本”　　B.“管理费用”

C.“其他支出”　　D.“筹资费用”

业务题

某非营利组织当期发生如下业务。

1. 盘亏现金60元。
2. 短期投资发生资产减值准备1 200元。
3. 计提当月短期借款利息700元。
4. 计提行政管理部门的工资32 000元。

第 7 章　年终清理结算和财务报告

内容提要

本章主要讲解非营利组织年终清理结算和会计报表的编制，具体包括年终结账的程序、资产负债表的编制、业务活动表的编制、现金流量表的编制、会计报表附注以及财务情况说明书的内容。

重点难点

本章重点为非营利组织资产负债表、业务活动表、现金流量表、会计报表附注以及财务情况说明书的内容、格式和编制方法；难点为非营利组织资产负债表的编制、现金流量表的编制。

学习目标

通过本章学习，学生应掌握非营利组织资产负债表的编制、业务活动表的编制以及现金流量表的编制方法；了解年终结账的程序、会计报表附注及财务情况说明书的内容。

知识框架

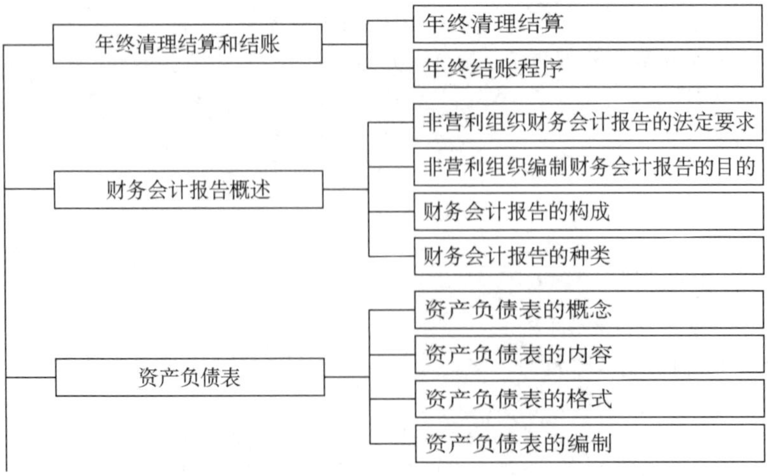

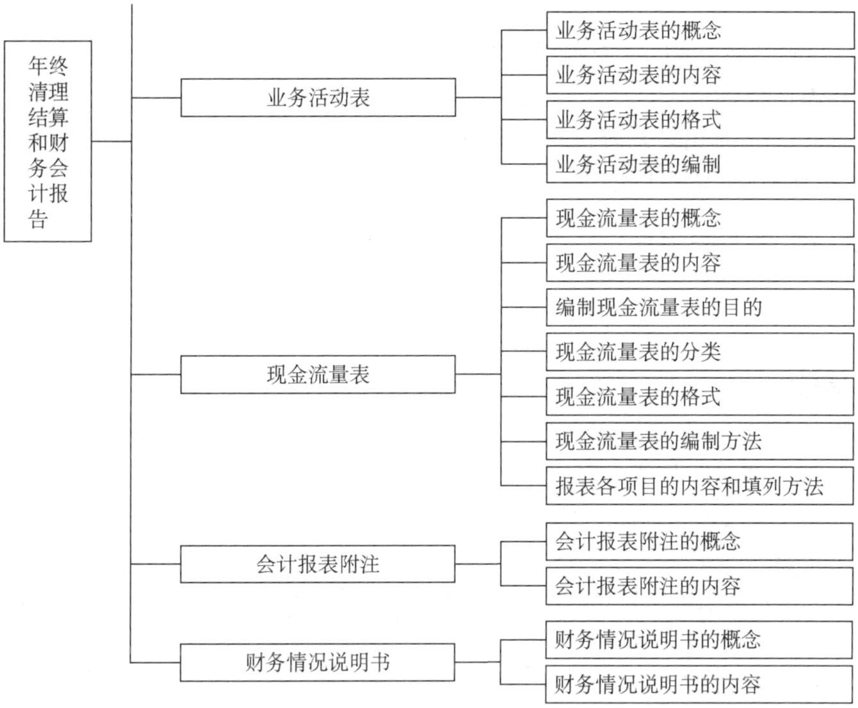

引入案例

《民间非营利组织会计制度》规定了哪几种会计报表
其项目的填列与《企业会计准则》有何不同

《企业会计准则》规定的基本财务报表有资产负债表、利润表、现金流量表、所有者权益变动表。那么,《民间非营利组织会计制度》规定了哪些财务报表?其项目列报与《企业会计准则》有何不同?

7.1 年终清理结算和结账

7.1.1 年终清理结算

非营利组织年终清理结算的主要事项如下。

1. 清理核对各项收入和支出,确保企业所得税计算准确

凡是属于本年的各项收入都要及时入账,属于本年的各项支出,都要按规定的支出用途如实列报。

2. 清理各项往来账款

非营利组织的各项往来款项,年终前应逐笔进行清理。按照有关规定应转作各项收入或支出的往来款项要及时转入各有关账户,编入本年决算。

3. 清理货币资金

(1) 年终要及时同开户银行对账,使银行存款日记账的账面余额和银行对账单的余额核对相符。

(2) 现金账面余额要同库存现金核算相符。

4. 清理财产物资

年终前,应对各项财产物资进行清理盘点,发生盘盈、盘亏的,要及时查明原因,按规定作出处理,调整账务,做到账实相符、账账相符。

7.1.2　年终结账程序

非营利组织应在年终清算的基础上进行结账。年终结账包括年终转账、结清旧账、记入新账三个环节。

1. 年终转账

账目核对无误后,先计算出各账户借方、贷方的 12 月份合计数和全年累计数,结出 12 月月末余额。然后编制结账前的"资产负债表",试算平衡后,再将应对冲结转的各个收支账户的余额按年终冲转办法,填制 12 月 31 日的记账凭证,办理结账冲转。

2. 结清旧账

(1) 对年终无余额的账户,结出全年总累计数,然后在下面画双红线,表示本账户全部结清。

(2) 对年终有余额的账户,在"全年累计数"下行"摘要"栏内注明"结转下年"字样,再在下面画双红线,表示年终余额转入新账,结清旧账。

3. 记入新账

根据上年度各账户余额,编制年终决算的"资产负债表"和有关明细表,将表中所列的各账户的年终余额数(不编记账凭证)直接记入新年度相应的各有关账户中,并在"摘要"栏注明"上年结转"字样,以区别新年度发生数。

7.2　财务会计报告概述

7.2.1　非营利组织财务会计报告的法定要求

《中华人民共和国会计法》(简称《会计法》)规定,任何单位,包括非营利组织都必须定期编制财务会计报告,财务会计报告应当根据经过审核的会计账簿记录和有关资料编制。《会计法》还规定,财务会计报告应当由单位负责人和主管会计工作的负责人、会计机构负责人签名并盖章;设置总会计师的单位,还须由总会计师签名并盖章。单位负责人应当保证财务会计报告真实、完整。

7.2.2　非营利组织编制财务会计报告的目的

财务会计报告是提供财务信息的载体,编制财务会计报告的主要目的是为报告使用者提供各种决策有用的财务信息。非营利组织财务报告的使用者非常广泛,包括非营利组织的管理人员、捐赠人、组织会员、组织服务对象、政府管理部门以及社会大众等。非营利组织的财务会计报告可以为这些报告使用者提供关于组织控制的资源状况、负债水平、资金使用情况及其效果、现金流量等各种财务信息,以供其决策使用。但是,编制财务会计报告只是为人们使用财务信息提供前提条件，报告本身并不能确定或影响决策的结果。财务报告作为使用者决策的工具，其主要作用如下。

（1）为非营利组织管理当局提供决策所需信息。非营利组织的财务报告通过一定表格及附注的形式，反映了组织所控制的经济资源、所承担的负债水平、所取得的收入以及相配比的费用、现金流量状况等，从而可以反映出该组织的经济活动情况、偿债能力、运营绩效和现金周转情况，有利于组织的管理当局及时发现组织运营中存在的问题，尽快作出决策，采取有效措施，改善组织的运营管理。同时，管理当局也可以利用财务会计报告提供的信息，并运用会计的预测、决策和控制职能加强财务管理，使有限的资源充分发挥作用，获得更大的社会效益和效率。

（2）满足非营利组织资源提供者的信息需求。由于非营利组织的资源主要来自捐赠人、会员、提供服务对象、政府部门和社会大众等，这些外部资源提供者虽然不要求经济利益上的回报，但对资源的投向、使用和收回等方面还是非常关注的，如资金捐赠人可能会要求非营利组织按照公正的原则或提前约定的用途使用和支配资产。非营利组织通过定期对外提供财务报告，可以向资源提供者披露相关的财务和绩效信息，提高信息的透明度，有利于资源提供者和社会对组织的监督。

（3）为政府管理部门等其他会计信息使用者提供决策信息。非营利组织定期编制财务报告不仅可以满足内部管理当局和外部资源提供者的信息需要，还可以满足政府管理部门、债权人、员工等使用者的信息要求。例如，政府管理部门利用财务报告所提供的信息，可及时掌握非营利组织的运营和管理情况，便于对组织的运营情况进行检查分析。对债权人而言，通过阅读分析财务报告，可了解非营利组织的偿债能力，了解其债权的保障、利息的获得情况，以及组织是否有足够的能力按期偿还债务等，以便为信贷、融资决策提供依据。

7.2.3 财务会计报告的构成

财务会计报告由会计报表、会计报表附注和财务状况说明书构成。

（1）会计报表是财务会计报告的主体和核心，反映单位基本的财务状况、运营绩效和现金流量。《民间非营利组织会计制度》规定，非营利组织的会计报表至少应当包括资产负债表、业务活动表和现金流量表三张基本报表。

（2）会计报表附注是指为会计报表使用者理解会计报表的内容而对会计报表的编制基础、编制依据、编制原则和方法及主要项目等所作的解释。

（3）财务情况说明书是对单位一定会计期间业务活动以及财务、收入、成本费用情况进行分析说明的书面文字报告。

7.2.4 财务会计报告的种类

会计报表是财务会计报告的主体，可以根据需要，按照不同标准对其进行分类。

1. 按照会计报表反映的内容分类

会计报表按照反映的内容，可以分为静态报表和动态报表。静态报表是综合反映一定时点资产、负债和净资产情况的会计报表，如资产负债表；动态报表是反映一定时期内经营业绩和现金流量情况的会计报表，如非营利组织的业务活动表和现金流量表。

2. 按照会计报表的编报时间分类

会计报表按照编报的时间,可以分为月报、季报、半年报和年报。其中,月报要求简明扼要,及时反映;年报要求披露完整,反映全面;季报在财务信息的详细程度方面,介于月报和年报之间。

3. 按照会计报表的编制基础分类

会计报表按照编制基础,可以分为个别会计报表、合并会计报表和汇总会计报表。

(1) 个别会计报表各项目所反映的内容,仅仅包括非营利组织本身的财务数字。

(2) 合并会计报表是由有分支机构的非营利组织(非营利组织母体)编制的,包括组织本身及其所控制的其他具有独立法人资格的组织的会计报表有关数字,它可以向报表使用者提供非营利组织及其控制的其他组织在总体上的财务状况和经营成果。

(3) 汇总报表是由非营利组织的主管机构或行业协会,根据所属非营利组织报送的个别会计报表,连同本单位会计报表简单汇总编制而成的会计报表,它反映由若干个组织所构成一个系统的财务状况和经营成果。

4. 按照会计报表的服务对象分类

会计报表按照服务对象,可分为内部报表和外部报表。

(1) 内部报表是指为适应内部经营管理需要而编制的不对外公开的会计报表,内部报表一般不需要统一规定的格式,也没有统一的指标体系。

(2) 外部报表是指向外提供的,供政府部门、其他组织和个人使用的会计报表。

为了向非营利组织财务会计报告使用者提供对其决策有用的信息,真实、完整地反映非营利组织的财务状况、营运成果和现金流量,《民间非营利组织会计制度》规定,非营利组织的会计报表包括资产负债表、业务活动表和现金流量表三张基本报表。同时,非营利组织还应当编制会计报表附注,在附注中侧重披露会计报表所采用的会计政策、已经在会计报表中得到反映的重要项目的具体说明和未在会计报表中得到反映的重要信息的说明等内容。

5. 财务会计报告的编制要求

编制财务会计报告需要满足合法、便于理解、真实可靠、相关可比、全面完整和编报及时等基本编制要求。

(1) 合法性。非营利组织编制和对外提供财务报告应该符合有关法律、法规的规定。具体而言,应该遵循《中华人民共和国会计法》和《民间非营利组织会计制度》等的规定。

(2) 真实性。非营利组织的财务会计报告应该如实地反映组织的资产状况、业务活动及现金流量状况等,做到内容真实、数字准确、资料可靠,而不应该弄虚作假,勾抹粉饰。如果报告信息不真实可靠,甚至提供虚假信息资料,则势必会导致报告使用者不能作出正确决策,造成决策失误。

(3) 完整性。非营利组织的财务会计报告必须完整地反映组织的资产状况、业务活动及现金流量状况等,不能残缺不全,更不能故意隐瞒、遗漏。为此,非营利组织在编制财务会计报告时,应该按照规定的报告种类、格式和内容进行编报,不得漏编漏报,某些重要的会计事项,应当在报表附注中加以说明。

(4) 便于理解。非营利组织的财务会计报告提供的信息必须清晰、简明、通俗易懂,能为报告使用者理解和利用。提供财务信息的目的在于信息利用,如果报告提供的信息晦涩难懂,不可理解,使用者就不能作出可靠的判断,所提供的报告信息也毫无用途。

(5) 相关可比。非营利组织的财务会计报告所提供的信息必须与报告使用者的决策需要相关联并具有可比性。如果报告信息能够给使用者了解报告主体的过去、现在,并利于预测其对未来事项的影响及其变化趋势,为使用者提供了有关可比信息,则可认为报告信息相关可比。

(6) 编报及时。非营利组织的财务会计报告的编制和报送必须及时迅速,不得无故延误。报告信息只有讲究时效性,才能便于信息被及时利用,并发挥其应有作用。

7.3 资产负债表

7.3.1 资产负债表的概念

资产负债表是反映非营利组织在某一特定日期的财务状况,包括非营利组织所拥有或控制的经济资源、所承担的现时义务和净资产的构成情况的会计报表。

7.3.2 资产负债表的内容

根据《民间非营利组织会计制度》的规定,非营利组织的资产负债表采用账户式结构,报表分为左右两方,左方列示资产各项目,反映过去的交易或事项形成并由非营利组织所控制的资源。资产应当按照其流动性分类分项列示,包括流动资产、长期投资、固定资产、无形资产和受托代理资产。右方列示负债和净资产各项目,负债反映过去的交易或事项形成的现时义务。负债应当按照其流动性分类分项列示,包括流动负债、长期负债和受托代理负债等,净资产按照相关资产是否受到限制分为非限定性净资产和限定性净资产。资产负债表左右双方平衡,编制依据为:资产=负债+净资产。

7.3.3 资产负债表的格式

资产负债表的格式如表 7-1 所示。

表 7-1　　　　资 产 负 债 表　　　　会民非 01 表

编制单位:______　　　　____年____月____日　　　　单位:元

资产	行次	年初数	期末数	负债和净资产	行次	年初数	期末数
流动资产:				流动负债:			
货币资金	1			短期借款	61		
短期投资	2			应付款项	62		
应收款项	3			应付工资	63		
预付账款	4			应交税金	65		
存货	8			预收账款	66		
待摊费用	9			预提费用	71		
一年内到期的长期债权投资	15			预计负债	72		
其他流动资产	18			一年内到期的长期负债	74		
流动资产合计	20			其他流动负债	78		

（续表）

资产	行次	年初数	期末数	负债和净资产	行次	年初数	期末数
长期投资：				流动负债合计	80		
长期股权投资	21						
长期债权投资	24			长期负债：			
长期投资合计	30			长期借款	81		
固定资产：				长期应付款	84		
固定资产原价	31			其他长期负债	88		
减：累计折旧	32			长期负债合计	90		
固定资产净值	33			受托代理负债：			
在建工程	34			受托代理负债	91		
文物文化资产	35			负债合计	100		
固定资产清理	38						
固定资产合计	40			净资产：			
无形资产：				非限定性净资产	101		
无形资产	41			限定性净资产	105		
受托代理资产：	51			净资产合计	110		
受托代理资产							
资产合计	60			负债和净资产合计	120		

7.3.4 资产负债表的编制

资产负债表反映非营利组织某一会计期末全部资产、负债和净资产的情况，其编制是以日常会计核算记录的数据为基础进行归类、整理和汇总，并加工成报告项目的过程。我国非营利组织的资产负债表主体部分的各项目都列有“年初数”和“期末数”两个栏目，是一种比较资产负债表。

1. “年初数”栏的填列

“年初数”栏内的各项数字，应当根据上年年末资产负债表“期末数”栏内数字填列。如果本年度资产负债表中的各个项目的名称和内容同上年度不相一致，应对上年年末资产负债表各项目的名称和数字按照本年度的规定进行调整，填入本表“年初数”栏内。

2. 各项目“期末数”的数据取得方式

“期末数”是指某一项目在会计期末的数字，即中期期末或者年末的数字。资产负债表各项目 “期末数”的数据，一般可以通过以下几种方式取得。

(1) 直接根据总账账户的余额填列。如固定资产原价、累计折旧、固定资产清理、短期借款、应付工资、应交税金、非限定性净资产和限定性净资产等项目。

(2) 根据几个总账账户的余额计算填列。如“货币资金”项目，应当根据“现金”“银行存款”“其他货币资金”账户的期末余额合计分析填列(但应当扣除受托代理形成的货币资金部分)；“应收款项”项目应当根据“应收账款”“应收票据”“其他应收款”等账户的余额计算填列；“应付款项”项目应当根据“应付账款”“应付票据”“其他应付款”等账户的余额计算填列等。

(3) 根据总账账户和明细账户的余额分析计算填列。如“长期借款”项目,应根据“长期借款”总账账户余额扣除“长期借款”账户所属的明细科目中反映的将于1年内到期的长期借款部分分析计算填列。这些项目有长期债权投资、长期借款、长期应付款等。

(4) 根据有关资产账户与其备抵账户抵销后的净额填列。如“短期投资”项目,应根据“短期投资”账户的期末余额减去“短期投资跌价准备”账户的期末余额后的金额填列。这些项目有应收款项、短期投资、存货、长期股权投资、长期债权投资等。

3. “期末数”各项目的内容和填列方法

(1) “货币资金”项目,反映非营利组织期末库存现金、存放银行的各类款项以及其他货币资金的合计数。本项目应当根据“现金”“银行存款”“其他货币资金”账户的期末余额合计填列。如果非营利组织的受托代理资产为现金、银行存款或其他货币资金且通过“现金”“银行存款”“其他货币资金”账户核算,还应当扣减“现金”“银行存款”“其他货币资金”账户中“受托代理资产”明细账户的期末余额。

(2) “短期投资”项目,反映非营利组织持有的各种能够随时变现并且持有时间不准备超过1年(含1年)的投资,包括短期股票、债券投资和短期委托贷款、委托投资等。本项目应当根据“短期投资”账户的期末余额,减去“短期投资跌价准备”科目的期末余额后的金额填列。

(3) “应收款项”项目,反映非营利组织期末应收票据、应收账款和其他应收款等应收未收款项。本项目应当根据“应收票据”“应收账款”“其他应收款”账户的期末余额合计,减去“坏账准备”账户的期末余额后的金额填列。

(4) “预付账款”项目,反映非营利组织预付给商品或者服务供应单位等的款项。本项目应当根据“预付账款”账户的期末余额填列。

(5) “存货”项目,反映非营利组织在日常业务活动中持有以备出售或捐赠的,或者为了出售或捐赠仍处在生产过程中的,或者将在生产、提供服务或日常管理过程中耗用的材料、物资、商品等。本项目应当根据“存货”账户的期末余额,减去“存货跌价准备”账户的期末余额后的金额填列。

(6) “待摊费用”项目,反映非营利组织已经支出,但应当由本期和以后各期分别负担的、分摊期在1年以内(含1年)的各项费用,如预付保险费、预付租金等。本项目应当根据“待摊费用”账户的期末余额填列。

(7) “一年内到期的长期债权投资”项目,反映非营利组织将在1年内(含1年)到期的长期债权投资。本项目应当根据“长期债权投资”账户的期末余额中将在1年内(含1年)到期的长期债权投资余额,减去“长期投资减值准备”账户的期末余额中1年内(含1年)到期的长期债权投资减值准备余额后的金额填列。

(8) “其他流动资产”项目,反映非营利组织除以上流动资产项目外的其他流动资产。本项目应当根据有关账户的期末余额分析填列。如果其他流动资产价值较大的,应当在会计报表附注中单独披露其内容和金额。

(9) “长期股权投资”项目,反映非营利组织不准备在1年内(含1年)变现的各种股权性质的投资的可收回金额。本项目应当根据“长期股权投资”账户的期末余额,减去“长期投资减值准备”账户的期末余额中长期股权投资减值准备余额后的金额填列。

(10)“长期债权投资”项目，反映非营利组织不准备在1年内(含1年)变现的各种债权性质的投资的可收回金额。本项目应当根据“长期债权投资”账户的期末余额，减去“长期投资减值准备”账户的期末余额中长期债权投资减值准备余额，再减去本表“一年内到期的长期债权投资”项目金额后的金额填列。

(11)“固定资产原价”和“累计折旧”项目，反映非营利组织的各种固定资产原价及累计折旧。这两个项目根据“固定资产”账户和“累计折旧”账户的期末余额填列。“固定资产净值”项目，反映非营利组织的各项固定资产的账面价值。本项目应当根据“固定资产”账户的期末余额，减去“累计折旧”账户的期末余额后的金额填列。

(12)“在建工程”项目，反映非营利组织期末各项未完工程的实际支出，包括交付安装的设备价值、已耗用的材料、工资和费用支出、预付出包工程的价款等。本项目应当根据“在建工程”账户的期末余额填列。

(13)“文物文化资产”项目，反映非营利组织用于展览、教育或研究等目的的历史文物、艺术品以及其他具有文化或者历史价值并作长期或者永久保存的典藏等。本项目应当根据“文物文化资产”账户的期末借方余额填列。

(14)“固定资产清理”项目，反映非营利组织因出售、毁损、报废等原因转入清理但尚未清理完毕的固定资产的账面价值，以及固定资产清理过程中发生的清理费用和变价收入等各项金额的差额。本项目应当根据“固定资产清理”账户的期末借方余额填列；如果“固定资产清理”账户期末为贷方余额，则以“－”号填列。

(15)“无形资产”项目，反映非营利组织拥有的为开展业务活动、出租给他人或为管理目的而持有的没有实物形态的非货币性长期资产，包括专利权、非专利技术、商标权、著作权、土地使用权等。本项目应当根据“无形资产”账户的期末余额填列。

(16)“受托代理资产”项目，反映非营利组织接受委托方委托从事受托代理业务而收到的资产。本项目应当根据“受托代理资产”账户的期末余额填列。如果非营利组织的受托代理资产为现金、银行存款或其他货币资金且通过“现金”“银行存款”“其他货币资金”账户核算，还应当加上“现金”“银行存款”“其他货币资金”账户中“受托代理资产”明细账户的期末余额填列。

(17)“短期借款”项目，反映非营利组织向银行或其他金融机构等借入的、尚未偿还的期限在1年以下(含1年)的各种借款。本项目应当根据“短期借款”账户的期末余额填列。

(18)“应付款项”项目，反映非营利组织期末应付票据、应付账款和其他应付款等应付未付款项。本项目应当根据“应付票据”“应付账款”“其他应付款”账户的期末余额合计填列。

(19)“应付工资”项目，反映非营利组织应付未付的员工工资。本项目应当根据“应付工资”账户的期末贷方余额填列；如果“应付工资”账户期末为借方余额，以“－”号填列。

(20)“应交税金”项目，反映非营利组织应交未交的各种税费。本项目应当根据“应交税金”账户的期末贷方余额填列；如果“应交税金”账户期末为借方余额，则以“－”号填列。

(21)“预收账款”项目，反映非营利组织向服务和商品购买单位等预收的各种款项。本项目应当根据“预收账款”账户的期末余额填列。

(22)“预提费用”项目，反映非营利组织预先提取的已经发生但尚未实际支付的各项费用。本项目应当根据“预提费用”账户的期末贷方余额填列。

(23)“预计负债”项目，反映非营利组织对因或有事项所产生的现时义务而确认的负债。本项目应当根据“预计负债”账户的期末贷方金额填列。

(24)“一年内到期的长期负债”项目,反映非营利组织承担的将于1年内(含1年)偿还的长期负债。本项目应当根据有关长期负债科目的期末余额中将在1年内(含1年)到期的金额分析填列。

(25)“其他流动负债”项目,反映非营利组织除以上流动负债之外的其他流动负债。本项目应当根据有关账户的期末余额填列。如果其他流动负债金额较大的,应当在会计报表附注中单独披露其内容和金额。

(26)“长期借款”项目,反映非营利组织向银行或其他金融机构等借入的期限在1年以上(不含1年)的各种借款本息。本项目应当根据“长期借款”账户的期末余额减去其中将于1年内(含1年)到期的长期借款余额后的金额填列。

(27)“长期应付款”项目,反映非营利组织承担的各种长期应付款,如融资租入固定资产发生的应付租赁款。本项目应当根据“长期应付款”账户的期末余额减去其中将于1年内(含1年)到期的长期应付款余额后的金额填列。

(28)“其他长期负债”项目,反映非营利组织除以上长期负债项目之外的其他长期负债。本项目应当根据有关账户的期末余额减去其中将于1年内(含1年)到期的其他长期负债余额后的金额分析填列。如果其他长期负债金额较大的,应当在会计报表附注中单独披露其内容和金额。

(29)“受托代理负债”项目,反映非营利组织因从事受托代理业务、接受受托代理资产而产生的负债。本项目应当根据“受托代理负债”账户的期末余额填列。

(30)“非限定性净资产”项目,反映非营利组织拥有的非限定性净资产期末余额。本项目应当根据“非限定性净资产”账户的期末余额填列。

(31)“限定性净资产”项目,反映非营利组织拥有的限定性净资产期末余额。本项目应当根据“限定性净资产”账户的期末余额填列。

7.4 业务活动表

7.4.1 业务活动表的概念

业务活动表是反映非营利组织在某一会计期间内开展业务活动实际情况的报表,反映了非营利组织在某一会计期间的运营绩效,因此又称绩效报表。

7.4.2 业务活动表的内容

业务活动表是按照非营利组织的各项收入、费用及其构成分项编制而成的。与企业不同,非营利组织不存在核算利润的问题,因此业务活动表将某一会计期间的收入和同一期间的费用进行配比,来计算出非营利组织在一定时期的净资产的变动额和具体构成,因此,业务活动表的内容主要包括如下几项。

(1) 构成一定会计期间收入的各项要素,包括捐献收入、会费收入、提供服务收入、商品销售收入、投资收益和其他收入。同时,各种收入又分限定性收入和非限定性收入列示。

(2) 构成一定会计期间费用的各项要素,包括业务活动成本、管理费用、筹资费用和其他费用。

(3) 一定会计期间内限定性净资产转为非限定性净资产的金额。

(4) 一定会计期间内净资产的变动额。

7.4.3 业务活动表的格式

业务活动表的格式如表 7-2 所示。

表 7-2　　业务活动表　　会民非 02 表

编制单位:__________　　____年____月　　单位:元

资产	行次	本月数			本年累计数		
一、收入		非限定性	限定性	合计	非限定性	限定性	合计
其中:捐赠收入	1						
会费收入	2						
提供服务收入	3						
商品销售收入	4						
政府补助收入	5						
投资收益	6						
其他收入	9						
收入合计	11						
二、费用							
(一) 业务活动成本	12						
其中:	13						
	14						
	15						
	16						
(二) 管理费用	21						
(三) 筹资活动	24						
(四) 其他费用	28						
费用合计	35						
三、限定性净资产转为非限定性净资产	40						
四、净资产变动额(若为净资产减少额,以"—"号填列)	45						

7.4.4 业务活动表的编制

1. 相关栏反映的内容

(1)"本月数"栏反映各项目的本月实际发生数;在编制季度、半年度等中期财务会计报告时,应当将本栏改为"本季度数""本半年度数"等本中期数栏,反映各项目本中期的实际发生数。在提供上年度比较报表时，应当增设可比期间栏目，反映可比期间各项目的实际发生数。如果本年度业务活动表规定的各个项目的名称和内容同上年度不一致，应对上年度业务活动表各项目的名称和数字按照本年度的规定进行调整，填入本表上年度可比期间栏目内。

(2)“本年累计数”栏反映各项目自年初起至报告期末止的累计实际发生数。

(3)“非限定性”栏反映本期非限定性收入的实际发生数、本期费用的实际发生数和本期由限定性净资产转为非限定性净资产的金额。

(4)“限定性”栏反映本期限定性收入的实际发生数和本期由限定性净资产转为非限定性净资产的金额(以“—”号填列)。在提供上年度比较报表项目金额时，限定性和非限定性栏目的金额可以合并填列。

2. 各项目的内容和填列方法

(1)“捐赠收入”项目，反映非营利组织接受其他单位或者个人捐赠所取得的收入总额。本项目应当根据“捐赠收入”账户的发生额填列。

(2)“会费收入”项目，反映非营利组织根据章程等的规定向会员收取的会费总额。本项目应当根据“会费收入”账户的发生额填列。

(3)“提供服务收入”项目，反映非营利组织根据章程等的规定向其服务对象提供服务取得的收入总额。本项目应当根据“提供服务收入”账户的发生额填列。

(4)“商品销售收入”项目，反映非营利组织销售商品等所形成的收入总额。本项目应当根据“商品销售收入”账户的发生额填列。

(5)“政府补助收入”项目，反映非营利组织接受政府拨款或者政府机构给予的补助而取得的收入总额。本项目应当根据“政府补助收入”账户的发生额填列。

(6)“投资收益”项目，反映非营利组织以各种方式对外投资所取得的投资净损益。本项目应当根据“投资收益”账户的贷方发生额填列；如果为借方发生额，则以“—”号填列。

(7)“其他收入”项目，反映非营利组织除上述收入项目之外所取得的其他收入总额。本项目应当根据“其他收入”账户的发生额填列。

上述(1)～(7)项收入项目应当区分“限定性”和“非限定性”分别填列。

(8)“业务活动成本”项目，反映非营利组织为了实现其业务活动目标、开展其项目活动或者提供服务所发生的费用。本项目应当根据“业务活动成本”科目的发生额填列。

非营利组织应当根据其所从事的项目、提供的服务或者开展的业务等具体情况，按照“业务活动成本”账户中各明细账户的发生额，在本表第12行至第21行之间填列业务活动成本的总额及各组成部分的发生额。

(9)“管理费用”项目，反映非营利组织为组织和管理其业务活动所发生的各项费用总额。本项目应当根据“管理费用”账户的发生额填列。

(10)“筹资费用”项目，反映非营利组织为筹集业务活动所需资金而发生的各项费用总额，包括利息支出(减利息收入)、汇兑损失(减汇兑收益)以及相关手续费等。本项目应当根据“筹资费用”账户的发生额填列。

(11)“其他费用”项目，反映非营利组织除以上费用项目之外发生的其他费用总额。本项目应当根据有关账户的发生额填列。

(12)“限定性净资产转为非限定性净资产”项目,反映非营利组织当期从限定性净资产转入非限定性净资产的金额。本项目应当根据“限定性净资产”“非限定性净资产”账户的发生额分析填列。

(13)“净资产变动额”项目,反映非营利组织当期净资产变动的金额。本项目应当根据本表“收入合计”项目的金额,减去“费用合计”项目的金额,再加上“限定性净资产转为非限定性净资产”项目的金额后填列。

7.5 现金流量表

7.5.1 现金流量表的概念

非营利组织的现金流量表是反映非营利组织在一定会计期间内有关现金和现金等价物的流入和流出的报表。现金是指非营利组织的库存现金以及可以随时用于支付的存款,包括现金、可以随时用于支付的银行存款和其他货币资金;现金等价物是指非营利组织持有的期限短、流动性强、易于转换为已知金额现金、价值变动风险很小的投资(除特别指明外,以下所指的现金均包含现金等价物)。

特别提示 7-1

“期限短”的含义

这里所指的期限短一般指投资从购买日起,3 个月内到期。比如,非营利组织购买的、从购买日起 3 个月或更短时间内即将到期或即可转换为现金的短期债券投资等。

非营利组织应当根据实际情况确定现金等价物的范围,并且一贯性保持其划分标准。如果改变划分标准,应当视为会计政策变更。非营利组织确定现金等价物的原则及其变更,应当在会计报表附注中披露。

7.5.2 现金流量表的内容

根据《民间非营利组织会计制度》的规定,我国非营利组织的现金流量表属于年度报表,提供非营利组织一定会计期间现金流量的信息。现金流量表采用报告式,在格式设计上主要依照现金流量的性质,依次分类反映业务活动产生的现金流量、投资活动产生的现金流量和筹资活动产生的现金流量,最后汇总反映非营利组织现金及现金等价物净增加额。在有外币现金流量及境外控制实体的现金流量折算为人民币的非营利组织,现金流量表正表中还应单设“汇率变动对现金的影响”项目。

7.5.3 编制现金流量表的目的

编制现金流量表主要是为了给非营利组织会计报表使用者提供非营利组织一定会计期间内现金和现金等价物流入和流出的信息,以便报表使用者了解和评价非营利组织获取现金和现金等价物的能力,并据以预测非营利组织未来现金流量。现金流量表能够说明非营利组织一定期间内现金流入和流出的原因,说明非营利组织的偿债能力;也能够用来分析非营利组织未来获取现金的能力,分析非营利组织投资和理财活动对运营状况和财务状况的影响,有助于对非营利组织的整体财务状况作出客观评价。

7.5.4 现金流量的分类

非营利组织一定时期内的现金流入和流出是由各种因素产生的,为了给会计报表的使用者提供非营利组织现金流量的具体信息,要对非营利组织各项业务发生的现金流量进行合理的分类。

现金流量是指非营利组织现金和现金等价物的流入和流出。非营利组织通过接受捐赠、收取会费、销售商品或提供服务、出售固定资产及从银行借款等取得的现金,即为现金流入;而非营利组织通过捐赠支出、购买存货、购建固定资产及偿还银行借款等支出的现金,即为现金流出。现金流量是衡量非营利组织运营状况是否良好、偿债能力强弱的重要指标。

根据我国会计准则和制度的规定,企业一定时期内发生的现金流量分为三类,即业务活动产生的现金流量、投资活动产生的现金流量和筹资活动产生的现金流量。

1) 业务活动产生的现金流量

业务活动是指非营利组织除投资活动和筹资活动以外的所有交易或事项,包括接受捐赠、收取会费、销售商品或提供服务、捐赠支出、购买存货、支付工资等。

2) 投资活动产生的现金流量

投资活动是指非营利组织长期资产的购建和不包括在现金等价物范围内的投资及其处置活动,包括取得和收回投资、购建和处置固定资产、购买和处置无形资产等。

3) 筹资活动产生的现金流量

筹资活动是指非营利组织债务规模和构成发生变化的活动,包括取得和偿还借款、偿付利息等。

特别提示7-2

业务与现金流量的关系

应当注意,并不是非营利组织所有的业务活动都影响现金流量。非营利组织的业务按其与现金流量的关系可分为以下三类。

(1) 现金各项目之间的增减变动。对于这一类业务,账务处理时的借方、贷方都是现金,因而不会影响现金流量的增减变动。例如,从银行提取现金或将现金存入银行等业务。

(2) 非现金各项目之间的增减变动。对于这一类业务,账务处理时的借方、贷方都不是现金,当然也不会影响现金流量的增减变动。例如,以固定资产清偿债务,用原材料或固定资产等对外投资等经营业务。

(3) 现金各项目与非现金各项目之间的增减变动。对于这一类业务,账务处理时的借方、贷方中,一方是现金,另一方不是现金,所以,这类业务必然影响现金流量的增减变动。例如,用现金购买原材料、用现金对外投资、收回长期债权投资等。

7.5.5 现金流量表的格式

现金流量表的格式如表7-3所示。

表 7-3　　　　现 金 流 量 表　　　　会民非 03 表

编制单位：__________　　　　______年　　　　单位：元

项　　目	行次	金额
一、业务活动产生的现金流量：		
接受捐赠收到的现金	1	
收取会费收到的现金	2	
提供服务收到的现金	3	
销售商品收到的现金	4	
政府补助收到的现金	5	
收到的其他与经营活动有关的现金	8	
现金流入小计	13	
提供捐赠或者资助支付的现金	14	
支付给员工以及为员工支付的现金	15	
购买商品、接受服务支付的现金	16	
支付的其他与业务活动有关的现金	19	
现金流出小计	23	
业务活动产生的现金流量净额	24	
二、投资活动产生的现金流量：		
收回投资所收到的现金	25	
取得投资收益所收到的现金	26	
处置固定资产和无形资产所收回的现金	27	
收到的其他与投资活动有关的现金	30	
现金流入小计	34	
购建固定资产和无形资产所支付的现金	35	
对外投资所支付的现金	36	
支付的其他与投资活动有关的现金	39	
现金流出小计	43	
投资活动产生的现金流量净额	44	
三、筹资活动产生的现金流量：		
借款所收到的现金	45	
收到的其他与筹资活动有关的现金	48	
现金流入小计	50	
偿还借款所支付的现金	51	
偿付利息所支付的现金	52	
支付的其他与筹资活动有关的现金	55	
现金流出小计	58	
筹资活动产生的现金流量净额	59	
四、汇率变动对现金的影响额	60	
五、现金及现金等价物净增加额	61	

本表所指的现金是指非营利组织的库存现金以及可以随时用于支付的存款，包括现金、可以随时用于支付的银行存款和其他货币资金；现金等价物是指非营利组织持有的期限短、流动性强、易于转换为已知金额现金、价值变动风险很小的投资（除特别指明外，以下所指的现金均包含现金等价物）。

非营利组织应当根据实际情况确定现金等价物的范围，并且一贯地保持其划分标准，如果改变划分标准，应当视为会计政策变更。非营利组织确定现金等价物的原则及其变更，应当在会计报表附注中披露。

现金流量表应当按照业务活动产生的现金流量、投资活动产生的现金流量和筹资活动产生的现金流量分别反映。本表所指的现金流量是指现金的流入和流出。

7.5.6 现金流量表的编制方法

业务活动产生的现金流量可以按照直接法和间接法两种方法进行列报。直接法指通过现金收入和现金支出的主要类别直接反映来自非营利组织经营活动的现金流量，现金流量按现金流入和现金流出总额来反映。采用直接法列报业务活动产生的现金流量一般是以业务活动表中的本期各收入为起点，调整与业务活动有关项目的增减变动，然后计算出业务活动产生的现金流量。间接法是指以本期净资产变动额为起点，通过调整不涉及现金的收入、费用等项目的增减变动，调整不属于业务活动的现金收支项目，据此计算并列示业务活动的现金流量。

非营利组织应当采用直接法编制业务活动产生的现金流量。采用直接法列报业务活动现金流量时，有关现金流量的信息可以从会计记录中直接获得，也可以在业务活动表收入和费用数据基础上，通过调整存货和与业务活动有关的应收应付款项的变动、投资以及固定资产折旧、无形资产摊销等项目后获得。

7.5.7 报表各项目的内容和填列方法

（1）“接受捐赠收到的现金”项目，反映非营利组织接受其他单位或者个人捐赠取得的现金。本项目可以根据“现金”“银行存款”“捐赠收入”等账户的记录分析填列。

（2）“收取会费收到的现金”项目，反映非营利组织根据章程等的规定向会员收取会费取得的现金。本项目可以根据“现金”“银行存款”“应收账款”“会费收入”等账户的记录分析填列。

（3）“提供服务收到的现金”项目，反映非营利组织根据章程等的规定向其服务对象提供服务取得的现金。本项目可以根据“现金”“银行存款”“应收账款”“应收票据”“预收账款”“提供服务收入”等账户的记录分析填列。

（4）“销售商品收到的现金”项目，反映非营利组织销售商品取得的现金。本项目可以根据“现金”“银行存款”“应收账款”“应收票据”“预收账款”“商品销售收入”等账户的记录分析填列。

（5）“政府补助收到的现金”项目，反映非营利组织接受政府拨款或者政府机构给予的补助而取得的现金。本项目可以根据“现金”“银行存款”“政府补助收入”等账户的记录分析填列。

（6）“收到的其他与业务活动有关的现金”项目，反映非营利组织收到的除以上业务之外的现金。本项目可以根据“现金”“银行存款”“其他应收款”“其他收入”等账户的记录分析填列。

(7)“提供捐赠或者资助支付的现金”项目，反映非营利组织向其他单位和个人提供捐赠或者资助支出的现金。本项目可以根据“现金”“银行存款”“业务活动成本”等账户的记录分析填列。

(8)“支付给员工以及为员工支付的现金”项目，反映非营利组织开展业务活动支付给员工以及为员工支付的现金。本项目可以根据“现金”“银行存款”“应付工资”等账户的记录分析填列。

非营利组织支付的在建工程人员的工资等，在本表“购建固定资产、无形资产所支付的现金”项目中反映。

(9)“购买商品、接受服务支付的现金”项目，反映非营利组织购买商品、接受服务而支付的现金。本项目可以根据“现金”“银行存款”“应付账款”“应付票据”“预付账款”“业务活动成本”等账户的记录分析填列。

(10)“支付的其他与业务活动有关的现金”项目，反映非营利组织除上述项目之外支付的其他与业务活动有关的现金。本项目可以根据“现金”“银行存款”“其他应付款”“管理费用”“其他费用”等账户的记录分析填列。

(11)“收回投资所收到的现金”项目，反映非营利组织出售、转让或者到期收回除现金等价物之外的短期投资、长期投资而收到的现金。不包括长期投资收回的股利、利息，以及收回的非现金资产。本项目可以根据“现金”“银行存款”“短期投资”“长期股权投资”“长期债权投资”等账户的记录分析填列。

(12)“取得投资收益所收到的现金”项目，反映非营利组织因对外投资而取得的现金股利、利息，以及从被投资单位分回利润收到的现金，不包括股票股利。本项目可以根据“现金”“银行存款”“投资收益”等账户的记录分析填列。

(13)“处置固定资产和无形资产所收回的现金”项目，反映非营利组织处置固定资产和无形资产所取得的现金，减去为处置这些资产而支付的有关费用之后的净额。由于自然灾害所造成的固定资产等长期资产损失而收到的保险赔款收入，也在本项目反映。本项目可以根据“现金”“银行存款”“固定资产清理”等账户的记录分析填列。

(14)“收到的其他与投资活动有关的现金”项目，反映非营利组织除上述各项目之外收到的其他与投资活动有关的现金。其他现金流入如果金额较大的，应当单列项目反映。本项目可以根据“现金”“银行存款”等有关账户的记录分析填列。

(15)“购建固定资产和无形资产所支付的现金”项目，反映非营利组织购买和建造固定资产，取得无形资产和其他长期资产所支付的现金。不包括为购建固定资产而发生的借款利息资本化的部分，以及融资租入固定资产支付的租赁费。借款利息和融资租入固定资产支付的租赁费，在筹资活动产生的现金流量中反映。本项目可以根据“现金”“银行存款”“固定资产”“无形资产”“在建工程”等账户的记录分析填列。

(16)“对外投资所支付的现金”项目，反映非营利组织进行对外投资所支付的现金，包括取得除现金等价物之外的短期投资、长期投资所支付的现金，以及支付的佣金、手续费等附加费用。本项目可以根据“现金”“银行存款”“短期投资”“长期股权投资”“长期债权投资”等账户的记录分析填列。

（17）“支付的其他与投资活动有关的现金”项目，反映非营利组织除上述各项目之外支付的其他与投资活动有关的现金。如果其他现金流出金额较大的，应当单列项目反映。本项目可以根据“现金”“银行存款”等有关账户的记录分析填列。

（18）“借款所收到的现金”项目，反映非营利组织举借各种短期、长期借款所收到的现金。本项目可以根据“现金”“银行存款”“短期借款”“长期借款”等账户的记录分析填列。

（19）“收到的其他与筹资活动有关的现金”项目，反映非营利组织除上述项目之外收到的其他与筹资活动有关的现金。如果其他现金流入金额较大的，应当单列项目反映。本项目可以根据“现金”“银行存款”等有关账户的记录分析填列。

（20）“偿还借款所支付的现金”项目，反映非营利组织以现金偿还债务本金所支付的现金。本项目可以根据“现金”“银行存款”“短期借款”“长期借款”“筹资费用”等账户的记录分析填列。

（21）“偿付利息所支付的现金”项目，反映非营利组织实际支付的借款利息、债券利息等。本项目可以根据“现金”“银行存款”“长期借款”“筹资费用”等账户的记录分析填列。

（22）“支付的其他与筹资活动有关的现金”项目，反映非营利组织除上述项目之外支付的其他与筹资活动有关的现金，如融资租入固定资产所支付的租赁费。本项目可以根据“现金”“银行存款”“长期应付款”等有关账户的记录分析填列。

（23）“汇率变动对现金的影响额”项目，反映非营利组织外币现金流量及境外所属分支机构的现金流量折算为人民币时，所采用的现金流量发生日的汇率或期初汇率折算的人民币金额与本表“现金及现金等价物净增加额”中外币现金净增加额按期末汇率折算的人民币金额之间的差额。

（24）“现金及现金等价物净增加额”项目，反映非营利组织本年度现金及现金等价物变动的金额。本项目应当根据本表“业务活动产生的现金流量净额”“投资活动产生的现金流量净额”“筹资活动产生的现金流量净额”和“汇率变动对现金的影响额”项目的金额合计填列。

7.6 会计报表附注

7.6.1 会计报表附注的概念

会计报表附注是为了方便会计报表使用者理解会计报表的内容而对会计报表的编制基础、编制依据、编制原则和方法及主要项目等所作的解释。提供会计报表附注的目的是在保持会计报表正文简练的基础上提供一些与报表的数据相关的信息。它不仅能增进会计信息的可理解性、突出会计信息的重要性和提高会计信息的可比性，而且可以反映作为整个会计报表组成部分的非数量信息以及其他比报表本身更为详细的信息，说明报表中个别项目的质量和条件限制等。财务会计报告的使用者通过阅读会计报表及其相关的附注，能为其决策提供更充分的信息。

7.6.2 会计报表附注的内容

非营利组织的会计报表附注至少应当披露以下内容。

(1) 重要会计政策及其变更情况的说明。

(2) 董事会(也可能是理事会或者类似权力机构)成员和员工的数量、变动情况以及获得的薪金等报酬情况的说明。

(3) 会计报表重要项目及其增减变动情况的说明。

(4) 资产提供者设置了时间或用途限制的相关资产情况的说明。

(5) 受托代理业务情况的说明,包括受托代理资产的构成、计价基础和依据、用途等。

(6) 重大资产减值情况的说明。

(7) 公允价值无法可靠取得的受赠资产和其他资产的名称、数量、来源和用途等情况的说明。

(8) 对外承诺和或有事项情况的说明。

(9) 接受劳务捐赠情况的说明。

(10) 资产负债表日后非调整事项的说明。

(11) 有助于理解和分析会计报表需要说明的其他事项。

7.7 财务情况说明书

7.7.1 财务情况说明书的概念

财务情况说明书是对非营利组织一定会计期间内业务活动、资金周转和净资产变动等情况的综合性说明,是非营利组织财务报告的组成部分。它全面扼要地提供非营利组织财务、营运活动等的全貌,分析总结非营利组织业绩和存在的不足,是财务会计报告使用者了解和考核有关业务活动开展情况的重要资料。

7.7.2 财务情况说明书的内容

根据《民间非营利组织会计制度》的规定,财务说明书至少应当对下列情况作出说明。

(1) 非营利组织的宗旨、组织结构以及人员配备等情况。

(2) 非营利组织的业务活动基本情况、年度计划和预算完成情况、计划与实际产生差异的原因分析、下一会计期间业务活动计划和预算等。

(3) 对非营利组织业务活动有重大影响的其他事项。

引例解析

《民间非营利组织会计制度》规定了哪几种会计报表。其项目的填列与《企业会计准则》有何不同

《企业会计准则》规定的基本财务报表有资产负债表、利润表、现金流量表、所有者权益变动表。

《民间非营利组织会计制度》规定的基本财务报表有资产负债表、业务活动表、现金流量表,其中现金流量表只有年度报告,其他两个报表有中期和年度报告。

两个法规中报表项目的填列方法也不尽相同。例如,资产负债表中“应收账款”项目。

《民间非营利组织会计制度》规定:应收账款反映非营利组织期末应收票据、应收账款和其他应收款等应收未收款项。本项目应当根据“应收票据”“应收账款”“其他应收款”账户的期末余额合计,减去“坏账准备”账户的期末余额后的金额填列。

《企业会计准则》规定，应收账款应通过应收账款及预收账款各明细账户的借方合计再减去“坏账准备”之后的余额填列。

重要概念

年终清理结算　资产负债表　业务活动表　现金流量表　会计报表附注　财务情况说明书

本章练习

简答题

1. 年终结账包括哪几个主要程序？
2. 什么是结清旧账？如何操作？
3. 资产负债表中“应收账款”项目如何填列？
4. 资产负债表中“预付账款”项目如何填列？
5. 业务活动表中“收入”和“费用”主要包括哪些项目？
6. 现金流量表主要包括哪几部分的内容？

第 8 章　特殊交易或事项的会计处理

内容提要

本章主要讲解非营利组织一些特殊交易或特殊事项的会计处理方法，特殊交易或事项主要包括受托代理业务、非货币性交易、租赁、资产负债表日后事项与会计政策变更等。非营利组织对这些特殊交易和特殊事项的会计处理原则与企业会计基本一致，但具体处理方法略有不同。

重点难点

本章重点为非营利组织受托代理业务、非货币性交易、租赁的核算；难点为非货币性交易、租赁的会计处理以及资产负债表日后事项以及会计政策变更等相关知识。

学习目标

通过本章学习，学生应掌握非营利组织受托代理业务、非货币性交易、租赁的核算，了解非营利组织资产负债表日后事项以及会计政策变更的相关规定。

知识框架

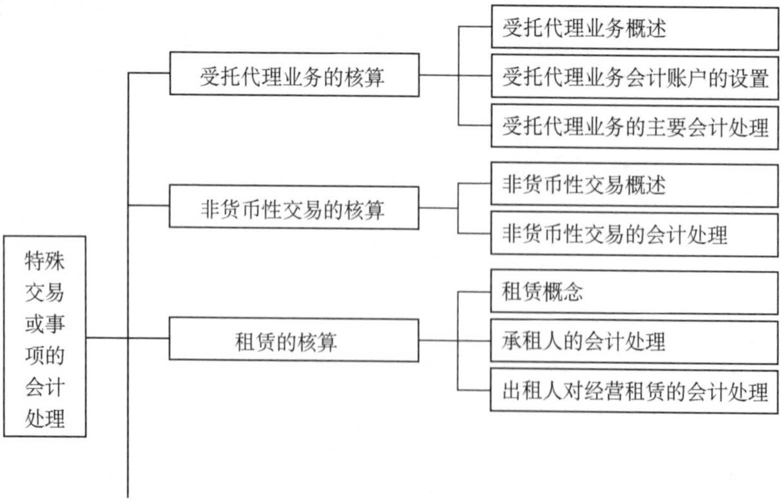

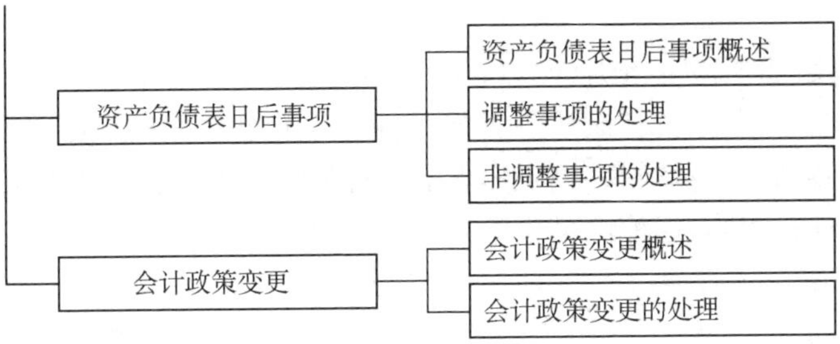

引入案例

非营利组织的特殊交易或事项

非营利组织的特殊交易或事项具体包括受托代理业务、非货币性交易、租赁、资产负债表日后事项、会计政策变更等。

这些特殊交易或事项如何界定？如受托代理业务与捐赠业务有何区别？特殊交易或事项发生时，如何对其进行处理？

8.1 受托代理业务的核算

8.1.1 受托代理业务概述

1. 受托代理业务的概念

非营利组织的受托代理业务是指非营利组织从委托方收到受托资产，并按照委托人的意愿将资产转赠给指定的其他组织或者个人，或者按照有关规定将资产转交给指定的其他组织或者个人的行为。非营利组织本身只是在交易过程中起中介作用，无权改变受托代理资产的用途或者受益人。

非营利组织接受委托方委托从事受托代理业务而收到的资产即为受托代理资产。非营利组织因从事受托代理业务，接受受托代理资产而产生的负债即为受托代理负债。

2. 受托代理业务与捐赠业务的区别

非营利组织所从事的受托代理业务与接受捐赠业务有本质上的差别。在接受捐赠业务中，非营利组织获得了捐赠资产，并拥有了捐赠资产的所有权和使用权；而在受托代理交易业务中，资产并不是捐赠给非营利组织的，它是委托人捐赠给指定的组织和个人的，非营利组织本身净资产并没有增加。同时，资产转给指定的组织和个人时，通常也不是以非营利组织的名义赠与受赠人的，它仍然是以委托人的名义赠与受赠人的。

特别提示 8-1

“指定的”受益人

在受托代理业务中，委托人通常明确指出具体受益个人的姓名或受益单位名称的，才能称为“指定的”受益人。委托人有时候会从非营利组织提供的名单中指定一个或若干个受益人，也符合受托代理业务的概念。在委托代理业务中，受托人没有权力改变受益人，也没有权力改变受托代理资产的用途。

鉴于这种区别，非营利组织在进行会计处理时，应当将受托代理交易业务与捐赠业务相区分。

【例 8-1】 2×19 年 6 月 20 日，王海捐赠给某社会团体 100 000 元，要求用于奖励上半年科技比赛前 10 名人员。该社会团体对科技比赛已有明确规则，比赛结果也已确定，并且捐赠人对比赛结果表示同意，且明确规定了每位获奖人员获得的奖金金额。

对于该社会团体，这种情况属于受托代理业务。

【例 8-2】 2×19 年 12 月 31 日，李婷捐赠给某社会团体 120 000 元，要求用于奖励下半年获得科技比赛的一等奖、二等奖、三等奖的人员。该社会团体对科技比赛已有明确规则，但比赛结果尚未确定，捐赠人只是规定了获得一等奖、二等奖、三等奖的金额，具体比赛结果由该社会团体按照既定规则确定。

对于该社会团体，这种情况属于限定性捐赠。

3. 受托代理业务的处理原则

受托代理交易资产一旦进入非营利组织，就属于被非营利组织所控制的资源，而且非营利组织有义务将该资产转交给受赠人，所以我国《民间非营利组织会计制度》规定非营利组织应当对受托代理资产进行确认和计量，并且在确认一项受托代理资产时，应当同时确认一项受托代理负债。非营利组织应当在资产负债表中单列项目反映所确认的受托代理资产和受托代理负债，以全面反映其资产负债状况，这样也有助于在会计报表中综合反映其业务开展情况。

8.1.2 受托代理业务会计账户的设置

设置“受托代理资产”和“受托代理负债”两个会计账户用于核算受托代理业务。其中，“受托代理资产”账户用于核算非营利组织接受委托方委托从事受托代理业务而收到的资产，“受托代理负债”账户用于核算非营利组织因从事受托代理业务、接受受托代理资产而产生的负债。

非营利组织应当设置受托代理资产登记簿，并根据具体情况在“受托代理资产”和“受托代理负债”账户下，根据指定的受赠组织或个人，或者指定的应转交的组织或个人设置明细账，进行明细核算。“受托代理资产”账户期末余额在借方，反映非营利组织期末尚未转出的受托代理资产价值。“受托代理负债”账户期末余额在贷方，反映非营利组织尚未清偿的受托代理负债。

8.1.3 受托代理业务的主要会计处理

受托代理资产的核算详见第 2 章 2.8 中的“受托代理资产的核算”；受托代理负债的核算详见第 3 章 3.2.10 中的“受托代理负债的核算”。

8.2 非货币性交易的核算

8.2.1 非货币性交易概述

1. 非货币性交易的概念

非营利组织的非货币性交易是指交易双方以非货币性资产进行的交换，这种交换不涉及或只涉及少量的货币性资产，即补价，非货币交易的交易对象主要是非货币性资产。

通常情况下，非营利组织在运营过程中发生的各项交易是货币性交易，如用现金购买存货或固定资产、用现金支付工资等，用货币性资产来交换非货币性资产，如存货、固定资产、无形资产等。在这里，所交换的货币性资产的金额，是计量非营利组织收到的非货币性资产成本的基础，也是计量非营利组织转出非货币性资产的收益或损失的基础。而非货币性交易一般不涉及货币性资产，表现为交易双方以非货币性资产与非货币性资产相交换。

非货币性交易中，有时可能涉及少量的货币性资产。在换出或换入非货币资产的同时，非营利组织可能支付或收到一定金额的货币性资产，这部分货币性资产称为补价。在判断涉及补价的交易是属于货币性交易还是非货币性交易时，通常根据补价占整个交易金额的比例。一般来说，如果支付的货币性资产占换入资产公允价值的比例或占换出资产公允价值与支付的货币性资产之和的比例低于25%（含25%），则视为非货币性交易；如果这一比例高于25%（不含25%），则视为货币性交易。

2. 货币性资产交易与非货币性资产交易的区别

1）货币性资产和非货币资产

（1）货币性资产是指非营利组织持有的现金及将以固定或可确定金额的货币收取的资产，包括现金、应收账款、应收票据以及准备持有至到期的债券投资等。这里的现金包括库存现金、银行存款和其他货币资金。

货币性资产是相对于非货币性资产而言的，区分两者的主要依据是资产在将来为非营利组织带来的经济利益，即货币金额是否是固定的或可确定的。如果资产在将来为非营利组织带来的经济利益，即货币金额是固定的或可确定的，则该资产是货币性资产；反之，如果资产在将来为非营利组织带来的经济利益，即货币金额是不固定的或不可确定的，则该资产是非货币性资产。

一般来说，非营利组织资产负债表所列示的项目中属于货币性资产的项目有货币资金、准备持有至到期的债券投资、应收票据、应收账款等。

（2）非货币性资产是指非营利组织货币性资产以外的资产，包括存货、固定资产、无形资产、股权投资及不准备持有至到期的债券投资等。

非货币性资产有别于货币性资产的最基本特征是，其在将来为非营利组织带来的经济利益，即货币金额是不固定的或不可确定的。例如，非营利组织持有固定资产的主要目的是经营活动，并且通过折旧方式将其磨损价值转移到成本费用中，然后通过商品销售、提供服务等活动产生收入。

由于固定资产在使用过程中为非营利组织带来的经济利益，即货币金额是不固定的或不可确定的，因此固定资产属于非货币性资产。

一般来说，资产负债表所列示的项目中属于非货币性资产项目的有存货、股权投资、不准备持有至到期的债券投资、固定资产、文物文化资产、在建工程及无形资产等。

2）货币性交易和非货币性交易的主要区别

（1）货币性交易涉及货币性资产的交换，这种交换有现金的流入或流出，或者能够在预定的期间内实现流入或流出现金。这种交易有确定的金额，虽然应收账款可能无法收回或无法全部收回，但是在实务中可以估计出其可收回金额。但是非货币性交易不涉及现金的流入或流出，或者只涉及少量的现金流入或流出。

(2) 货币性交易所换入的资产成本的计量，是以所放弃的货币性资产金额为基础的，如非营利组织购入固定资产，实际支付现金 10 万元，则购入固定资产的实际成本为所放弃的银行存款(货币性资产)的金额，即 10 万元。同时货币性交易所交换的货币性资产的金额，也是计量非营利组织换出非货币性资产的收益或损失的基础。非货币性交易不涉及或只涉及少量的货币性资产，因此，换入资产成本的计量基础以及对换出资产损益的计量基础与货币性交易不同，需要运用不同的计量标准。

3. 非货币性交易的分类

如果从非货币性交易所涉及资产的种类和构成上看，非货币性交易可分为整体非货币性资产交易、多项非货币性资产交易和单项非货币性资产交易三类。

1) 整体非货币性交易

整体非货币性交易一般发生在整体资产置换和整体资产对外投资等资产重组业务中。

(1) 整体资产置换是指一家非营利组织以其经营活动所涉及的全部资产(含对应负债，下同)或其独立核算的分支机构与另一家非营利组织的经营活动所涉及的全部资产或其独立核算的分支机构进行整体交换，资产置换双方的法人实体都不解散。

(2) 整体资产对外投资业务是指一家非营利组织不需要解散而将其经营活动所涉及的全部资产或其独立核算的分支机构转让给另一家非营利组织，以换取接受资产的非营利组织的股权。

2) 多项非货币性交易

多项非货币性交易是指一次非货币性交易同时涉及多个类别或多个项目的非货币性资产，但这些资产并不具有独立的营利能力。

3) 单项非货币性交易

单项非货币性交易的对象仅为单个项目或品种的非货币性资产。

8.2.2 非货币性交易的会计处理

非营利组织如发生非货币性交易时，应区分是否涉及补价，进行相应的会计处理。

1. 如果非货币性交易没有涉及补价

如果非货币性交易没有涉及补价，则以换出资产的账面价值，加上应支付的相关税费，作为换入资产的入账价值。

$$换入资产的入账价值 = 换出资产的账面价值 + 应支付的相关税费$$

特别提示 8-2

关于账面价值

这里所讲的账面价值，一般为资产的账面余额扣除(或加上)有关备抵账户(或附加账户)金额后的净值，其中，账面余额是指账户在期末的实际余额，即账户未扣除相关准备之前的余额。

例如，存货的账面价值，就是存货的账面余额扣除有关存货跌价准备后的金额；不准备持有至到期的债券投资的账面价值，就是债券投资的面值，加应收利息，再加(或减)未摊销溢价(或折价)后的金额，扣除有关长期投资减值准备。

【例 8-3】 甲非营利组织以其自用的一辆小轿车交换乙非营利组织自用的一辆面包车,小轿车和面包车均被作为固定资产进行核算和管理。在交换日,小轿车原账面余额为250 000元,已计提累计折旧130 000元,公允价值为100 000元;面包车原账面余额为400 000元,已计提累计折旧300 000元,公允价值为100 000元。假设不考虑相关税费。

(1) 交换日,甲非营利组织的会计处理如下。

① 换出资产转入固定资产清理。

借:固定资产清理	120 000	
累计折旧	130 000	
贷:固定资产——小轿车		250 000

② 换入资产。

借:固定资产——面包车	120 000	
贷:固定资产清理		120 000

(2) 交换日,乙非营利组织的会计处理如下。

① 换出资产转入固定资产清理。

借:固定资产清理	100 000	
累计折旧	300 000	
贷:固定资产——面包车		400 000

② 换入资产。

借:固定资产——小轿车	100 000	
贷:固定资产清理		100 000

2. 如果非货币性交易中发生补价

如果非货币性交易中发生补价,应区别不同情况处理。

(1) 支付补价的非营利组织,应以换出资产的账面价值加上补价和应支付的相关税费,作为换入资产的入账价值。

换入资产的入账价值 = 换出资产的账面价值 + 补价 + 应支付的相关税费

(2) 收到补价的非营利组织,应按以下公式确定换入资产的入账价值和应确认的收入或费用。

① 换入资产入账价值 = 换出资产账面价值 −(补价 ÷ 换出资产公允价值)× 换出资产账面价值 −(补价 ÷ 换出资产公允价值)× 应交税金 + 应支付的相关税费

即:换入资产入账价值总额 = 换出资产账面价值总额 − 补价 + 应支付的相关税费 + 应确认的收入或费用

② 应确认的收入或费用 = 补价 ×[1 −(换出资产账面价值 + 应交税金)÷ 换出资产公允价值]

在非货币性交易中收到补价情况下应确认的损益,借记有关科目,贷记"其他收入"科目。

【例 8-4】 甲非营利组织以其自用的一辆小轿车交换乙非营利组织自用的一辆面包车,小轿车和面包车均被作为固定资产进行核算和管理。在交换日,小轿车原账面余额为

250 000元,已计提累计折旧130 000元,公允价值为140 000元;面包车原账面余额为400 000元,已计提累计折旧300 000元,公允价值为120 000元。为此,甲非营利组织收到乙非营利组织支付的补价20 000元(以银行存款支付)。假设不考虑相关税费。

(1) 在交换日,甲非营利组织的会计处理如下。

① 计算补价占换出资产公允价值的比例,以此判断此项交易是否为非货币性交易。

$$20\ 000 \div 140\ 000 \times 100\% = 14.29\%$$

由于补价占换出资产公允价值的比例为14.29%,小于25%,因此,此项交易属于非货币性交易。

② 计算换入资产的入账价值和应确认的收入或费用。

换入资产(面包车)的入账价值 = 120 000 − (20 000 ÷ 140 000) × 120 000 = 102 857(元)

应确认的收入或费用 = 20 000 × (1 − 120 000 ÷ 140 000) = 2 857(元)

③ 账务处理。

借:固定资产清理　　120 000

　　累计折旧　　130 000

　　贷:固定资产——小轿车　　250 000

借:银行存款　　20 000

　　贷:固定资产清理　　20 000

借:固定资产——面包车　　102 857

　　贷:固定资产清理　　100 000

　　　　其他收入　　2 857

(2) 在交换日,乙非营利组织的会计处理如下。

① 计算补价占换出资产公允价值的比例,以此判断此项交易是否为非货币性交易。

$$20\ 000 \div (120\ 000 + 20\ 000) \times 100\% = 14.29\%$$

由于补价占换出资产公允价值与补价之和的比例为14.29%,小于25%,因此,此项交易属于非货币性交易。

② 计算换入资产的入账价值。

换入资产(小轿车)的入账价值 = 100 000 + 20 000 = 120 000(元)

③ 账务处理。

借:固定资产清理　　100 000

　　累计折旧　　300 000

　　贷:固定资产——面包车　　400 000

借:固定资产清理　　20 000

　　贷:银行存款　　20 000

借:固定资产——小来轿车　　120 000

　　贷:固定资产清理　　120 000

3. 如果同时换入多项资产

如果同时换入多项资产，应当首先区分是否涉及补价，然后区分支付补价与收到补价，分别进行会计处理。

1）不涉及补价情况下的会计处理

在不涉及补价情况下，应按换入各项资产的公允价值占换入资产公允价值总额的比例，对换出资产的账面价值总额和应支付的相关税费进行分配，以确定各项换入资产的入账价值。

换入资产入账价值总额 = 换出资产账面价值总额 + 应支付的相关税费

换入各项资产入账价值 = 换入资产入账价值总额 ×（换入各项资产公允价值 ÷ 换入资产公允价值总额）

【例8-5】 甲非营利组织以其自用的一辆捷达小轿车和一辆奥迪小轿车交换乙非营利组织自用的一辆大型客车，小轿车和客车均被作为固定资产进行核算和管理。在交换日，捷达小轿车原账面余额为600 000元，已计提累计折旧为200 000元，公允价值为500 000元；奥迪小轿车原账面余额为1 000 000元，已计提累计折旧为400 000元，公允价值为600 000元；大型客车原账面余额为1 300 000元，已计提累计折旧为200 000元。假设不涉及补价，不考虑相关税费，换入的客车作为固定资产管理。

（1）甲非营利组织的会计处理如下。

① 换出资产转入固定资产清理。

借：固定资产清理	1 000 000	
累计折旧——捷达小轿车	200 000	
——奥迪小轿车	400 000	
贷：固定资产——捷达小轿车		600 000
——奥迪小轿车		1 000 000

② 换入资产。

借：固定资产——大型客车	1 000 000	
贷：固定资产清理		1 000 000

（2）乙非营利组织的会计处理如下。

① 换出资产转入固定资产清理。

借：固定资产清理	1 100 000	
累计折旧——大型客车	200 000	
贷：固定资产——大型客车		1 300 000

② 换入资产。

换入捷达小轿车的入账价值＝110×50÷(50＋60)＝50(万元)

换入奥迪小轿车的入账价值＝110×60÷(50＋60)＝60(万元)

借：固定资产——捷达小轿车	500 000	
——奥迪小轿车	600 000	
贷：固定资产清理		1 100 000

2）涉及补价情况下的会计处理

（1）支付补价的情况。

这种情况，应当按换入各项资产的公允价值占换入资产公允价值总额的比例，对换出资产账面价值总额与补价和应支付的相关税费之和进行分配，以确定各项换入资产的入账价值。

换入资产的入账价值总额 ＝ 换出资产账面价值总额 ＋ 补价 ＋ 应支付的相关税费

换入各项资产入账价值 ＝ 换入资产入账价值总额 ×（换入各项资产公允价值 ÷ 换入资产公允价值总额）

（2）收到补价的情况。

这种情况下，应当先按以下公式计算确定换入资产的入账价值总额和应确认的收入或费用：

换入资产入账价值总额 ＝ 换出资产账面价值总额 －（补价 ÷ 换出资产公允价值总额）×
换出资产账面价值总额 －（补价 ÷ 换出资产公允价值总额）×
应交税金 ＋ 应支付的相关税费

即：换入资产入账价值总额 ＝ 换出资产账面价值总额 － 补价 ＋ 应支付的相关税费 ＋ 应确认的收入或费用

应确认的收入或费用 ＝ 补价 ×［1 －（换出资产账面价值总额 ＋ 应交税金）÷ 换出资产账面价值总额］

然后按换入各项资产的公允价值与换入资产公允价值总额的比例，对换入资产的入账价值总额进行分配，以确定各项换入资产的入账价值。

换入各项资产入账价值 ＝ 换入资产入账价值总额 ×（换入各项资产公允价值 ÷ 换入资产公允价值总额）

8.3 租赁的核算

8.3.1 租赁概述

1. 租赁的概念

租赁是指在约定的期间内，出租人将资产使用权让与承租人以获取租金的协议。租赁的主要特征是转移资产的使用权，而非转移资产的所有权，而且这种转移是有偿的，取得使用权一方以支付租金为代价，从而使租赁有别于资产购置、不转移资产使用权的服务合同，如劳务合同、运输合同、保管合同、仓储合同等以及无偿提供使用权的借用合同。

在租赁交易中，非营利组织可能是作为承租人，也可能是作为出租人。

2. 租赁分类的一般原则

根据租赁的性质和目的，以与租赁资产所有权有关的风险和报酬归属于出租人或承租人的程度为依据，可以将租赁分为融资租赁和经营租赁两类，这种分类是根据租赁的经济实质而非其法律形式来区分两种不同的租赁。也就是说，一项租赁应否认定为融资租赁，不在于租赁合同的形式，而应视出租人是否将租赁资产的风险和报酬转移给承租人而作出判断。如果一项租赁实质上转移了与资产所有权有关的所有风险和报酬，则无论租赁合同采取什么形式，都应将该项租赁认定为融资租赁。如果一项租赁实质上并没有转移与资产所有权有关的全部风险和报酬，那么应将该项租赁认定为经营租赁。

知识拓展8-1

与资产所有权有关的风险和报酬

(1) 与资产所有权有关的风险是指由于业务活动情况变化造成相关收益的变动,以及由于资产闲置、技术陈旧等造成的损失等。

(2) 与资产所有权有关的报酬是指在资产可使用年限内直接使用资产而获得的经济利益、资产增值,以及处置资产所实现的收益等。

特别提示8-3

租赁交易需要说明的几点

(1) 融资租赁是指实质上转移了与资产所有权有关的全部风险和报酬的租赁。至于所有权,最终可能转移,也可能不转移。

(2) 承租人和出租人应当在租赁开始日将租赁分为融资租赁和经营租赁。非营利组织应当将起租日作为租赁开始日,自租赁开始日出租人和承租人对同一项租赁进行分类,能够体现与租赁资产所有权有关的风险和报酬是否发生了转移的要求,不能提前对租赁进行分类,也不能延后对租赁进行分类。但是,在售后租赁交易下,租赁开始日是指买主(即出租人)向卖主(即承租人)支付第一笔款项之日。

(3) 原则上,承租人和出租人对同一项租赁所划归的类型应当一致,即一项租赁,如果承租人将其认定为融资租赁,则出租人也应将其认定为融资租赁,从而避免同一项资产在承租人和出租人双方作重复反映,或者都不作反映。但是,如果存在独立于承租人和出租人,但在财务上有能力担保的第三方对出租人的资产余值提供了担保,则可能导致一项租赁被租赁双方归为不同的类型。

(4) 如果承租人和出租人在租赁期内的某一时间同意改变租赁合同的条款(续租除外),由此改变了原来对租赁的分类,则出租人和承租人均应当根据修订后的租赁合同,重新对租赁进行分类。但是,由于租赁资产使用年限或担保余值的改变等导致会计估计的变更,或发生承租人违约等事项,不应当对租赁重新分类。

3. 租赁分类的具体标准

通常,非营利组织在对租赁进行分类时,应当全面考虑租赁期届满时租赁资产所有权是否转移给承租人、承租人是否有购买租赁资产的选择权以及租赁期占租赁资产尚可使用年限的比例等各种因素。满足以下一项或数项标准的租赁,应当认定为融资租赁。

(1) 在租赁期届满时,租赁资产的所有权转移给承租人。

(2) 承租人有购买租赁资产的选择权,所订立的购价预计将远低于行使选择权时租赁资产的公允价值,因而在租赁开始日就可以合理确定承租人将会行使这种选择权。

(3) 租赁期占租赁资产尚可使用年限的大部分,通常指租赁期占租赁期开始日租赁资产尚可使用年限的75%以上(含75%)。但是,如果租赁资产在开始租赁前已使用年限超过该资产全新时可使用年限的大部分,则该项标准不适用。

(4) 就承租人而言,租赁开始日最低租赁付款额的现值几乎相当于租赁开始日租赁资产原账面价值。一般来说,“几乎相当于”是指90%(含90%)以上。这里所称最低租赁付款额是指在租赁期内,承租人应支付或可能被要求支付的各种款项(不包括或有租金和履约成本)。但是,如果租赁资产在开始租赁前已使用年限超过该资产全新时可使用年限的大部分,则该条标准不适用。

(5) 租赁资产性质特殊,如果不作重新改制,只有承租人才能使用。这条标准是指租赁资产是出租人根据承租人对资产型号、规格等方面的特殊要求专门购买或建造的，具有专购、专用性质。这些租赁资产如果不作较大的重新改制，其他单位通常难以使用。这种情况下，该项租赁也应当认定为融资租赁。

8.3.2 承租人的会计处理

1. 承租人对融资租赁的会计处理

1）融资租入资产的确认和其金额的确定

根据《民间非营利组织会计制度》的规定，在租赁开始日，承租人应当按照租赁协议或者合同确定的价款、运输费、途中保险费、安装调试费以及融资租入固定资产达到预定可使用的状态前发生的借款费用等，确定融资租入资产的入账价值，借记“固定资产——融资租入固定资产”科目，贷记“长期应付款”科目。

作为承租人的非营利组织对于融资租赁中应支付的租金，应当按照租赁协议规定的金额和支付时间，进行确认和计量。

2）初始直接费用的会计处理

初始直接费用是指在租赁谈判和签订租赁合同过程中承租人发生的、可直接归属于租赁项目的费用，通常有印花税、佣金、律师费、差旅费和谈判费等。承租人发生的初始直接费用，应在实际发生时确认为当期费用。借记“管理费用”等科目，贷记“银行存款”“现金”等科目。

3）租赁资产折旧的计提

计提租赁资产折旧时，承租人应采用与自有应计提折旧资产相一致的折旧政策。同自有应计提折旧资产一样，租赁资产的折旧方法一般有直线法（即年限平均法）、工作量法、年数总和法和双倍余额递减法等。

承租人应根据租赁合同的规定来确定租赁资产的折旧期间。如果能够合理确定租赁期届满时承租人将会取得租赁资产所有权，应以租赁开始日租赁资产的尚可使用年限作为折旧期间；如果无法合理确定租赁期届满时承租人能够取得租赁资产的所有权，则应以租赁期与租赁资产尚可使用年限两者中较短者作为折旧期间。

4）租赁期届满时的会计处理

租赁期届满时，承租人应分别返还租赁资产、留购租赁资产和优惠续租租赁资产三种进行相应的会计处理。

（1）返还租赁资产的，租赁期届满，承租人向出租人返还租赁资产时，借记“长期应付款”“累计折旧”科目，贷记“固定资产——融资租入固定资产”科目。

（2）留购租赁资产的，承租人在支付购买借款时，借记“固定资产”科目，贷记“银行存款”等科目；同时借记“固定资产”科目，贷记“固定资产——融资租入固定资产”科目。

（3）承租人行使优惠续租选择权，则应当视同该项租赁一直存在而作出相应的账务处理。

【例 8-6】 2×15 年 12 月 6 日，甲非营利组织与乙租赁公司签订了一份租赁合同，合同条款如下。

① 租赁标的物：服务器 3 台。

② 起租日：服务器运抵甲方之日（2×16 年 1 月 1 日）。

③ 租赁期：自起租日起 3 年（2×16 年 1 月 1 日至 2×18 年 12 月 31 日）。

④ 租金支付金额及方式：自起租日起每年年末支付 96 000 元。

⑤ 该批服务器在2×16年1月1日乙方的账面价值为300 000元。

⑥ 该批服务器为全新，预计使用年限为4年。

⑦ 租赁期届满时，甲享有优惠购买该批服务器的选择权，购买价为15 000元。

其他事项：甲方按照固定资产折旧政策，每月提取折旧8 000元；2×18年12月31日，租赁期满，甲方将该服务器返还给乙方。

甲非营利组织的会计处理：

(1) 判断租赁类型。

租赁期3年，占资产尚可使用年限4年的75%，满足融资租赁的标准；租金[96 000×3=288 000(元)]占租赁开始日租赁资产原账面价值(300 000元)的96%，也满足融资租赁的标准，因此，认定该项租赁为融资租赁。

(2) 计算并确定融资租入资产的入账价值。

该批服务器的入账价值等于租赁合同所确定的价款(租金)：

服务器的入账价值=96 000×3=288 000(元)

(3) 会计处理如下：

① 2×16年1月1日，租入服务器。

借：固定资产——融资租入固定资产　　288 000
　贷：长期应付款——乙方　　288 000

② 2×16年12月31日，支付租金。

借：长期应付款——乙方　　96 000
　贷：银行存款　　96 000

2×17年12月31日，支付租金分录同上。

2×18年12月31日，支付租金分录同上。

③ 2×16年1月31日，计提服务器折旧。

借：管理费用　　8 000
　贷：累计折旧　　8 000

2×16年2月至2×18年12月的计提折旧分录同上。

④ 2×18年12月31日，租赁期满返还租入资产。

借：累计折旧　　288 000
　贷：固定资产——融资租入固定资产　　288 000

2. 承租人对经营租赁的会计处理

在经营租赁下，与租赁资产所有权有关的风险和报酬并没有实质上转移给承租人，承租人不承担租赁资产的主要风险，承租人对经营租赁的会计处理比较简单。其主要问题是解决应支付的租金与计入当期费用的关系。承租人在经营租赁下发生的租金应当在租赁期内的各个期间按直线法确认为费用；如果其他方法更合理，也可以采用其他方法。

某些情况下，出租人可能对经营租赁提供激励措施，如免租期、承担承租人某些费用等。在出租人提供了免租期的情况下，应将租金总额在整个租赁期内，而不是在租赁期扣除免租期后的期间内进行分摊；在出租人承担了承租人的某些费用的情况下，应将该费用从租金总额中扣除，并将租金余额在租赁期内进行分摊。

一般的会计处理为：承租人确认各期租金费用时：

借：业务活动成本/管理费用/待摊费用/长期待摊费用等
　　贷：银行存款/现金等

此外，为了保证租赁资产的安全和有效使用，承租人应设置“经营租赁资产”备查簿作备查登记，以反映和监督租赁资产的使用、归还和结存情况。

【例 8-7】 2×15 年 12 月 6 日，非营利组织 A 向非营利组织 B 租入轿车一台，租期为 3 年。设备原值 600 000 元，预计使用年限 5 年。租赁合同规定，租赁开始日(2×16 年 1 月 1 日)A 组织向 B 组织一次性预付租金 100 000 元，第 1 年年末支付租金 100 000 元，第 2 年年末支付租金 100 000 元，第 3 年年末支付租金 150 000 元，租赁期届满后 B 组织收回轿车，3 年的租赁总额为 450 000 元。

非营利组织 A 的会计处理为：

此项租赁没有满足融资租赁的任何一条标准，因此应作为经营租赁处理，确认租金费用时，不能依据各期实际支付租金的金额确认，而应采用直线法分摊确认各期的租金费用，此项租赁租金费用总额为 450 000 元，按直线法计算，每年应分摊的租金费用为 150 000 元。

① 2×16 年 1 月 1 日，预付租金。

借：长期待摊费用　　100 000
　　贷：银行存款　　100 000

② 2×16 年 12 月 31 日，支付租金。

借：管理费用　　150 000
　　贷：银行存款　　100 000
　　　　长期待摊费用　　50 000

③ 2×17 年 12 月 31 日，支付租金。

借：管理费用　　150 000
　　贷：银行存款　　100 000
　　　　长期待摊费用　　50 000

④ 2×18 年 12 月 31 日，支付租金。

借：管理费用　　150 000
　　贷：银行存款　　150 000

8.3.3 出租人对经营租赁的会计处理

相关思考 8-1

作为出租人，非营利组织能够从事融资租赁业务吗

根据国家有关法律、法规的规定，非营利组织目前尚不能从事融资租赁业务，因此非营利组织作为出租人只能从事经营租赁业务。

1. 出租人经营租赁概述

在经营租赁下，与租赁资产所有权有关的风险和报酬实质上并没有转移给承租人，出租人对经营租赁的会计处理也比较简单，主要问题是解决应收的租金与确认为当期收入之间的关系、经营租赁资产折旧的计提。在经营租赁下，租赁资产的所有权始终归出租人所有，因此出租人仍应按自有资产的处理方法，将租赁资产反映在资产负债表上。

2. 出租人对经营租赁的会计处理

如果经营租赁资产属于固定资产，应当采用出租人对类似应计提折旧资产通常所采用的折旧政策计提折旧；否则，应当采用合理的方法进行摊销。出租人在经营租赁下收取的租金应当在租赁期内的各个期间按直线法确认为收入；如果其他方法更合理，也可以采用其他方法。

某些情况下，出租人可能对经营租赁提供激励措施，如免租期、承担承租人某些费用等。在出租人提供了免租期的情况下，应将租金总额在整个租赁期内，而不是在租赁期扣除免租期后的期间内进行分配；在出租人承担了承租人的某些费用的情况下，应将该费用从租金总额中扣除，并将租金余额在租赁期内进行分配。

（1）非营利组织在确认各期租金收入时：

借：银行存款/其他应收款——应收经营租赁款等

贷：其他收入——经营租赁收入等

如果经营租金收入对于该非营利组织而言属于主要的业务活动收入，则可以增设“经营租金收入”账户核算，在确认各期租金收入时：

借：银行存款/应收账款——应收经营租赁款等

贷：经营租金收入等

（2）出租人发生的初始直接费用和承租人发生的初始直接费用相类似，通常也有印花税、佣金、律师费、差旅费和谈判费等，作为出租人的非营利组织在直接费用发生时，按照实际发生的金额确认为当期费用：

借：管理费用/待摊费用等

贷：银行存款/现金等

【例8-8】 承[例8-7]，假设此租金收入不属于B民营非营利组织的主要业务活动收入，作出B非营利组织的会计处理。

B非营利组织，对经营租赁收入按直线法分配，每年应确认收入150 000元。

① 2×16年1月1日，收到预付租金。

借：银行存款	100 000	
贷：预收账款		100 000

② 2×16年12月31日，收到租金。

借：银行存款	100 000	
贷：预收账款		100 000

③ 2×16 年 12 月 31 日，确认收入。

借：预收账款　　150 000

　　贷：其他收入——租金收入　　150 000

④ 2×16 年 1 月 1 日至 2×18 年 12 月 31 日，各月计提折旧。

借：管理费用(600 000÷5÷12)　　10 000

　　贷：累计折旧　　10 000

⑤ 2×17 年 12 月 31 日，收到租金。

借：银行存款　　100 000

　　贷：预收账款　　100 000

⑥ 2×17 年 12 月 31 日，确认收入。

借：预收账款　　150 000

　　贷：其他收入——租金收入　　150 000

⑦ 2×18 年 12 月 31 日，收到租金，确认收入。

借：银行存款　　150 000

　　贷：其他收入——租金收入　　150 000

8.4 资产负债表日后事项

8.4.1 资产负债表日后事项概述

1. 资产负债表日后事项的定义

财务会计报告反映非营利组织在规定日期(资产负债表日)的财务状况、经营成果以及截至到规定日期为止的现金流量的变动情况。在实际工作中，有些交易或者事项是在资产负债表日以后、财务会计报告批准日之前发生的，而且这些交易或者事项对非营利组织报告期的财务状况和运营绩效可能会产生较大的影响。为了使财务会计报告的使用者能够全面、客观地了解非营利组织的财务信息，就必须评价这些交易或者事项，以确定这些交易或者事项是否应该调整将要报出的报告期的财务报告，或仅仅在附注中进行说明即可，以便使用者能够获取与公布日最为相关的可以利用的信息。

资产负债表日后事项是指资产负债表日至财务会计报告批准报出日之间发生的需要调整或说明的有利事项或不利事项。根据《中华人民共和国会计法》的规定，“会计年度自公历 1 月 1 日起至 12 月 31 日止”，因此，规定中“年度资产负债表日”是指 12 月 31 日。资产负债表日后事项不含 12 月 31 日发生的事项。

财务会计报告批准报出日是指董事会、理事会或类似权力机构批准财务报告报出的日期，通常是指对财务报告的内容负有法律责任的单位或个人批准财务会计报告向非营利组织外部公布的日期。

特别提示8-4

对财务会计报告的内容负有法律责任的单位或个人

这里的“对财务会计报告的内容负有法律责任的单位或个人”一般是指单位负责人，董事会、理事会或类似的权力机构。

2. 资产负债表日后事项涵盖的期间

资产负债表日后事项涵盖的期间是指资产负债表日后至财务会计报告批准报出日之间，但是不包括资产负债表日发生的事项，因此，实际涵盖的期间是从资产负债表日的次日起，截至财务会计报告批准报出的当日。

【例8-9】 甲非营利组织2×18年的年度财务会计报告于2×19年2月12日编制完成，注册会计师完成整个年度审计工作并签署审计报告的日期为2×19年4月10日，经理事会批准财务报告可以对外公布的日期为2×19年4月16日，财务会计报告实际对外公布的日期为2×19年4月19日，会员大会召开日期为2×19年5月6日。

则财务会计报告批准报出日为2×19年4月16日，资产负债表日后事项的时间区间为2×19年1月1日(含1月1日，下同)至2×19年4月16日。

特别提示8-5

值得说明的是，董事会、理事会以及其他类似权力机构批准财务会计报告可以对外公布的日期至非营利组织实际对外公布的日期之间发生的事项，也属于资产负债表日后事项，按照资产负债表日后事项的处理原则进行处理。由此影响财务会计报告对外公布日期的，以董事会、理事会以及其他类似权力机构再次批准对外公布的日期为准。

3. 资产负债表日后事项的内容

对于资产负债表日后事项，应当区分调整事项和非调整事项进行处理。对于非营利组织的资产负债表日后事项，应当区分调整事项和非调整事项进行处理。

1）调整事项

根据《民间非营利组织会计制度》的规定，调整事项是指资产负债表日后至财务会计报告批准报出日之间发生的，为资产负债表日已经存在的情况提供了新的或进一步的证据，有助于对资产负债表日存在情况有关的金额作出重新估计的事项。非营利组织应当就调整事项，对资产负债表日所确认的相关资产、负债和净资产，以及资产负债表日所属期间的相关收入、费用等进行调整。

（1）调整事项的主要特点如下。

① 在资产负债表日或以前已经存在，资产负债表日后得以证实的事项。

② 对按资产负债表日存在状况编制的会计报表存在重大影响的事项。

（2）主要的调整事项如下。

① 已证实非营利组织的资产发生了减损。这一事项是指在年度资产负债表日以前，或在年度资产负债表日，根据当时资料判断非营利组织的某项资产可能发生了损失或永久性减值，但没有最后确定是否会发生，因而按照当时最好的估计金额反映在会计报表中。但在年度资产负债表日至财务会计报告批准报出日之间，所取得的新的或进一步的证据能证明

该事实成立，即某项资产已经发生了损失或永久性减值，则应对资产负债表日所作的估计予以修正。

② 销售退回。这一事项是指在资产负债表日以前或资产负债表日，非营利组织根据合同规定所销售的物资已经发出，当时认为与该项物资所有权相关的风险和报酬已经转移，货款能够收回，根据收入确认原则确认了收入并结转了相关成本费用。即在资产负债表日非营利组织确认为已经销售，并在会计报表上反映。但在资产负债表日后至财务会计报告批准报出日之间所取得的证据证明该批已确认为销售的物资确实已经退回，应作为调整事项，进行相关的账务处理，并调整资产负债表日编制的会计报表有关收入、费用，资产，负债和净资产等项目的数字。

③ 非营利组织已确定的获得或支付的赔偿。这一事项是指在资产负债表日以前，或资产负债表日已经存在的赔偿事项，资产负债表日至财务会计报告批准报出日之间提供了新的证据，表明非营利组织能够收到赔偿款或需要支付赔偿款。这一新的证据如果对资产负债表日所作的估计需要调整的，应对会计报表进行调整。

④ 重大会计差错。这一事项是指在资产负债表日后至财务会计报告批准报出之日发现的属于资产负债表所属期间或以前期间存在的重大会计差错，该重大会计差错应当作为资产负债表日后调整事项，调整报告年度或报告中期财务报告相关事项的数字。

2）非调整事项

非调整事项是指资产负债表日后至财务会计报告批准报出日之间才发生的，不影响资产负债表日的存在情况，但不加以说明将会影响财务会计报告使用者作出正确估计和决策的事项。非营利组织应当在会计报表附注中披露非调整事项的性质、内容，以及对财务状况和业务活动情况的影响。如无法估计其影响的，应当说明理由。

(1) 非调整事项的主要特点如下。

① 资产负债表日并未发生或存在，完全是日后才发生的事项。

② 对理解和分析财务会计报告有重大影响的事件。

(2) 主要的非调整事项如下。

① 对外巨额投资。这一事项是指非营利组织在资产负债表日后决定对外巨额投资。这一事项属于非营利组织的重大事项，虽然这一事项与非营利组织资产负债表日存在状况无关，但应对这一事项进行披露，以使财务报告使用者了解对外巨额投资可能带来的影响。

② 自然灾害导致的资产损失。这一事项是指资产负债表日后发生的、由于自然灾害导致的资产损失。自然灾害导致的资产损失，不是非营利组织主观上能够决定的，是不可抗力所造成的。但这一事项对非营利组织财务状况所产生的影响，如果不加以披露，有可能使财务会计报告使用者产生误解，导致作出错误的决策。因此，自然灾害导致的资产损失应作为一个非调整事项在会计报表附注中进行披露。

③ 外汇汇率发生较大变动。这一事项是指在资产负债表日后发生的外汇汇率的较大变动。由于非营利组织已经在资产负债表日按照当时的汇率对有关账户进行调整，无论资产负债表日后的汇率如何变化，均不应影响按资产负债表日的汇率折算的会计报表数字。但是，如果资产负债表日后汇率发生较大变化，应对由此产生的影响在会计报表附注中进行披露。

④ 重大的净资产重分类。这一事项是指非营利组织在资产负债表日后至财务会计报

告报出日之间发生的金额重大的限定性净资产和非限定性净资产之间的重分类。非营利组织净资产的重分类将会直接影响到净资产的结构组成,这个信息对财务会计报告使用者而言非常重要,因此,这个事项虽然与资产负债表日的存在状态无关,但如果金额重大,则需要在会计报表附注中进行披露。

⑤ 发生重大的会计政策变更。这一事项是指非营利组织在资产负债表日后至财务会计报告报出日之间决定对某些重大会计政策进行变更,重大会计政策变更将会影响报告期后的财务状况和运营结果,应当作为非调整事项,在会计报表附注中进行披露。

特别提示8-6

调整事项与非调整事项的确定

如何确定资产负债表日后发生的某一事项是调整事项还是非调整事项,是资产负债表日后事项会计处理的关键。调整事项和非调整事项是一个广泛的概念,就事项本身来说,可以有各种各样的性质,只要符合会计制度中对这两类事项的定义即可;同一性质的事项可能是调整事项,也可能是非调整事项,这取决于有关状况是在资产负债表日或资产负债表日以前存在,还是在资产负债表日后存在或发生。

8.4.2 调整事项的处理

1. 调整事项的处理原则

非营利组织在资产负债表日后发生的事项,首先应当区分是属于调整事项还是非调整事项。对于其中的调整事项,应进行相关的账务处理,并调整资产负债表日已编制的会计报表;对于其中的非调整事项,应在会计报表附注中披露。

资产负债表日后发生的调整事项,应当如同资产负债表所属期间发生的事项一样,作出相关账务处理,并对资产负债表日已编制的会计报表作相应的调整。这里的"会计报表"包括资产负债表、业务活动表以及相应附注和现金流量表附注。由于资产负债表日后事项发生在次年,上年度的有关账目已经结转,特别是收入费用类科目在结账后已无余额。因此,资产负债表日后发生的调整事项,应当分别以下情况进行账务处理:

(1) 涉及收入、费用的事项,通过调整相关净资产科目核算。调整增加以前年度(或中期)收入或调整减少以前年度(或中期)费用的事项,记入"限定性净资产"或"非限定性净资产"科目的贷方;调整增加以前年度(或中期)费用或调整减少以前年度(或中期)收入的事项,记入"限定性净资产"或"非限定性净资产"科目的借方。

(2) 不涉及收入、费用的事项,调整相关资产、负债和净资产科目。

(3) 通过上述账务处理后,还应同时调整会计报表相关项目的数字,包括:

a. 资产负债表日编制的会计报表相关项目的数字。

b. 当期编制的会计报表相关项目的年初数。

c. 提供比较会计报表时,还应调整相关会计报表的上年数(或上期数)。

d. 经过上述调整后,如果涉及会计报表附注内容的,还应当调整会计报表附注相关项目的数字。

2. 调整事项的具体会计处理方法

下列仅以举例的方式介绍几种较为常见的调整事项,所有例子均是针对非营利组织,并假定财务会计报告批准报出日均为次年 4 月 30 日，不考虑所得税及其他税费，所有例子中涉及需要调整现金流量表附注有关项目数字的均从略。

1）已证实某项资产在资产负债表日已减损，或为该项资产已确认的减值损失需要调整

【例 8-10】 甲非营利组织 2×18 年 7 月 26 日销售给乙单位一批商品，价款为 150 万元，乙单位于当月收到所购商品并验收入库。按合同规定，乙单位应于收到商品后 1 个月内付款。由于乙单位财务状况不佳，到 2×18 年 12 月 31 日仍未付款。甲非营利组织于 2×18 年 12 月 31 日编制 2×18 年度会计报表时，已按照 10%的比例为该项应收账款提取了坏账准备 10 万元。甲非营利组织于 2×19 年 2 月 5 日收到乙单位通知，乙单位已进行破产清算，无力偿还所欠部分货款，非营利组织预计可收回应收账款的 40%。

甲非营利组织在接到乙单位通知时，首先判断是属于资产负债表日后事项中的调整事项，并根据调整事项的处理原则处理如下。

（1）补提坏账准备。

应补提的坏账准备＝150×60%－15＝75(万元)

借：非限定性净资产　　750 000

　　贷：坏账准备　　750 000

（2）调整 2×18 年度会计报表相关项目的数字。

① 资产负债表项目的调整：调增坏账准备 75 万元；调减非限定性净资产 75 万元。

② 业务活动表项目的调整：调增管理费用 75 万元；调减净资产变动额 75 万元。

（3）调整 2×19 年 2 月份资产负债表相关项目的年初数。

在编制 2×19 年 1 月份的会计报表时，按照调整前的数字作为资产负债表的年初数，由于发生了资产负债表日后调整事项，除了调整 2×18 年度会计报表相关项目的数字外，还应当调整 2×19 年 2 月份资产负债表相关项目的年初数，按照调整后的数字填列。

2）属于资产负债表日后事项的销售退回

【例 8-11】 甲非营利组织 2×18 年 11 月 28 日销售给乙单位一批商品，销售价格 200 万元，销售成本 150 万元。2×18 年 12 月 5 日接到乙单位通知，乙单位在验收商品时，发现该批商品存在严重的质量问题需要退货。甲非营利组织希望通过协商解决问题，并与乙单位协商解决办法。至 2×18 年 12 月 31 日，尚未收到货款。甲非营利组织在 2×18 年 12 月 31 日编制资产负债表日时，将该应收账款 200 万元列示于资产负债表的“应收账款”项目内，并按应收账款年末余额的 5%计提了坏账准备。2×19 年 1 月 9 日双方协商未成，甲非营利组织收到乙单位通知，该批商品已经全部退回。甲非营利组织于 2×19 年 1 月 12 日收到退回的商品。

甲非营利组织首先应根据资产负债表日后事项的判断标准，判断该事项属于调整事项，再按调整事项的处理原则进行处理如下。

（1）调整销售收入。

借：非限定性净资产　　2 000 000

　　贷：应收账款　　2 000 000

（2）调整坏账准备。

借：坏账准备　　100 000
　　贷：非限定性净资产　　100 000

（3）调整销售成本。

借：存货　　1 500 000
　　贷：非限定性净资产　　1 500 000

（4）调整 2×18 年度会计报表相关项目的数字。

① 资产负债表项目的调整：调减应收账款 200 万元；调减坏账准备 10 万元；调增存货 150 万元；调减非限定性净资产 40 万元。

② 业务活动表项目的调整：调减销售商品收入 200 万元；调减业务活动成本 150 万元；调减管理费用 10 万元；调减净资产变动额 40 万元。

（5）调整 2×19 年 1 月份资产负债表相关项目的年初数。

甲非营利组织 2×19 年 1 月资产负债表的年初数应按上述调整后的数字填列。

3）已确定获得或支付的赔偿

已确定获得或支付的赔偿是指在资产负债表日以前，或资产负债表日已经存在的赔偿事项，资产负债表日至财务会计报告批准报出日之间提供了新的证据，表明非营利组织能够收到赔偿款或需要支付赔偿款，这一新的证据如果对资产负债表日所作的估计需要调整的，应对会计报表进行调整。

【例 8-12】 甲非营利组织与乙非营利组织就某项版权的权属发生了纠纷。为此，乙非营利组织通过法律程序，控告甲非营利组织非法使用其版权，要求甲非营利组织赔偿经济损失 400 万元。该诉讼案件在 2×18 年 12 月 31 日尚未判决。

对此，甲非营利组织确认了 100 万元的预计赔偿款，并反映在 2×18 年 12 月 31 日的会计报表上，乙非营利组织未确认应收赔偿款。2×19 年 2 月 11 日，经法院一审判决，甲非营利组织需要偿付乙非营利组织经济损失 400 万元，甲非营利组织不再上诉，并于 2×19 年 3 月 6 日支付了赔偿款。

甲非营利组织首先应根据资产负债表日后事项的判断标准，判断该事项属于调整事项，再按调整事项的处理原则进行处理如下。

甲非营利组织的会计处理如下。

（1）确认支付的赔偿款。

借：非限定性净资产　　1 000 000
　　贷：其他应付款　　1 000 000

借：其他应付款　　4 000 000
　　贷：银行存款　　4 000 000

特别提示 8-7

注意：资产负债表日后发生的调整事项如涉及现金收支项目的，均不调整报告年度资产负债表的货币资金项目和现金流量表各项目数字。本例中，虽然已支付了赔偿款，但在调整会计报表相关项目数字时，只需要调整上述第一笔分录，不需要调整上述第二笔分录，上述第二笔分录作为 2×19 年的会计事项处理。

(2) 调整2×18年度会计报表相关项目的数字。

① 资产负债表项目的调整:调增其他应付款100万元;调减非限定性净资产100万元。

② 业务活动表项目的调整:调增管理费用100万元;调减净资产变动额100万元。

(3) 调整2×19年2月份资产负债表相关项目的年初数。

甲非营利组织在编制2×19年1月份的会计报表时,按照上表中调整前的数字作为资产负债表的年初数,由于发生了资产负债表日后调整事项,甲非营利组织除了调整2×18年度会计报表相关项目的数字外,还应当调整2×19年2月份资产负债表相关项目的年初数,其年初数按照调整后的数字填列。

乙非营利组织的会计处理如下。

第一,确认收到的赔偿款。

借:其他应收款　　　　4 000 000

　　贷:非限定性净资产　　　　4 000 000

借:银行存款　　　　4 000 000

　　贷:其他应收款　　　　4 000 000

特别提示8-8

注意:资产负债表日后发生的调整事项如涉及现金收支项目的,均不调整报告年度资产负债表的货币资金项目和现金流量表各项目数字。本例中,虽然收到了赔偿款并存入银行,但在调整会计报表相关项目数字时,只需要调整上述第一笔分录,不需要调整上述第二笔分录,上述第二笔分录作为2×19年的会计事项处理。

第二,调整2×18年度会计报表相关项目的数字。

① 资产负债表项目的调整:调增其他应收款400万元;调增非限定性净资产400万元。

② 业务活动表项目的调整:调增其他收入(非限定性)400万元;调增净资产变动额(非限定性)400万元。

(4) 调整2×19年2月份资产负债表相关项目的年初数。

乙非营利组织在编制2×19年1月份的会计报表时,按照上表中调整前的数字作为资产负债表的年初数,由于发生了资产负债表日后调整事项,乙非营利组织除了调整2×18年度会计报表相关项目的数字外,还应当调整2×19年2月份资产负债表相关项目的年初数,其年初数按照调整后的数字填列。

4) 在资产负债表日或资产负债表日以前提起的诉讼,以不同于资产负债表中确认的金额而结案

【例8-13】 2×18年10月22日,某非营利组织由于为其他单位的贷款提供担保而承担了连带赔偿责任,被银行提起诉讼。2×18年12月25日,法院作出一审判决,该非营利组织须赔付银行100万元。该非营利组织随即提起上诉。在编制2×18年12月31日的资产负债表时,该非营利组织与其法律顾问协商后得出结论认为,上诉获胜的可能性不大,很可能要赔付100万元。因此,该非营利组织在2×18年12月31日的资产负债表上确认了100万元的预计负债。2×19年1月10日,法院二审判决,将甲非营利组织的赔付额降低为80万元,对此判决,双方均表示同意。甲非营利组织对2×18年12月31日所作估计进行调

整，调整会计报表相关项目的数字。

8.4.3 非调整事项的处理

1. 非调整事项的处理原则

资产负债表日后发生的非调整事项是资产负债表日以后才发生或存在的事项，不影响资产负债表日的存在状况，不需要对资产负债表日编制的会计报表进行调整。但由于事项重大，如不加以说明，将会影响财务报告使用者作出正确的估计和决策，因此，应在会计报表附注中加以披露，即在会计报表附注中说明事项的性质、内容，以及对财务状况和业务活动情况的影响，以补充资产负债表日财务会计报告的信息。如果无法作出估计，应当说明无法估计的理由。

2. 非调整事项的具体会计处理方法

资产负债表日后事项如属于非调整事项，由于这类事项与资产负债表日的存在状况无关，调整会计报表是不恰当的，通常会导致在获得收入或发生费用的日期之前报告这些金额。因此，对于非调整事项，不需要进行账务处理，也不需要调整会计报表。但是，财务报告应当反映最近的相关信息，以满足财务报告及时性的要求。

同时，由于这类事项可能很重大，如不加以说明，将会影响财务报告的使用者对非营利组织财务状况和经营成果作出正确的估价和决策，因而需要在会计报表附注中说明事项的内容，估计其对财务状况、经营成果的影响，以提供会计数据来补充资产负债表日编制的财务报告的信息。如无法对资产负债表日后才发生或存在的事项对财务报告数据的影响作出估计，应说明其原因。

以下为比较常见的非调整事项的例子，均假定财务报告批准日为次年的 4 月 30 日。

【例 8-14】 某非营利组织 2×18 年 1 月 18 日收到一批捐赠物资，价值 200 万元，捐赠人当时要求该非营利组织将这批物资用于某福利机构的房屋翻新。该非营利组织于当日确认了一项限定性捐献收入，并于 2×18 年 12 月 31 日将尚未使用的价值 120 万元的物资转入限定性净资产。2×19 年 2 月 1 日，捐赠人撤销了对该批捐赠物资的限值，允许该非营利组织自主使用剩余的物资。对于此项净资产的重分类，该非营利组织应在 2×18 年会计报表附注中进行披露。

【例 8-15】 甲非营利组织 2×18 年 9 月销售给乙企业一批产品，货款为 100 万元，乙企业收到物资验收入库后开出 6 个月承兑的商业汇票。

甲非营利组织于 2×18 年 12 月 31 日编制 2×18 年度会计报表时，将这笔应收票据列入资产负债表“应收票据”项目内。甲非营利组织 2×19 年 1 月 20 日收到乙企业通知，乙企业由于发生火灾，烧毁了大部分厂房和设备，已无力偿付所欠货款。对于这一非调整事项，甲非营利组织和乙企业均应在 2×18 年度会计报表附注中进行披露。

【例 8-16】 甲非营利组织于 2×18 年 1 月 20 日，经董事会决定以 300 万元购买两家小型企业，使其成为甲的全资子公司，购买工作于 2×18 年 4 月 19 日结束。该非营利组织应在 2×17 年度会计报表附注中对这一非调整事项进行披露。

【例 8-17】 甲非营利组织于 2×19 年 2 月 10 日向商业银行申请一笔贷款，金额为 800 万元，期限为 1 年。乙非营利组织为甲非营利组织的上述贷款提供担保。对于这一非调整事项，甲非营利组织和乙非营利组织均应在 2×18 年度会计报表附注中进行披露。

上述四个例子是实务中常见的非调整事项。根据《民间非营利组织会计制度》提供的非调整事项的判断原则，下列事项也属于非调整事项：

(1) 非营利组织合并或非营利组织控制股权的出售。

(2) 资产负债表日后董事会作出的债务重组的决定。

(3) 资产负债表日后出现的情况引起的固定资产或投资上的减值。

8.5 会计政策变更

8.5.1 会计政策变更概述

1. 会计政策概述

会计政策是指非营利组织在会计核算时所遵循的具体原则以及非营利组织所采纳的具体会计处理方法。会计政策具有以下特点：

(1) 会计政策包括不同层次，涉及具体会计原则和具体会计处理方法。会计政策定义中所指的具体原则是指非营利组织按照《民间非营利组织会计制度》的规定和有关会计制度制定的非营利组织内部会计制度中所采用的会计原则。具体会计处理方法是指非营利组织在诸多可选择的会计方法中所选择的、适合于本组织具体情形的会计处理方法。这体现了会计政策的不同层次。

(2) 会计政策是在允许的会计原则和会计方法中作出的具体选择。由于非营利组织业务的复杂性和多样化，某些业务活动可以有多种会计处理方法，即存在不只一种可供选择的会计政策。例如，存货的计价，可以有先进先出法、加权平均法、个别计价法等；固定资产折旧方法可以有年限平均法、工作量法、双倍余额递减法、年数总和法等。非营利组织在发生某项业务活动时，必须从允许的会计原则和会计处理方法中选择出适合本组织特点的会计政策。

(3) 会计政策是指特定的会计原则和会计处理方法。会计政策中所讲的原则是指特定会计原则，是针对某一类会计业务的特定原则，而不是笼统地指所有的会计原则，如客观性、及时性、可比性、一贯性等原则就不属于特定的会计原则，而是一般会计原则，不属于会计政策。因为这些原则是非营利组织必须遵循的，是会计核算的基本前提，或者说是会计信息的质量要求，因此不属于会计政策。

在我国，会计准则和会计制度属于行政法规，会计具体原则和具体会计处理方法绝大多数都是由会计准则或会计制度规定的，非营利组织基本上是在法规所允许的范围内选择适合本组织实际情况的会计政策。

非营利组织在会计核算中应当采用或者允许选择采用的会计政策有：

(1) 合并政策，即编制合并会计报表所采纳的原则。例如，非营利组织与被投资单位的会计年度不一致的处理原则；确定合并范围的原则；非营利组织与被投资单位所采用会计政策是否一致等。

(2) 外币折算，即所采用的外币折算方法以及汇兑损益的处理。例如，外币报表折算是采用现行汇率法，还是采用时态或其他方法。

(3) 收入确认，即收入确认的原则和方法，包括交换交易收入和非交换交易收入的确认原则。

(4) 所得税，即非营利组织所得税的会计处理方法。例如，所得税是采用应付税款法，还是采用纳税影响会计法。

(5) 存货的计价，即非营利组织存货的计价方法。例如，是采用先进先出法，还是采用加权平均法或其他所允许的方法；是采用历史成本法，还是采用成本与可变现净值孰低法。

(6) 长期投资的核算，即长期投资的核算方法。例如，长期股权投资是采用成本法核算，还是采用权益法核算；长期债权投资的折溢价，是采用直线法摊销，还是采用实际利率法摊销。

(7) 坏账损失的核算，即坏账损失的核算方法。例如，对坏账损失是采用直接转销法，还是采用备抵法。

(8) 借款费用的核算，即借款费用的处理方法。例如，借款费用是予以资本化，还是计入当期损益。

2. 会计政策变更

会计政策变更是指非营利组织对相同的交易或事项由原来采用的会计政策改用另一会计政策的行为，也就是说，在不同的会计期间或同一会计期间的不同时点执行不同的会计政策。会计政策变更，并不意味着以前期间的会计政策是错误的，只是由于情况发生了变化，或者掌握了新的信息、积累了更多的经验，使得变更会计政策能够更好地反映非营利组织的财务状况和经营成果。如果以前期间会计政策的运用是错误的，则属于会计差错，应按会计差错更正的会计方法进行会计处理。

特别提示8-9

会计政策不得随意变更

根据《民间非营利组织会计制度》的规定，非营利组织采用的会计政策前后各期应当保持一致，不得随意变更。若确实需要变更会计政策，则应当将变更的情况、变更的原因及其对非营利组织财务状况和经营成果的影响，在财务会计报表中说明。

《民间非营利组织会计制度》规定了非营利组织变更会计政策的两种情形：

(1) 法律或会计制度等行政法规、规章的要求。这种情况是指如果国家制定了新会计准则或会计制度，或修订了原有的会计准则或会计制度，要求变更会计政策。

(2) 这种变更能够提供有关非营利组织的财务状况、业务活动情况和现金流量等更可靠、更相关的会计信息。

非营利组织选择会计政策，总是根据当时非营利组织所处的特定经济环境以及某类业务的实际情况作出选择。但是随着经济环境和客观情况的变化，继续采用原来的会计政策不能公允地反映该类业务实际情况时，就需要改变会计政策。例如，非营利组织原来对固定资产采用直线法计提折旧，随着技术进步，采用加速折旧法更能反映非营利组织的财务状况和经营成果。这表明，非营利组织只有改变原来采用的会计政策，才能提供更为可靠、更为相关的信息。

8.5.2 会计政策变更的处理

1. 会计政策变更的处理原则

根据《民间非营利组织会计制度》的规定，非营利组织应当采用追溯调整法核算会计政策的变更。如果追溯调整法不可行，则应当采用未来适用法核算。如果相关法律或会计制度等另有规定，则应当按照相关规定进行核算。

由于非营利组织只有在两种情况下可以变更其会计政策，因此，应当根据会计政策变更时的具体情况进行会计处理。

(1) 根据法律或国家统一的会计制度等行政法规、规章的要求变更会计政策，分别按照情况处理。

① 如果国家对此发布了相关的会计处理办法，则按照国家发布的相关会计处理规定进行处理。例如，在《民间非营利组织会计制度》发布后，考虑到与非营利组织原来执行的《事业单位会计制度》差异较大，财政部为此发布了《非营利组织新旧会计制度有关衔接问题的处理规定》，其中要求补提固定资产折旧、无形资产摊销，并对相关资产减值准备以及部分资产、负债项目账面价值等进行追溯调整。

② 如果国家没有发布相关的会计处理方法，则应当采用追溯调整法进行会计处理。所谓追溯调整法是指对某项交易或者事项变更会计政策时，如同该交易或者事项初次发生时就开始采用新的会计政策，并以此对相关项目进行调整的方法。

(2) 由于经济环境、客观情况的改变而变更会计政策，以便提供有关财务状况、业务活动情况和现金流量等更真实、更可靠的会计信息，在这种情况下，应当采用追溯调整法进行会计处理。

(3) 在上述两种情况下，如果会计政策变更的累积影响数不能合理确定，均应当采用未来适用法进行会计处理。

知识拓展 8-2

未来适用法

所谓未来适用法是指对某项交易或者事项变更会计政策时，新的会计政策适用于变更当期及未来期间发生的交易或者事项的方法。

(4) 如果不易区别会计政策变更和会计估计变更，均视为会计估计变更，采用未来适用法核算。

2. 追溯调整法的会计处理

追溯调整法是指对某项交易或者事项变更会计政策时，如同该交易或者事项初次发生时就开始采用新的会计政策，并以此对相关项目进行调整的方法。在追溯调整法下，非营利组织应当计算会计政策变更的累积影响数，并调整期初净资产，会计报表其他相关项目也相应进行调整。追溯调整法通常由以下四个步骤构成。

(1) 计算会计政策变更的累积影响数。会计政策变更的累积影响数是指按变更后的会计政策对以前各期追溯计算的变更年度期初净资产应有的金额与现有的金额之间的差额，即会计政策变更的累积影响数，是以下两个金额之间的差额：

① 在变更会计政策的当年，按变更后的会计政策对以前各期追溯计算，所得到的年初净资产金额；

② 变更会计政策当年年初的净资产金额。

上述第②项，变更会计政策当年年初的净资产，即为上期资产负债表所反映的净资产，可以从上年资产负债表项目中获得；需要计算确定的是第①项，即按变更后的会计政策对以前各期追溯计算，所得到的年初净资产金额。

(2) 进行相关的账务处理。

(3) 调整会计报表相关项目。

(4) 在会计报表附注中予以披露。

【例8-18】 甲非营利组织在2×19年以前对应收账款和其他应收款采用应收账款余额百分比法计提坏账准备。2×19年年初，该非营利组织决定变更坏账准备的计提方法，将应收账款余额百分比法变更为账龄分析法。假设采用账龄分析法对2×19年期初的坏账准备不能合理进行调整，因此，该非营利组织对上述会计政策变更采用未来使用法进行处理。在2×19年年末，该非营利组织对其应收账款和其他应收款进行账龄分析，并据此计提当年坏账准备，而无须对以前年度的坏账准备和期初净资产进行调整。假设该非营利组织在2×18年年末应收账款和其他应收款的余额是1 000 000元，按照3%计提坏账准备，则2×18年年末坏账准备的期末贷方余额为30 000元。2×19年年末，根据账龄分析法坏账准备的贷方余额应为45 000元。

该非营利组织的会计处理如下：计提2×19年的坏账准备。

借：管理费用　　15 000

　　贷：坏账准备　　15 000

引例解析

非营利组织的特殊交易或事项

非营利组织的特殊交易或事项具体包括受托代理业务、非货币性交易、租赁、资产负债表日后事项、会计政策变更等。当交易或事项发生时，需根据《民间非营利组织会计制度》的规定进行相应界定。例如，受托代理业务中，资产并不是捐赠给非营利组织，它不拥有资产的所有权和使用权，本身并没有净资产的增加，只是受托捐赠给指定的组织和个人。又如，在判断涉及补价的交易是属于货币性交易还是非货币性交易时，通常根据补价占整个交易金额的比例。一般来说，如果支付的货币性资产占换入资产公允价值的比例(或占换出资产公允价值与支付的货币性资产之和的比例)低于25%(含25%)，则视为非货币性交易；如果这一比例高于25%(不含25%)，则视为货币性交易。一旦界定为非营利组织的特殊交易或事项，则需按照《民间非营利组织会计制度》的处理原则进行相应账务等处理。

重要概念

受托代理业务　受托代理资产　受托代理负债　非货币性交易　补价　融资租赁　经营租赁　资产负债表日后事项　调整事项　非调整事项　会计政策　会计政策变更　追溯调整法　未来适用法

本章练习

简答题

1. 受托代理业务和捐赠业务的主要区别是什么?
2. 如何区分非货币性交易?
3. 确定融资租赁的具体标准?
4. 如何判断资产负债表日后事项?
5. 在什么情况下,可以进行会计政策变更?

《非营利组织会计》本章练习参考答案

第1章 概　　述

单选题

1	2	3	4	5
C	B	C	A	B

多选题

1	2	3	4	5
ABCDE	ABCDE	ABCD	AB	ABCDE

判断题

1	2	3	4	5
√	√	√	×	×

第2章 资产的核算

单选题

1	2	3	4	5
D	C	A	A	C

业务题

1. 某非营利组织在固定资产实地盘点过程中，盘盈一台设备，公允价值为 3 000 元。

借：固定资产　　3 000
　　贷：其他收入　　3 000

2. 某非营利组织接受一项专利权的捐赠，市值 50 000 元。

借：无形资产　　50 000
　　贷：捐赠收入　　50 000

3. 某非营利组织当月无形资产摊销额为 2 300 元。

借：管理费用　　2 300
　　贷：无形资产　　2 300

4. 某非营利组织接受了一项文物文化资产的捐赠，价值 90 000 元。

借：文物文化资产　　90 000
　　贷：无形资产　　90 000

5. 某非营利组织当月计提建造厂房工人的工资 60 000 元。

借：在建工程　　60 000
　　贷：应付工资　　60 000

第3章　负债的核算

单选题

1	2	3	4	5
C	A	B	B	A

业务题

1. 某非营利组织由于向天宇公司提供一项服务，预收天宇公司预付款 22 000 元。

借：银行存款　　22 000
　　贷：预收账款　　22 000

2. 某非营利组织租入设备一台用于业务活动，计提当月应负担的设备租金 800 元。

借：业务活动成本　　800
　　贷：其他应付款　　800

3. 年末，某非营利组织计算应交企业所得税 8 700 元。

借：其他费用　　8 700
　　贷：应交税金——企业所得税　　8 700

4. 当月预提用于日常业务活动的短期借款利息 700 元。

借：筹资费用　　700
　　贷：预提费用　　700

第4章　净资产的核算

简答题

1. 什么是限定性净资产？

限定性净资产是指资产或者资产的经济利益(如资产的投资收益和利息等)的使用与处置受到资源提供者或者国家有关法律、行政法规所设置的时间限制或(和)用途限制。

2. 什么是非限定性净资产？

非限定性净资产为非营利组织净资产中除限定性资产之外的其他净资产。

业务题

1. 期末，作出将各收入类科目所属"非限定性收入"明细科目余额转入"非限定性净资产"的分录。

借：捐赠收入——非限定性收入
　　会费收入——非限定性收入
　　提供服务收入——非限定性收入
　　政府补助收入——非限定性收入
　　商品销售收入——非限定性收入
　　投资收入——非限定性收入
　　其他收入——非限定性收入
　　贷：非限定性净资产

2. 期末，作出将各收入类科目所属"限定性收入"明细科目余额转入"限定性净资产"的分录。

借：捐赠收入——限定性收入
　　政府补助收入——限定性收入
　　贷：限定性净资产

3. 期末，作出将各费用类科目余额转入"非限定性净资产"的分录。

借：非限定性净资产
　　贷：业务活动成本
　　　　管理费用
　　　　筹资费用
　　　　其他费用

第5章　收入的核算

单选题

1	2	3	4	5
A	B	D	C	B

业务题

1.

借：存货　500 000
　　贷：捐赠收入——限定性收入　500 000

借：捐赠收入——限定性收入　200 000
　　贷：捐赠收入——非限定性收入　200 000

2.

① 2×19 年 5 月 8 日。

借：银行存款　100 000
　　贷：会费收入——限定性收入　100 000

② 2×19 年 12 月 31 日。

借：会费收入——非限定性收入　　120 000
　　　　　　——限定性收入　　200 000
　贷：非限定性净资产　　120 000
　　　限定性净资产　　200 000

3.

① 2×19 年 3 月 26 日。

借：应收账款——蓝海公司　　61 800
　贷：商品销售收入——非限定性收入　　60 000
　　　应交税金——应交增值税　　1 800

借：业务活动成本　　45 000
　贷：存货　　45 000

② 2×19 年 3 月 31 日。

借：商品销售收入——非限定性收入　　250 000
　贷：非限定性净资产　　250 000

第6章　费用的核算

单选题

1	2	3	4	5
A	B	D	C	B

业务题

某非营利组织当期发生如下业务：

1. 盘亏现金 60 元。

借：管理费用　　60
　贷：现金　　60

2. 短期投资发生资产减值准备 1 200 元。

借：管理费用　　1 200
　贷：短期投资减值准备　　1 200

3. 预提当月短期借款利息 700 元。

借：筹资费用　　700
　贷：预提费用　　700

4. 计提行政部门的工资 32 000 元。

借：管理费用　　32 000
　贷：应付工资　　32 000

第7章　年终清理结算和财务报告

单选题

1	2	3	4	5
A	B	D	C	B

简答题

1. 年终结账包括哪几个主要程序？

年终结账主要包括年终结账、结清旧账、记入新账。

2. 什么是结清旧账？如何操作？

(1) 对年终无余额的账户，结出全年总累计数，然后在下同画双红线，表示本账户全部结清。

(2) 对年终有余额的账户，在“全年累计数”下行“摘要”栏内注明“结转下年”字样，再在下面画双红线，表示年终余额转入新账，结清旧账。

3. 资产负债表中“应收账款”项目如何填列？

应收账款反映非营利组织期末应收票据、应收账款和其他应收款等应收未收款项。本项目应当根据“应收票据”“应收账款”“其他应收款”科目的期末余额合计，减去“坏账准备”科目的期末余额后的金额填列。

4. 资产负债表中“预付账款”项目如何填列？

“预付账款”项目，反映非营利组织预付给商品或者服务供应单位等的款项。本项目应当根据“预付账款”科目的期末余额填列。

5. 业务活动表中“收入”和“费用”主要包括哪些项目？

“收入”项目主要包括：捐赠收入、会费收入、提供服务收入、商品销售收入、政府补助收入、投资收益、其他收入。

“费用”项目主要包括：业务活动成本、管理费用、筹资费用、其他费用。

6. 现金流量表主要包括哪几部分的内容？

现金流量表主要包括：经营活动、投资活动、筹资活动产生的现金流量。

第8章　特殊交易或事项的会计处理

简答题

1. 受托代理业务和捐赠业务的主要区别是什么？

非营利组织所从事的受托代理业务与接受捐赠业务有本质上的差别。在接受捐赠业务时，非营利组织获得了捐赠资产，并拥有了捐赠资产的所有权和使用权；而在受托代理交易业务中，资产并不是捐赠给非营利组织的，它是委托人捐赠给指定的组织和个人的，非营利组织本身并没有净资产的增加。同时，资产转给指定的组织和个人时，通常也不是以非营利组织的名义赠与受赠人的，它仍然是以委托人的名义赠与受赠人的。

2. 如何区分非货币性交易？

非营利组织的非货币性交易是指交易双方以非货币性资产进行的交换，这种交换不涉及或只涉及少量的货币性资产(即补价)，非货币交易的交易对象主要是非货币性资产。

而非货币性交易一般不涉及货币性资产，表现为交易双方以非货币性资产与非货币性资产相交换。非货币性交易中，有时可能涉及少量的货币性资产。在换出或换入非货币资产的同时，非营利组织可能支付或收到一定金额的货币性资产，这部分货币性资产称为补价。在判断涉及补价的交易是属于货币性交易还是非货币性交易时，通常根据补价占整个交易金额的比例。一般来说，如果支付的货币性资产占换入资产公允价值的比例(或占换出资产公允价值与支付的货币性资产之和的比例)低于25%(含25%)，则视为非货币性交易；如果这一比例高于25%(不含25%)，则视为货币性交易。

3. 确定融资租赁的具体标准有哪些？

非营利组织在确定一项租赁业务是否属于融资租赁时，应当全面考虑租赁期届满时租赁资产所有权是否转移给承租人、承租人是否有购买租赁资产的选择权以及租赁期占租赁资产尚可使用年限的比例等各种因素。满足以下一项或数项标准的租赁，应当认定为融资租赁：

(1) 在租赁期届满时，租赁资产的所有权转移给承租人。

(2) 承租人有购买租赁资产的选择权，所订立的购价预计将远低于行使选择权时租赁资产的公允价值，因而在租赁开始日就可以合理确定承租人将会行使这种选择权。

(3) 租赁期占租赁资产尚可使用年限的大部分，通常指租赁期占租赁期开始日租赁资产尚可使用年限的75%以上(含75%)。但是，如果租赁资产在开始租赁前已使用年限超过该资产全新时可使用年限的大部分，则该项标准不适用。

(4) 就承租人而言，租赁开始日最低租赁付款额的现值几乎相当于租赁开始日租赁资产原账面价值。一般来说，“几乎相当于”是指90%(含90%)以上。这里所称最低租赁付款额是指在租赁期内，承租人应支付或可能被要求支付的各种款项(不包括或有租金和履约成本)。但是，如果租赁资产在开始租赁前已使用年限超过该资产全新时可使用年限的大部分，则该条标准不适用。

(5) 租赁资产性质特殊，如果不作重新改制，只有承租人才能使用。这条标准是指租赁资产是出租人根据承租人对资产型号、规格等方面的特殊要求专门购买或建造的，具有专购、专用性质。这些租赁资产如果不作较大的重新改制，其他单位通常难以使用。这种情况下，该项租赁也应当认定为融资租赁。

4. 如何判断资产负债表日后事项？

资产负债表日后事项是指资产负债表日至财务会计报告批准报出日之间发生的需要调整或说明的有利或不利事项。根据《中华人民共和国会计法》的规定，“会计年度自公历1月1日起至12月31日止”，因此，规定中“年度资产负债表日”是指12月31日。资产负债表日后事项不含12月31日发生的事项。

财务报告批准报出日是指董事会、理事会或类似权力机构批准财务报告报出的日期，通常是指对财务报告的内容负有法律责任的单位或个人批准财务报告向非营利组织外部公布的日期。

5. 在什么情况下，可以进行会计政策变更？

《民间非营利组织会计制度》规定了非营利组织变更会计政策的两种情形：

(1) 法律或会计制度等行政法规、规章的要求。

这种情况是指如果国家制定了新会计准则或会计制度，或修订了原有的会计准则或会计制度，要求变更会计政策。

(2) 这种变更能够提供有关非营利组织的财务状况、业务活动情况和现金流量等更可靠、更相关的会计信息。

参 考 文 献

[1] 财政部.民间非营利组织会计制度(2004).

[2] 孙玉栋,张斌,樊勇.民间非营利组织会计实务[M].北京:清华大学出版社,2006.

[3] 姚荣辉,陈红,那薇.政府与非营利组织会计[M].上海:立信会计出版社,2016.

[4] 杨洪,杨孙蕾.政府与非营利组织会计[M].北京:机械工业出版社,2016.

[5] 赵建勇.政府与非营利组织会计[M].北京:中国人民大学出版社,2018.

[6] 贺蕊莉.政府与非营利组织会计[M].大连:东北财经大学出版社,2018.

[7] 财政部.财政总预算会计制度(2016).

[8] 郑俊敏.政府与非营利组织会计[M].上海:立信会计出版社,2016.

[9] 马国强,孙开.政府与非营利组织会计[M].大连:东北财经大学出版社,2016.

[10] 刘永泽,陈立军.中级财务会计[M].6 版.大连:东北财经大学出版社,2018.